한국 금융, 새판 짜기

# 한국 금융, 새판 짜기

| | |
|---|---|
| 발행일 | 2025년 6월 2일 |
| 지은이 | 권의종, 성의경, 김혁, 조준기 |
| 펴낸이 | 손형국 |
| 펴낸곳 | (주)북랩 |
| 편집인 | 선일영 | 편집 | 김현아, 배진용, 김다빈, 김부경 |
| 디자인 | 이현수, 김민하, 임진형, 안유경, 최성경 | 제작 | 박기성, 구성우, 이창영, 배상진 |
| 마케팅 | 김회란, 박진관 |
| 출판등록 | 2004. 12. 1(제2012-000051호) |
| 주소 | 서울특별시 금천구 가산디지털 1로 168, 우림라이온스밸리 B동 B111호, B113~115호 |
| 홈페이지 | www.book.co.kr |
| 전화번호 | (02)2026-5777 | 팩스 | (02)3159-9637 |
| ISBN | 979-11-7224-672-3 03320 (종이책)　　979-11-7224-673-0 05320 (전자책) |

잘못된 책은 구입한 곳에서 교환해드립니다.
이 책은 저작권법에 따라 보호받는 저작물이므로 무단 전재와 복제를 금합니다.
이 책은 (주)북랩이 보유한 리코 장비로 인쇄되었습니다.

---

**(주)북랩** 성공출판의 파트너

북랩 홈페이지와 패밀리 사이트에서 다양한 출판 솔루션을 만나 보세요!

홈페이지 book.co.kr　•　블로그 blog.naver.com/essaybook　•　출판문의 text@book.co.kr

---

작가 연락처 문의 ▶ ask.book.co.kr

작가 연락처는 개인정보이므로 북랩에서 알려드릴 수 없습니다.

경제를 살리는 7부
70가지 금융 개혁 전략

# 한국 금융, 새판 짜기

권의종 성의경 김 혁 조준기 지음

북랩

## 머리말

## 대한민국 금융, 대변혁의 시간 앞에 서다

금융은 경제의 핏줄이다. 자금이라는 생명이 산업을 살리고, 기업을 키우며, 가계의 안정을 돕는다. 건강한 금융이 흘러야 경제도 건강하게 성장할 수 있다. 금융은 단순한 산업이 아니라, 사회의 기초 체력이고 지속 가능성을 떠받치는 핵심 인프라다.

그러나 오늘날 대한민국 금융은 이 본질에서 점점 멀어져가고 있다. 경제는 성장을 멈췄고, 사회는 초고령화와 저출산이라는 거대한 구조적 위기에 직면해 있다. 세계 금융 질서는 급속히 재편되고 있으며, 디지털 전환과 기후위기 대응이라는 거대한 변화의 파도가 몰려오고 있다. 이 모든 변곡점 앞에서, 대한민국 금융은 과연 준비가 되어 있는가.

현실은 그렇지 않다. 부동산에 과도하게 쏠린 자금, 단기 수익에만 몰두하는 금융기관의 행태, 실물경제를 외면한 대출 구조, 소비자 피해가 반복되는 시장. 이것은 단순한 일시적 현상이 아니라, 한국 금융의 근본 체질이 고장 났다는 신호다. 지금과 같은 구조를 방치한다면 금융은 경제를 성장시키는 동력이 아니라 쇠퇴의 족쇄가 될 것이다.

## 금융의 본질을 회복해야 한다

이제는 작은 수술로는 고칠 수 없다. 부분 개혁이나 단기 조치로는 이 거대한 병을 고칠 수 없다. 대한민국 금융은 이제 근본부터 새판을 짜야 한다. 대변혁이 필요한 순간이다. 이 책『한국 금융, 새판 짜기』는 이러한 절박한 문제의식 위에서 출발했다. 이 책은 금융 산업의 단기적 문제를 나열하는 데 그치지 않는다. 금융의 본질적 사명을 직시하고, 왜 기존 방식이 한계에 부딪혔는지 분석하며, 앞으로 어떻게 새판을 짜야 할지를 구체적으로 제시하고자 했다.

금융은 돈을 굴리기 위해 존재하는 것이 아니다. 자본을 가장 생산적인 곳으로 보내고, 미래를 준비하는 곳에 투자하며, 사회 전체의 지속 가능한 성장에 기여하는 것이 금융의 존재 이유다. 그러나 지금 한국 금융은 이 본질에서 크게 벗어나 있다. 부동산 담보대출에 의존하고, 부동산 가격 상승에 기대어 이익을 얻는 구조가 금융의 중심이 되어버렸다. 혁신기업, 신산업, 지역경제, 녹색성장 등 미래를 여는 분야에 자금이 제대로 흐르지 못하고 있다.

금융기관 경영은 단기 성과를 최우선 목표로 삼으며, 소비자의 재정 안정이나 사회적 가치 창출은 부차적인 과제로 밀려났다. 금융 정책과 규제, 감독 시스템도 급변하는 금융 환경에 능동적으로 대응하지 못하고 있다. 금융이 바뀌지 않으면 경제는 결코 바뀔 수 없다. 한국 경제가 다시 활력을 되찾기 위해서는 금융의 체질부터 근본적으로 바꿔야 한다.

## 새판 짜기, 실천으로 옮겨야 한다

이 책은 금융기관이 고객 중심, 실물경제 중심으로 경영 패러다임을 전환해야 함을 강조한다.

금융 정책은 산업구조 변화에 발맞춰 선제적으로 대응하고, 규제는 혁신과 안정이라는 두 축을 균형 있게 지향해야 한다. 감독은 사후 제재 중심이 아니라 사전 예방 중심으로 전환되어야 하며, 금융소비자 보호는 단순한 의무가 아니라 금융 산업 지속 가능성의 핵심 과제가 되어야 한다.

특히 디지털 금융 혁신이 실물경제와 연결되지 않는다면, 금융 산업 내부의 거품만 키우고 사회 전체에 긍정적 파급효과를 만들어내지 못할 것이다. 디지털 금융은 중소기업과 스타트업의 자금 조달을 혁신하고, 산업 전반의 디지털 전환을 촉진하는 동력으로 작동해야 한다. 또한 디지털 소외 계층을 포용하고, 정보 비대칭을 해소하는 포용적 금융 전략이 필요하다.

금융소비자 보호 역시 금융 산업의 중심에 세워야 한다. 상품 설계, 판매, 사후 관리 전 과정에서 소비자의 이해를 최우선에 두고, 피해 발생 시 신속하고 실질적인 구제가 가능하도록 체계를 재편해야 한다. 소비자가 주체가 되는 금융, 소비자가 신뢰하는 금융만이 지속 가능한 금융을 만들 수 있다.

금융 정책 거버넌스 또한 전문성과 독립성을 강화하고, 빠르고 유연한 정책 결정을 통해 시대 변화에 능동적으로 대응해야 한다. 정책 결정 과정에는 국민 참여를 확대하고, 정책의 투명성과 예측 가능성을 높여 국민 신뢰를 회복해야 한다.

## 지금이 대한민국 금융 대변혁의 시간이다

『한국 금융, 새판 짜기』는 선언이 아니라 실천을 위한 책이다. 변화를 외치는 데 그치지 않고, 구체적이고 실행 가능한 방안을 제시하는 데 집중했다. 비판을 위한 비판이 아니라, 변화와 혁신을 향한 제안이다.

금융의 체질을 바꾸고, 금융기관의 역할을 재정의하며, 금융 정책과 규제 시스템을 새롭게 설계할 때, 대한민국은 다시 세계 금융 시장에서도 경쟁력을 갖춘 나라로 도약할 수 있다. 그리고 금융이 새판을 짤 때, 한국 경제도 다시 힘차게 뛸 수 있다.

지금이 바로 대한민국 금융 대변혁의 시간이다. 더 이상 머뭇거릴 수 없다. 우리가 금융을 바꾸지 않는다면, 대한민국 경제는 더 깊은 침체로 빠져들 것이다. 그러나 지금 결단하고 담대하게 새판을 짠다면, 대한민국은 다시 세계를 향해 도약할 수 있다.

변화는 멀리 있지 않다. 변화는 지금, 여기서, 우리 모두의 결단과 실천 속에 있다. 이 책이 금융과 경제를 걱정하는 모든 이들에게 작은 불씨가 되기를 바란다. 그리고 그 불씨가 대한민국 금융 대변혁의 불길로 번지기를 간절히 소망한다.

2025년 6월
권의종 · 성의경 · 김혁 · 조준기

# 목차

머리말  대한민국 금융, 대변혁의 시간 앞에 서다               005

## 제1부  금융의 실패, 어디서부터 고장났는가

| | | |
|---|---|---|
| 01 | 성장 엔진에서 시스템 리스크로 전락한 금융 | 016 |
| 02 | 은행, 국민 대신 이자를 택하다 | 021 |
| 03 | 보장의 탈을 쓴 수익 추구 게임 | 026 |
| 04 | 껍데기만 큰 시장, 실속 없는 자본 | 031 |
| 05 | 소수의 금융, 다수의 고통 | 036 |
| 06 | 2천조 가계 부채, 금융 시스템의 시한폭탄 | 041 |
| 07 | 금융은 책임지지 않는다 | 046 |
| 08 | 팔고 나면 끝? 소비자 무방비 사회 | 051 |
| 09 | 디지털의 환상과 금융의 그늘 | 056 |
| 10 | 정책금융, '관치의 늪'에 빠지다 | 061 |

## 제2부 본류로 돌아가는 금융, 성장의 심장을 다시 뛰게 하라

| | | |
|---|---|---|
| 01 | 금융의 본령, 실물경제로 귀환하라 | 068 |
| 02 | 경쟁 없는 은행은 혁신도 없다 | 073 |
| 03 | 보험, 원래 목적대로 다시 세우기 | 078 |
| 04 | 자본시장을 '혁신의 뿌리'로 | 083 |
| 05 | 가계 부채 리셋, 정책의 제1과제 | 089 |
| 06 | 정책금융, 통제에서 설계로 | 094 |
| 07 | 불신 금융, 신뢰 회복의 첫걸음 | 099 |
| 08 | 규제, 유연함이 힘이다 | 104 |
| 09 | 디지털 격차 없이, 모두를 위한 금융 | 109 |
| 10 | 국민 금융 문해력, 성장의 기반이다 | 113 |

## 제3부 업권별 대수술, 금융 시스템을 다시 짜다

| | | |
|---|---|---|
| 01 | 은행, '거대화'보다 '맞춤형'으로 | 120 |
| 02 | 디지털 vs 오프라인, 은행의 생존 전략 | 125 |
| 03 | 국책은행, 정부의 팔에서 국민의 손으로 | 130 |
| 04 | 고비용 보험 구조, 해체가 답이다 | 135 |
| 05 | '죽으면 받는다'의 함정, 종신보험 오해 바로잡기 | 139 |
| 06 | 실손보험, 도 넘은 손실 구조 바꿔야 | 143 |
| 07 | 팔기만 하지 말고, 투자로 돌아가라 | 148 |
| 08 | 사모펀드 참사, 자본시장 경고등 | 153 |
| 09 | 공모시장이 창업 생태계의 엔진이 되려면 | 158 |
| 10 | 혁신과 규제, 핀테크 균형점 어디인가 | 163 |

## 제4부 상품을 넘어 신뢰로, 소비자 중심 금융 만들기

01 소비자 보호, 말이 아닌 실천으로 170
02 팔았으면 책임져라 175
03 고위험 상품, 통제 없는 자유는 없다 180
04 취약 계층 금융 보호, 기본이 돼야 한다 184
05 서민 금융 사각지대, 이제는 채워야 188
06 집단소송은 소비자의 최후 방패다 192
07 화면 뒤 소비자, 누가 지켜주는가 197
08 '데이터는 권리다', 균형이 답이다 202
09 포용 금융, 숫자 아닌 사람 중심으로 206
10 ESG, 소비자와 함께 가야 진짜다 211

## 제5부 기술과 인간의 공존, 미래 금융의 방향을 묻다

01 디지털 혁신, 금융판을 다시 짜야 할 때 216
02 블록체인부터 CBDC까지, 금융의 판을 뒤흔들다 220
03 데이터가 곧 자산이다, 금융 빅데이터의 힘 224
04 AI와 금융의 만남, 인간을 위한 기술이 되려면 228
05 보안 없는 디지털 금융은 공허하다 232
06 금융 강국, 한국은 준비됐는가? 236
07 국경을 넘는 금융, 어떻게 뒷받침할 것인가 240
08 한국판 '골드만삭스', 왜 필요한가 244
09 기후위기 시대, 금융은 무엇을 해야 하는가 249
10 미래 금융은 사람에게 달렸다 254

## 제6부 감독과 규제, 혁신을 설계하는 도구로

01 감독 체계, 쪼갤 것인가 통합할 것인가 260
02 금감원, 이제는 똑똑한 조정자가 되어야 한다 265
03 통제에서 책임으로, 규제의 방향을 바꾸자 269
04 불신의 뿌리, 거버넌스를 바꿔야 한다 274
05 지능형 금융 범죄, 시스템으로 잡아야 한다 278
06 공공성 없는 수익, 수익 없는 공공성은 실패다 282
07 실패를 허하라, 그것이 혁신이다 286
08 규제와 경쟁, 적이 아니라 파트너다 290
09 한국형 규제 모델, 이제는 수출하자 294
10 감독도 혁신할 수 있다 299

## 제7부 자본의 물꼬를 트면, 한국 경제가 다시 흐른다

01 가계 부채 덜어내야 소비가 숨 쉰다 304
02 생산적 금융이 혁신의 엔진이다 309
03 죽은 창업금융, 다시 뛰게 하라 313
04 서울만 보는 금융, 지방을 외면한다 318
05 부동산 쏠림, 금융을 좀먹는다 323
06 돈과 공장이 연결될 때 산업이 산다 327
07 연금 개혁 없이는 노후도 없다 332
08 국민 자산 0에서 1로, 국가가 도와야 한다 337
09 신뢰받는 금융, 사회책임에서 시작된다 341
10 지속 가능성은 결국 금융에 달려 있다 346

**맺는말** 새판을 짜는 일은, 구조를 바꾸는 일이다 350

한국 금융,
새판 짜기

# 제1부

# 금융의 실패,
# 어디서부터 고장났는가

한국 금융은 한때 경제성장의 견인차였으나, 이제는 구조적 위기의 전파자가 되었다. 부동산 편중, 가계 부채 폭증, 소비자 피해와 신뢰 상실 등은 시스템 전반의 고장을 드러낸다. 외환위기, 민영화, 디지털 전환의 시대를 거치며 겉은 화려해졌지만 본질은 퇴색되었다. 제1부에서는 한국 금융이 어디서부터 잘못되었는지를 구조적으로 진단한다.

# 01
# 성장 엔진에서 시스템 리스크로 전락한 금융

## 성장 신화의 그림자: 금융, 기형적 발전의 시작

한국 금융의 역사는 국가 주도의 경제성장 전략과 깊이 얽혀 있다. 1960년대 이후 정부는 경제개발 5개년 계획을 통해 제조업 육성을 최우선 과제로 삼았고, 이를 실현하기 위해 금융을 철저히 통제했다. 은행은 사실상 국가의 팔과 다리 역할을 했으며, 민간 금융은 자유로운 자금 중개 기능을 발휘할 기회를 갖지 못했다.

당시 금융기관은 자율 경영보다는 정부의 정책 목표를 수행하는 수단으로 설계되었으며, 이는 일정 부분 경제성장에 긍정적인 기여를 했다. 국민의 저축을 동원해 산업자금을 공급하고, 수출 기업을 육성하는 데 금융이 핵심 역할을 수행했다.

그러나 이러한 성과는 동시에 구조적 취약성을 내포하고 있었다. 금융기관들은 리스크를 철저히 평가하기보다는 정부 방침에 따라 자금을 배분했다. 자산 건전성에 대한 고려 없이 대출을 실행한 결과, 부실이 누적되는 구조가 고착화되었다. 시장 경쟁과 리스크 관리라는 금융의 본래 기능이 정착되지 못한 채 기형적 성장이 반복된 것이다.

이러한 문제는 외부 충격이 발생할 때마다 여지없이 드러났다. 석유 파동, 1980년대 후반의 고금리·고환율 충격, 1990년대 초 기업 부실 등 각종 위기 상황에서 금융은 충격의 흡수자가 아니라 오히려 증폭자로 작용했다. 금융은 성장의 촉매제였지만 동시에 위기의 도화선이 되는 이중적 성격을 지닌 채 지속되었다.

## 외환위기와 금융 부실의 민낯

1997년 외환위기는 한국 금융의 구조적 문제를 단번에 드러낸 사건이었다. 위기 직전 한국 금융은 외형적으로 급격한 성장을 구가하고 있었다. 은행 대출은 폭발적으로 증가했고, 기업들은 외화 차입을 바탕으로 공격적 확장을 거듭했다. 그러나 이는 탄탄한 리스크 관리나 정교한 신용 분석에 기반한 것이 아니었다. 담보 위주의 대출 관행, 부실한 여신 심사, 형식적인 자본적정성 규제가 만연했다.

금융기관들은 기업 대출을 통해 단기적 수익을 추구했지만 이익의 질은 극히 취약했다. 부실채권 비율은 급등했고, 기업들의 연쇄 부도는 금융 시스템 전체를 위태롭게 만들었다. 금융 감독 기구조차 이러한 흐름을 적시에 파악하거나 조치할 능력을 갖추지 못했다. 전문성 부족, 관치 금융의 잔재, 금융기관과의 유착은 위기의 확산을 방치하는 결과를 낳았다.

결국 대외 신뢰가 붕괴되면서 자본 유출이 가속화되고, 원화 가치가 폭락하며 외환 보유고는 급격히 고갈되었다. IMF에 구제 금융을 요청한 것은 선택이 아닌, 불가피한 생존 전략이었다. 외환위기는 한국 금융이 국가 경제의 주춧돌이 아니라 모래 위에 세워진 구조였음을 온 국민에게 뼈아프게 각인시킨 사건이었다.

## 민영화·시장화 이후의 또 다른 왜곡

외환위기 이후 한국은 대대적인 금융 구조조정에 착수했다. 부실 금융기관을 정리하고 외국 자본을 유치했으며, 금융 산업의 재편과 함께 은행 민영화, 경영 투명성 강화, 금융 자율화 등을 추진했다. 표면적으로는 시장 메커니즘이 도입된 듯 보였지만, 실상은 달랐다.

민영화 이후 은행들은 주주 이익 극대화에 집중하게 되었다. 경영진은 단기 수익성과 주가 상승에 집착했고, 리스크 관리보다는 외형 성장에 매달리는 경향이 강화되었다. '성과지상주의' 문화가 확산되면서 고위험·고수익 상품이 범람했고, 수익 구조는 점점 취약해졌다. 과거에는 정부 지시에 따라 대출을 남발했다면, 이제는 단기 수익을 위해 무리한 신용 공급이 반복된 것이다.

대형 금융기관 중심의 시장 구조는 더욱 공고해졌다. 금융권 내 경쟁은 격화되었지만, 혁신적인 비즈니스 모델이나 고객 중심 경영은 뿌리내리지 못했다. 오히려 혁신보다는 리스크 회피와 전가의 관행이 만연했다. 실물경제와의 연계는 약화되었고, 금융은 부동산 연계 신용 팽창에 지나치게 의존하게 되었다.

결과적으로 민간 주도의 금융 시스템에서도 불안정성과 위기는 지속되었다. 민영화와 시장화가 곧바로 건전한 금융을 보장하는 것은 아니며, 리스크 관리 문화와 책임 있는 거버넌스 없이 시장에만 맡긴다면 또 다른 위기를 잉태하게 된다는 사실을 우리는 경험을 통해 확인했다.

## 금융, 리스크의 매개체가 되다

오늘날 한국 금융은 과거보다 훨씬 복잡하고 거대해졌다. 금융자산 규모는 국내총생산(GDP)을 한참 상회하고, 다양한 금융상품과 채널이 등장했다. 그러나 이 거대한 금융 시스템은 경제를 안정시키는 버팀목이 아니라, 리스크를 전파하는 통로로 작용하고 있다.

대표적인 사례가 가계 부채 문제다. 한국의 가계 부채는 GDP 대비 세계 최고 수준에 이르고 있다. 금융기관들은 저금리 환경 속에서 대출을 과도하게 확대했고, 특히 부동산 담보대출을 중심으로 신용 창출이 가속화됐다. 그 결과 부동산 시장은 과열되었고, 가계소득 대비 부채비율은 급등했으며, 금융 안정성은 심각하게 훼손되었다. 금융기관들은 단기 수익을 올렸지만, 전체 경제 시스템의 리스크를 키우는 결과를 초래했다.

더불어 글로벌 금융시장과의 연결성 강화는 외부 충격에 대한 취약성을 높였다. 미국의 금리 인상, 국제 자본 흐름의 급변, 지정학적 리스크 발생 등 외부 변수 하나하나가 국내 금융시장에 큰 파장을 미치고 있다. 내부적으로는 리스크를 통제하지 못하고, 외부적으로는 글로벌 변동성에 취약한 이중의 약점을 드러내고 있는 것이다.

이러한 상황에서 금융의 사회적 책임과 장기적 안정 기여는 사실상 실종된 상태다. 금융기관은 여전히 단기 실적에 몰두하고 있으며, 규제 당국 역시 사후 대응에 치우쳐 위기 예방에는 역부족인 실정이다. 지금의 금융은 경제의 안전판이 아니라 위험 증폭 장치로 기능하고 있으며, 이러한 구조는 반드시 근본적으로 바뀌어야 한다.

> 👍 **정리**
>
> - 한국 금융은 과거 경제성장의 '견인차'였지만, 본질적인 리스크 관리 능력을 갖추지 못했다.
> - 외환위기는 금융 구조의 취약성과 정부 주도의 관치 금융 한계를 여실히 드러냈다.
> - 민영화 이후에도 시장 논리만으로는 금융 건전성을 확보하지 못했고, 오히려 단기 이익 중심의 왜곡이 심화되었다.
> - 현재의 금융 시스템은 리스크의 매개체로 작용하며 경제 전체를 위협하고 있으며, 이는 반드시 구조적으로 개편되어야 한다.

# 02
# 은행, 국민 대신 이자를 택하다

## 은행의 역할 변화: 공공성에서 사익 추구로

은행은 본래 사회적 공공재의 성격을 지닌 기관이었다. 국민의 저축을 모아 기업과 개인에 필요한 자금을 공급하고, 경제성장과 지역 발전을 지원하는 데 핵심적 역할을 수행했다. 특히 금융 시스템이 미성숙했던 개발도상국 시절, 은행은 단순한 사기업을 넘어 '경제성장의 기관차'로 인식되었다.

그러나 금융 자유화와 민영화가 진행되면서 은행의 성격은 급격히 변모했다. 공공성보다 수익성에 초점을 맞추게 되었고, 대출은 자금이 절실한 기업이나 가계보다는 채산성이 높은 곳에 우선 배분되었다. 대출 심사 기준도 사회적 필요가 아닌 담보 가치, 수익성, 신용등급 등 금융 논리에 철저히 종속되었다.

은행들은 주주 가치를 최우선 과제로 삼으며, 수익 증대와 비용 절감을 경영의 핵심 목표로 설정했다. 그 과정에서 금융의 안정성과 사회적 책임은 후순위로 밀려났다. 특히 주주의 상당수가 외국인 투자자로 전환되면서, 한국 은행의 경영 방향은 장기적 국가 경제보다는 단기적 이익 실현에 치우치게 되었다.

결국 은행은 국민 경제의 중추라기보다, 수익 극대화를 추구하는 투자 수단으로 전락했다. 공공성, 사회적 기여, 안정적 신용 공급이라는 전통적 역할은 점차 뒷전으로 밀려나고 있다.

## 고객이 사라진 은행: 이익 중심의 경영

은행은 고객 기반의 비즈니스 모델을 바탕으로 성장해왔다. 예금을 통해 자금을 조달하고, 대출과 금융서비스를 통해 수익을 창출하는 구조다. 그러나 최근 은행 경영을 보면 '고객 중심'이라는 구호는 실체를 잃은 지 오래다. 고객은 '서비스의 대상'이 아닌 '수익 창출 수단'으로 전락했다.

저금리 환경에서 은행은 대출이자와 각종 수수료 수익에 더욱 의존하게 되었고, 고금리 대출, 불투명한 수수료 체계, 복잡한 금융상품 판매가 일반화되었다. 약관은 지나치게 복잡해졌고, 상품 비교는 어렵고 불투명해졌으며, 소비자는 금융기관과의 정보 비대칭 앞에서 무기력해졌다.

특히 고령자와 금융 취약 계층을 대상으로 한 '불완전판매'는 사회적 문제로 대두되고 있다. 퇴직자나 고령층에게 고위험 파생결합 상품을 권유하거나, 충분한 설명 없이 복합 금융상품을 판매하는 사례가 빈번하다. 금융감독원이 제재에 나서지만, 근본적 구조는 개선되지 않고 있다.

  이러한 행태는 은행에 대한 신뢰를 심각하게 훼손한다. 은행은 단순한 영리 기업이 아니라, 금융의 신뢰성과 안정성을 책임지는 공공적 존재다. 고객을 단기 수익의 수단으로 보는 경영 전략은 금융기관 본연의 정체성을 무너뜨리는 위험한 선택이다.

## 중소기업과 서민은 소외됐다

  은행의 수익성 추구는 중소기업과 서민층에 대한 금융서비스를 위축시키는 결과를 초래했다. 대기업과 고신용자에 대한 대출은 활발하지만, 신용등급이 낮거나 담보력이 부족한 중소기업·자영업자·서민층은 점차 제도권 금융에서 배제되고 있다.

  한국의 중소기업은 전체 기업의 99%, 고용의 84%를 담당하는 경제의 근간이다. 그러나 이들에 대한 은행의 대출 비중은 지속적으로 감소하고 있으며, 경기 침체기나 금융 불안기에는 은행들이 위험 회피 차원에서 중소기업 대출을 급격히 축소하는 경향이 나타난다. 이는 생산성 저하, 일자리 감소 등 경제 전반의 활력을 약화시키는 요인이 된다.

  서민 금융 역시 사각지대에 놓여 있다. 일부 정책적 지원이 있긴 하지만, 은행권의 자발적 참여는 극히 제한적이다. 저신용자들은 결국 고금리 대출, 불법 사금융 등 위험한 대안으로 내몰리며 금융 소외의 악순환이 반복되고 있다.

은행이 수익성만을 추구하며 공공성과의 균형을 잃을 때, 사회 전체의 금융 포용성은 무너지고 양극화는 심화된다. 이는 단지 금융의 문제가 아니라, 국가 경제의 지속 가능성과 직결된 구조적 과제다.

## 사회적 책임을 외면한 금융

은행은 수익을 창출함과 동시에 사회적 책임을 수행해야 하는 기관이다. 금융을 통해 경제의 안정성과 포용성을 강화하고, 지속 가능한 성장의 토대를 조성해야 한다. 그러나 현실에서 은행은 이 역할에 소홀하다.

사회공헌 활동이 일부 이루어지긴 하지만, 실질적 기여보다는 이미지 개선을 위한 이벤트성 활동에 그치는 경우가 많다. 장학금 지원, 기부금 전달 등의 활동은 보여주기식에 머무르며, 정작 지역사회 지원이나 중소기업·서민 금융 확대와 같은 본질적인 기여에는 소극적이다.

최근 강조되고 있는 ESG(환경·사회·지배구조) 경영 역시 마찬가지다. 녹색금융이나 사회적 금융, 금융 취약 계층 지원 등은 구호에 그칠 뿐, 실질적 실행력은 부족하다. 한국 은행권의 ESG 수준은 아직 선진국에 비해 낮은 편이며, 관련 투자와 시스템 정비도 미흡한 상황이다.

　금융은 신뢰를 기반으로 작동하는 산업이다. 은행이 사회적 책임을 외면하고 이익에만 매달릴 경우, 금융 시스템 전체의 신뢰와 지속 가능성은 심각하게 훼손될 수밖에 없다. 공공성과 수익성의 균형을 회복하고, 진정한 사회적 기여를 고민하는 것은 한국 금융 구조 개혁의 핵심 과제다.

---

### 👍 정리

- 은행은 과거 국민 경제의 중추에서 단기 이익 중심의 기업으로 변질되었다.
- 고객 중심 경영은 약화되고, 수익 중심의 상품 판매와 불완전판매가 확산되었다.
- 중소기업과 서민층은 금융서비스에서 점차 배제되며, 금융 포용성이 악화되고 있다.
- 은행이 사회적 책임을 외면함에 따라 금융 시스템 전체의 신뢰와 지속 가능성이 위협받고 있다.

## 03
# 보장의 탈을 쓴 수익 추구 게임

### 보험의 본질을 망각하다: 위험 분산 대신 상품 판매

보험은 본래 인간 사회의 불확실성을 대비하기 위한 제도로 출발했다. 갑작스러운 사고나 질병, 사망 등 예측 불가능한 위험을 공동 분산함으로써, 개인과 가정을 보호하는 사회적 안전망으로 기능해왔다. 특히 경제가 고도화되고 복잡해질수록, 보험은 사회적 안정성을 유지하는 핵심 장치로 작용해야 했다.

그러나 오늘날 한국의 보험 산업은 이러한 본래의 취지를 망각하고 있다. 위험 분산과 보호 기능은 뒷전으로 밀려났고, 상품 판매와 수수료 수익 극대화가 주요 목적이 되었다. 보험사는 이제 고객의 리스크를 관리하는 조력자라기보다, 다양한 금융상품을 기획하고 판매하는 '금융상품 제작자'에 가깝다.

보험 설계사는 실적 중심으로 관리되고, 매출 목표를 달성하기 위해 끊임없이 새로운 상품이 쏟아진다. 소비자는 스스로 필요한 보험을 고르는 것이 아니라, 영업 사원의 설득에 따라 복잡하고 고비용 구조인 상품에 가입하게 된다. 보험의 본질적 기능은 점차 퇴색하고, '판매'와 '수수료'가 보험 산업을 지배하는 현실이 자리 잡았다.

## 과열된 판매 경쟁과 불완전판매

보험업계의 과당 경쟁은 소비자 피해로 직결되고 있다. 높은 수수료를 목적으로 무리하게 상품을 권유하거나, 계약 내용을 충분히 설명하지 않은 채 가입을 유도하는 '불완전판매'가 빈번하게 발생하고 있다. 특히 실손보험, 변액보험, 종신보험 등 복잡한 구조의 상품은 소비자가 내용을 정확히 이해하기 어려워, 정보 비대칭 문제가 심각하다.

대표적인 사례가 변액보험이다. 투자 성과에 따라 수익이 달라지는 이 상품은 사실상 투자상품에 가까움에도, '보험'이라는 명칭을 앞세워 안정성과 보장을 강조하며 판매된다. 그러나 실제로는 수익이 보장되지 않을 뿐 아니라, 고비용 구조로 인해 소비자가 기대한 수익을 달성하기 어렵다.

'무해지 환급형' 보험 역시 문제다. 해지 환급금을 대폭 줄이는 대신 보험료를 낮춘다는 구조지만, 해지 시 불이익이 명확히 고지되지 않는 경우가 많다. 이러한 불완전판매는 보험 산업에 대한 소비자의 신뢰를 심각하게 훼손하고 있다.

판매 채널의 수수료 경쟁 또한 불완전판매를 부추기는 요인이다.

설계사, GA(법인대리점), 은행 창구 등 다양한 경로에서 보험이 판매되지만 판매자는 수익을 극대화할 수 있는 고수익 상품에 집중한다. 이 과정에서 고객에게 꼭 필요한 상품이 아닌, 판매자에게 유리한 상품이 우선적으로 권유되는 구조가 고착화되고 있다.

## 실손보험, 건강보험과의 중복과 왜곡

한국 보험시장의 구조적 문제는 실손의료보험에서 극명하게 드러난다. 실손보험은 국민건강보험이 보장하지 못하는 본인 부담 의료비를 보완하기 위해 도입되었지만, 그 급속한 확산은 여러 부작용을 초래했다.

첫째, 건강보험과 실손보험 간 중복 보장으로 인해 과잉 진료와 도덕적 해이가 증가했다. 병원과 환자가 실손보험을 통해 의료비를 환급받을 수 있다는 인식이 퍼지면서 불필요한 의료서비스 이용이 늘어났고, 이는 의료비 급증과 건강보험 재정 악화를 초래했다.

둘째, 실손보험의 손해율이 급등하면서 보험료 인상이 반복되었다. 보험사는 손실을 만회하기 위해 보험료를 상향 조정했고, 그 부담은 고스란히 소비자에게 전가되었다. 특히 고령층은 높은 보험료로 인해 실질적인 보험 혜택을 누리기 어렵게 되었다.

셋째, 실손보험 상품 구조의 복잡성과 불투명성은 소비자의 합리적 선택을 방해하고 있다. 기존 가입자와 신규 가입자 간 차등 구조, 갱신형 보험료의 급격한 인상 등은 소비자의 불만과 혼란을 가중시키고 있다.

결국 실손보험은 본래 취지였던 '보완적 안전망' 역할을 제대로 수행하지 못하고, 오히려 의료비 상승과 사회적 비용 증가를 불러일으켰으며 보험시장에 대한 불신만 키우는 결과를 낳았다. 정부와 보험업계 모두 실손보험의 구조적 문제에 대한 근본적 개혁에 착수해야 할 시점이다.

## 보험 산업, 사회적 책임을 회복해야 한다

보험은 개인과 가정을 지키는 최후의 경제적 방어선이자, 사회 전체의 위험을 분산하는 공공적 장치다. 그러나 현재 한국의 보험 산업은 이러한 사회적 책임을 외면하고 있다.

보험사는 단순한 상품 판매를 넘어, 소비자 보호와 사회적 리스크 관리라는 본연의 역할을 회복해야 한다. 단기 수익에 집착하는 영업 방식을 버리고, 장기적 관점에서 고객의 삶의 질을 개선하는 방향으로 비즈니스 모델을 전환해야 한다.

이를 위해 첫째, 상품 구조를 단순화하고 정보 제공을 투명하게 개선해야 한다. 소비자가 보험의 보장 범위, 해지 조건, 비용 구조를 쉽게 이해하고 스스로 선택할 수 있어야 한다. 약관은 핵심 내용 중심으로 정비되고, 비교 가능한 정보가 제공되어야 한다.

둘째, 판매 채널에 대한 윤리 교육과 규제 강화가 필요하다. 보험 설계사와 GA의 판매 행위를 감시하고, 불완전판매에 대한 제재를 실효성 있게 집행해야 한다.

셋째, 보험 산업은 기후변화, 고령화, 디지털 리스크 등 새롭게 대두되는 사회적 위험에 대응할 수 있는 혁신적 상품을 개발해야 한다. 사회적 취약 계층을 위한 포괄적 보장 체계를 구축하고, ESG(환경·사회·지배구조) 경영을 내실화하며, 보험금 지급의 공정성과 투명성을 높여야 한다.

보험이 다시금 사회적 신뢰를 회복하고, 경제의 안전망 역할을 수행하려면 지금과 같은 '상품 장사' 모델에서 벗어나야 한다. '보호자로서의 보험', '신뢰 기반의 보험'을 회복하는 것이야말로 보험 산업의 지속 가능한 미래를 여는 열쇠다.

👍 정리

- 보험은 본래의 위험 분산과 보호 기능을 상실하고, 수수료 중심의 판매 산업으로 변질되었다.
- 과열된 판매 경쟁과 불완전판매는 소비자 피해를 양산하며, 보험 산업 전반의 신뢰를 훼손하고 있다.
- 실손보험 사례에서 드러나듯, 일부 보험상품은 사회적 비용과 의료비 상승 등 심각한 왜곡을 초래하고 있다.
- 보험사는 상품 판매를 넘어 사회적 위험을 관리하고, 공공성과 지속 가능성을 회복하는 방향으로 전환해야 한다.

# 04
# 껍데기만 큰 시장, 실속 없는 자본

## 겉으로는 커졌지만, 속은 비어 있다

한국 자본시장은 외형적으로 눈에 띄는 성장을 이뤄냈다. 주식시장 시가총액은 국내총생산(GDP)을 상회하고, 펀드시장 규모도 1,000조 원을 돌파했다. IPO(기업공개) 건수와 자금 조달 규모 역시 과거에 비해 크게 증가하며, 수치상으로는 선진국형 자본시장의 면모를 갖춘 듯하다.

그러나 이러한 외형적 성장 이면에는 구조적 취약성이 뿌리 깊게 자리하고 있다. 자본시장이 본래 수행해야 할 핵심 기능, 즉 혁신 기업에 대한 장기 투자와 생산적 자본 배분 기능이 제대로 작동하지 않고 있기 때문이다. 신규 상장 기업 다수는 장기적 육성보다는 단기 차익을 노린 투기 대상으로 전락하고 있으며, 자본시장을 통한 기업 성장 지원은 본래 목적이 아니라 부차적 결과로 밀려나 있다.

주식시장의 하루 거래대금은 수십조 원에 달하지만, 상당 부분이 개인 투자자의 단타 매매에 의존하고 있다. 투기성 거래가 시장을 주도하면서 가격 변동성은 과도해지고, 신뢰는 낮아지고 있다. 거래량은 증가했지만, 시장의 질적 깊이와 효율성은 여전히 기대에 미치지 못하는 실정이다.

채권시장 역시 국채 중심 구조에서 벗어나지 못하고 있다. 민간 기업의 회사채 발행은 제한적이고, 자금 조달 수단으로서의 자본시장 기능은 여전히 약하다. 결국 한국 자본시장은 겉은 성장했지만, 내실은 취약한 '속 빈 강정' 상태다.

## 투자은행 기능의 부재와 자본 조달 실패

자본시장의 본질은 단순한 주식 거래가 아니라, 기업의 지속적 성장과 혁신을 위한 안정적 자본 조달에 있다. 이를 위해서는 강력한 투자은행(IB) 기능이 필수적이다. 투자은행은 기업의 자금 수요를 분석하고, 맞춤형 금융 솔루션을 제공하며, 장기 투자자와 기업을 연결하는 중개자 역할을 수행한다.

그러나 한국 자본시장에서는 이러한 정통 IB 기능이 거의 부재하다. '대형 증권사'로 불리는 기업들도 사실상 주식 매매 중개나 파생상품 트레이딩에 집중하고 있으며, 실질적인 기업 금융 자문 기능은 미약하다. 기업공개(IPO)조차 기업 성장 지원보다는 상장 후 투자자의 빠른 엑시트(exit)를 중심으로 설계되고 있다.

그 결과, 혁신기업·스타트업·중견기업은 자본시장을 통한 장기 자금 확보에 실패하고 있다. 벤처캐피털과 사모펀드 등도 대부분 단기 수익 회수에 초점을 맞추고 있어, 기업과의 장기적 동반 성장은 구조적으로 어려운 상황이다.

이러한 구조는 국가 전체의 혁신 역량을 갉아먹는다. 자본시장이 혁신기업을 안정적으로 지원하지 못한다면, 경제는 새로운 성장 동력을 마련하지 못하고 정체 국면에 빠지게 된다.

## 정보 비대칭 심화와 투자자의 불신

건강한 자본시장은 투명하고 신뢰할 수 있는 정보에 기반해야 한다. 투자자는 기업의 가치와 수익성, 경영 리스크를 정확히 판단한 후 합리적 투자 결정을 내려야 한다. 그러나 한국 자본시장에는 정보 비대칭이 심각하게 존재한다.

기업공개 과정에서 공시되는 정보는 지나치게 형식적이며, 실질적인 사업 전망이나 리스크 정보는 부족하다. 상장 이후에도 IR(투자자 관계) 활동은 소극적이고, 부실 공시나 허위 공시가 빈번하게 발생한다. 특히 중소형주 시장에서는 이와 같은 정보 불균형이 더욱 심각해, 일반 투자자들이 올바른 판단을 내리기 어렵다.

정보 부족은 시장가격의 왜곡으로 이어진다. 주가가 기업의 내재가치를 제대로 반영하지 못하고, 외부 충격이나 루머, 군집행동에 의해 급등락하는 사례가 빈번히 발생한다. 이는 장기 투자자의 이

탈을 유도하고, 투기적 단기 매매만을 부추기는 악순환을 낳는다.

결국 자본시장은 투자자로부터 신뢰를 얻지 못하고 있으며, 이는 시장 전반의 성숙과 발전을 가로막는 가장 큰 장애물이 되고 있다.

## 건전한 투자 문화 부재와 투기적 시장

투자는 원래 장기적 관점에서 기업의 미래 성장 가능성을 평가하고, 경제 전체의 발전에 기여하는 수단이다. 그러나 한국의 투자 문화는 여전히 단기 차익에 집착하고 있다. '단타', '묻지마 투자', '남들이 사니까 산다' 등의 심리가 시장을 지배하고 있다.

개인 투자자 비중이 높은 한국 주식시장에서는 급등주, 테마주, 정치 테마주 등 비이성적 투기 매매가 일상화되어 있다. 각종 언론 보도와 SNS를 통한 과장된 정보가 확산되면서 투자 판단은 왜곡되고, 시장은 반복적인 과열과 붕괴를 겪고 있다.

금융기관조차 고객 자산의 장기 수익보다, 상품 회전율을 높여 수수료 수익을 극대화하는 데 치중하고 있다. '팔기 위한 상품' 판매가 관행화되며, 고객의 투자 성과는 후순위로 밀려나 있다.

이러한 왜곡된 투자 문화는 자본시장의 신뢰 기반을 약화시키고, 생산적인 부문에 자금이 안정적으로 공급되는 것을 저해한다. 건전한 투자 문화 없이 자본시장의 질적 성장은 불가능하다.

> 👍 **정리**
>
> - 한국 자본시장은 외형적으로는 성장했지만, 실질적인 자본 배분과 혁신 지원 기능은 여전히 미약하다.
> - 투자은행 기능의 부재로 인해 혁신기업에 대한 장기 자본 공급이 제대로 이뤄지지 않고 있다.
> - 심각한 정보 비대칭과 낮은 공시 투명성은 투자자의 신뢰를 약화시키고, 시장의 효율성을 저해하고 있다.
> - 투기적 투자 문화가 시장을 지배하면서 장기 성장 기반이 약화되고 있으며, 질적 발전의 걸림돌로 작용하고 있다.

## 05
## 소수의 금융, 다수의 고통

### 소수에 집중된 금융 권력

한국 금융시장은 외형적으로는 자유경쟁 체제를 표방하지만, 실제 구조는 극단적인 집중과 독점에 가까운 양상을 보이고 있다. 5대 시중은행이 전체 은행권 자산의 70% 이상을 차지하고 있으며, 주요 보험사와 대형 증권사 몇 곳이 각 업권을 사실상 장악하고 있다. 은행, 보험, 증권, 카드 등 거의 모든 금융 부문에서 소수 대형 기관에 시장 지배력이 과도하게 집중되어 있다.

이와 같은 금융 권력의 집중은 단순한 점유율의 문제가 아니다. 신용 공급, 상품 설계, 고객 서비스, 수수료 체계 등 금융서비스의 방향과 품질을 사실상 몇몇 대형 기관이 좌우하게 된다. 경쟁은 제한되고 혁신은 억제되며, 소비자의 선택권은 좁아지고, 서비스의 질적 향상 역시 기대하기 어려운 구조가 고착되고 있다.

특히 대형 금융기관들은 대출금리 조정이나 수수료 부과에 있어 암묵적 담합을 형성하기 쉬운 구조다. 이는 시장 경쟁의 기본 원칙을 훼손하고, 금융 산업의 효율성과 공정성을 동시에 저하시킨다.

금융 산업이 국민 경제를 뒷받침하는 기제가 아니라, 독점 권력의 수단으로 기능하고 있는 것이다.

## 관치 금융의 어두운 그늘

한국 금융의 또 다른 고질적 문제는 관치 금융이다. 관치 금융이란 정부 또는 정치 권력이 금융기관의 의사결정에 개입하는 구조를 의미한다. 외환위기 이후 금융 구조조정을 거치며 정부 소유의 금융기관은 크게 줄었지만, 금융 당국의 실질적 영향력은 여전히 막강하다.

은행장 인선, 대출 심사 기준 설정, 신사업 진출 승인 등에 있어 '보이지 않는 손'의 작용은 지금도 여전하다. 특히 국책은행이나 대형 시중은행의 고위 임원 인사가 정치권과 연결돼 있다는 의혹은 끊임없이 제기된다. 금융기관은 정부 정책에 '협조'해야 한다는 암묵적 압력을 받으며, 독립적이고 합리적인 경영 판단은 제약받고 있다.

이러한 구조는 금융회사의 자율성과 건전성을 약화시킨다. 정치 논리가 금융 의사결정에 개입하면서 자금은 시장 논리가 아니라 정치적 편의에 따라 배분되고, 이는 비효율적인 자금 운용과 부실 대출, 시장 왜곡으로 이어진다. 관치 금융은 금융시장의 신뢰를 훼손하고, 장기적으로 한국 경제의 역동성을 갉아먹는 근본적 병리다.

## 혁신보다 기득권 유지에 몰두하다

금융 산업은 기술과 경영 혁신이 끊임없이 요구되는 대표적인 미래 산업이다. 핀테크, 인공지능(AI), 블록체인, 오픈뱅킹 등 신기술이 금융의 지형을 빠르게 바꾸고 있으며, 세계 각국은 이를 활용해 금융 산업 경쟁력을 높이고 있다.

그러나 한국의 기존 금융권은 혁신보다는 기득권 유지에 몰두하는 경향이 강하다. 신생 핀테크 기업이나 혁신적 금융서비스가 등장할 때마다, 기존 금융기관은 로비와 규제 유지를 통해 진입 장벽을 높이고, 제도적 허들을 만들어 경쟁을 억제한다.

예를 들어, 인터넷전문은행 도입 당시 기존 은행들은 '금융 안정'과 '건전성'을 이유로 도입 자체를 강하게 반대했다. 금융 당국 역시 기존 금융권의 이익을 과도하게 고려하며 과잉 규제를 설정했고, 이는 결과적으로 시장의 다양성과 혁신 역량을 심각하게 제약했다.

그 사이 세계 주요국들은 핀테크 혁신을 적극적으로 지원하며 글로벌 금융의 흐름을 선도하고 있다. 미국, 유럽, 싱가포르 등은 새로운 기술과 경쟁을 수용하며 금융 산업을 고도화하고 있는데, 한국 금융은 기득권의 '방어적 폐쇄성' 속에서 점점 세계 흐름에서 뒤처지고 있다.

## 금융의 독점이 경제에 미치는 파급효과

 금융의 독점 구조와 기득권 고착은 금융 산업 내부 문제에 그치지 않는다. 이 구조는 경제 전체에 깊은 부정적 파급효과를 초래하고 있다.

 우선, 금융서비스가 특정 대기업과 고신용 부유층에 집중되면서 중소기업과 서민층의 금융 접근성은 심각하게 제한되고 있다. 이는 경제 양극화를 심화시키고, 사회적 불평등을 구조화하는 데 일조하고 있다. 자금이 필요한 곳에는 닿지 않고, 자산이 있는 곳에만 집중되는 자금 흐름이 고착화된 것이다.

 또한 금융기관의 보수적 관행은 혁신 경제를 억누른다. 담보 중심, 과거 실적 중심의 대출 심사 기준은 스타트업이나 신산업 기업에는 지나치게 가혹하다. 미래 가능성을 보고 투자해야 할 금융이 오히려 경제 전환을 가로막는 장벽으로 작용하고 있다.

 더불어, 금융의 과점화는 정책 효과의 왜곡도 낳는다. 정부가 통화 정책이나 유동성 정책을 조정해도, 소수 금융기관이 시장을 장악한 구조에서는 정책 전달 효과가 왜곡되거나 지체될 수 있다. 일부 계층이나 업권에 정책 혜택이 편중되며, 경제 전반의 반응은 약화된다.

결국, 금융의 편향·독점·기득권은 단지 금융시장만의 문제가 아니라 한국 경제의 체질을 악화시키고, 성장의 기초를 무너뜨리는 구조적 문제다. 이를 해결하기 위해서는 금융 산업 전반의 공정 경쟁 질서 확립과 과감한 혁신 유인이 필수적이다.

> 👍 **정리**
>
> - 한국 금융은 소수 대형 기관 중심의 과도한 시장 집중 구조를 갖고 있다.
> - 관치 금융의 잔재는 금융기관의 독립성과 경영 건전성을 저해하고 있다.
> - 기존 금융권은 기술 혁신보다 기득권 수성에 몰두하며 산업의 역동성을 약화시키고 있다.
> - 금융의 독점 구조는 경제 양극화, 혁신 저해, 정책 왜곡 등 심각한 부작용을 초래하고 있다.

# 06
# 2천조 가계 부채,
# 금융 시스템의 시한폭탄

## 세계 최악 수준에 도달한 가계 부채

한국 경제를 짓누르고 있는 가장 심각한 구조적 문제 중 하나는 가계 부채다. 통계청과 한국은행 자료에 따르면, 2024년 현재 한국의 가계 부채는 국내총생산(GDP) 대비 약 107% 수준에 이르렀다. 이는 미국(약 75%), 일본(약 60%) 등 주요국을 크게 상회하는 세계 최고 수준으로, 경고등이 이미 켜진 상태다.

가계 부채 급증의 배경은 복합적이다. 장기 저금리 정책, 부동산 가격 상승, 금융기관 간 대출 경쟁, 정부의 부동산 정책 실패 등이 맞물리며 대출 수요가 폭발적으로 증가했다. 특히 부동산이 자산 형성의 주요 수단으로 자리 잡으면서, 주택 매입을 위한 대출이 일상화되었다. 전세자금대출, 주택담보대출, 신용대출이 급속히 확대되며 가계의 부채 부담은 눈덩이처럼 불어났다.

가계 부채 증가는 단순한 가계의 재무 문제가 아니다. 이는 경제 전체의 소비 여력을 약화시키고, 금융 시스템의 건전성을 훼손하며, 위기 발생 시 충격을 확대시키는 위험 요인이다. 그럼에도 불구하고 한국 사회는 그 심각성을 구조적으로 인식하거나, 장기적 대응에 충분히 나서지 못했다.

## 금융기관의 무분별한 대출 경쟁

가계 부채 폭증의 한 축에는 금융기관들의 과도한 대출 경쟁이 자리하고 있다. 2010년대 중반 이후 장기 저금리 기조가 이어지면서, 은행·저축은행·상호금융 등은 수익 확보를 위해 대출 확대에 주력했다.

특히 주택담보대출 시장은 금융기관 간의 치열한 경쟁 무대가 되었다. LTV(담보인정비율) 완화, DTI(총부채상환비율) 우회, 대출금리 인하 등의 전략을 통해 시장 점유율을 높이려는 시도가 이어졌고, 신용대출과 카드론, 리볼빙 서비스 등 고금리 대출 상품도 잇따라 출시됐다.

이 과정에서 금융기관은 대출자의 상환 능력보다는 담보 가치에만 의존하는 심사 관행을 강화했다. 소득 대비 부채비율이나 장기 상환 능력은 부차적인 고려 사항에 불과했다. 부동산 가격 상승이 지속될 것이라는 과잉 낙관론이 금융권 전반에 팽배해 있으면서, 심사 기준은 점점 느슨해졌다.

이러한 무분별한 대출 경쟁은 가계 부채의 질적 악화를 초래했다. 특히 변동금리 대출 비중이 높아지면서, 금리 상승 시 가계의 상환 부담이 급증할 수밖에 없는 구조적 취약성이 드러나고 있다.

## 가계 부채가 금융 시스템을 위협하다

가계 부채가 일정 수준을 넘어서면, 이는 단순한 재정 문제가 아닌 시스템 리스크로 전이된다. 부채는 미래 소득을 앞당겨 사용하는 행위인 만큼, 소득 증가 속도가 부채 증가를 따라가지 못하면 전체 금융 시스템이 흔들릴 수 있다.

현재 한국의 가계 부채는 다음과 같은 다층적 위험을 내포하고 있다.

첫째, 이자 부담 증가 리스크다. 2023년 이후 기준금리 인상이 지속되면서, 변동금리 대출을 보유한 가계의 이자 부담이 급증하고 있다. 특히 저소득층과 한계 가계는 원리금 상환조차 어려운 상황에 내몰리고 있다.

둘째, 부동산 가격 하락 리스크다. 부동산 시장이 조정 국면에 진입하면서 담보 가치가 하락할 경우, 금융기관은 부실채권 증가에 직면하게 된다. 대출 회수 불능이 확대되면, 신용 경색과 자산 시장 위축으로 이어지며 실물경제 전반에 충격을 줄 수 있다.

셋째, 소비 위축 리스크다. 가계가 부채 상환에 소득의 상당 부분을 투입할 경우, 소비 여력은 필연적으로 감소한다. 소비는 GDP

의 절반 이상을 차지하는 주요 성장 동력인 만큼, 소비 위축은 경제성장률 하락으로 직결된다.

결국, 가계 부채 문제는 금융기관의 수익성 저하, 경제성장 둔화, 금융위기 가능성 증가라는 악순환을 초래할 수 있다. 이는 개별 가계나 금융권만의 문제가 아닌, 한국 경제 전반의 시스템 리스크로 간주해야 한다.

## 구조적 해법은 가능한가

가계 부채 문제는 단기적 처방으로 해결할 수 없다. 근본적인 체질 개선과 구조적 접근이 필요하다. 다음의 네 가지 과제를 중심으로 중장기 전략이 마련돼야 한다.

첫째, 금융기관의 대출 심사 강화다. 소득 중심의 대출 원칙(DSR, 총부채원리금상환비율)을 엄격히 적용하고, 담보 중심 심사 관행을 탈피해야 한다. 금융기관의 책임성을 제도화하고, 리스크 관리 능력을 높이는 것이 핵심이다.

둘째, 부동산 시장 안정화다. 부동산 가격이 불안정한 한, 가계 부채의 구조적 문제는 반복된다. 공급 확대, 공시가격 현실화, 거래 투명성 제고, 투기 수요 억제 등 다각도의 안정화 정책이 병행돼야 한다.

셋째, 금융소비자 교육의 제도화다. 가계가 금융상품의 구조와 위험을 이해하고 합리적 선택을 할 수 있도록, 금융 리터러시 교육을 강화해야 한다. 이는 단기 효과보다는 장기적 시스템 안정성과 금융소비자 권익 제고를 위한 필수 기반이다.

넷째, 취약 계층 지원과 부실 정리 체계 구축이다. 상환 불능 상태에 빠진 한계 가계에 대해선 부채 조정과 구조조정이 필요하다. 개인회생 제도 정비, 채무 조정 프로그램 확대, 사회 안전망 보완을 통해 사회적 비용을 최소화하고 금융 안정을 도모해야 한다.

가계 부채 문제는 해결에 긴 시간이 걸리는 난제지만, 지금부터라도 구조적 접근과 정책적 일관성을 확보한다면 금융 시스템의 지속 가능성을 회복할 수 있다. 이는 더 이상 미룰 수 없는 국가적 과제다.

---

👍 **정리**

- 한국의 가계 부채는 GDP 대비 세계 최고 수준으로, 금융 시스템 전체의 중대한 불안 요인이 되고 있다.
- 금융기관의 무분별한 대출 경쟁과 부동산 중심의 자산 구조가 문제를 심화시켰다.
- 이자 부담 증가, 소비 위축, 부동산 조정 등 복합적 리스크가 현실화되며 경제 안정성을 위협하고 있다.
- 구조적 해법으로 금융기관 심사 강화, 부동산 시장 안정화, 금융 교육 강화, 취약 계층 지원이 동시에 추진돼야 한다.

## 07
## 금융은 책임지지 않는다

### 수익 앞에 희미해진 윤리의식

금융회사는 본질적으로 신뢰를 바탕으로 하여 고객의 자산을 관리하는 기관이다. 고객과의 신뢰 관계는 금융 비즈니스의 기반이자 존재 이유이다. 그러나 오늘날 한국 금융기관에서는 이 기본 원칙이 점차 희미해지고 있다.

수익성 압박, 치열한 시장 경쟁, 주주 가치 극대화 요구 속에서 많은 금융기관이 윤리적 판단보다 단기 이익을 우선시하는 경향을 강화해왔다. 예대마진(대출이자와 예금이자의 차익)을 중심으로 한 안정적 수익 구조가 약화되면서, 금융기관들은 고위험 파생상품, 사모펀드, 복합 투자상품 판매에 집중했다.

이 과정에서 고객의 이해와 보호보다는 회사의 이익이 앞섰고, 상품의 위험성과 구조적 한계는 축소되거나 은폐되기 일쑤였다. '고객 이익보다 판매 수수료'가 우선시되는 영업 문화는 불완전판매, 고위험 투자 권유, 투자자 손실 등 각종 부작용을 초래했다.

라임·옵티머스·디스커버리 등 사모펀드 사태는 단순한 '사건'이 아니라, 금융기관 전반의 윤리의식 실종과 구조적·도덕적 해이가 어떤 결과를 낳는지를 여실히 보여주는 사례다. 이는 일탈 직원의 문제가 아니라, 경영 전반에 내재한 잘못된 보상 체계와 기업 문화의 산물이라는 점에서 더욱 심각하다.

## 리스크 관리는 형식, 실질은 부실

금융은 리스크를 기반으로 하는 산업이다. 따라서 리스크의 식별, 분석, 통제는 금융기관의 핵심 기능이다. 하지만 한국 금융기관들의 리스크 관리 체계를 살펴보면, 실질보다는 형식에 치중되어 있다.

대부분의 금융기관은 리스크 관리 전담 부서를 운영하고 있으나, 이 부서는 종종 영업 부서에 비해 조직 내 위상이 낮고, 독립성도 충분하지 않다. 상품 출시, 대출, 투자 등에 대해 리스크 관리 부서가 실질적인 거부권이나 수정 권한을 행사하지 못하는 경우가 많다.

평가 기준도 형식적 수치나 규제 준수 여부에 집중되어 있어, 시장 환경 변화에 따른 동태적 리스크, 구조적 위험 요소에 대한 심층 분석은 소홀히 다뤄진다. 결국 금융기관들은 리스크를 '관리'하기보다는, 외부 규제 기관을 위한 '보고용 시스템'을 유지하는 데 그치고 있다.

이러한 리스크 관리의 허술함은 평상시에는 표면화되지 않지만, 외부 충격이나 환경 변화가 발생할 경우 한꺼번에 부실이 폭발하는 구조적 취약성으로 이어진다. 이는 2008년 글로벌 금융위기 당시 미국 월가에서 나타났던 문제가 결코 남의 일이 아니라는 사실을 시사한다.

## 내부 통제 실패와 관리 시스템 부재

도덕적 해이와 리스크 관리 부실은 대개 내부 통제 시스템의 실패와 직결된다. 내부 통제란 경영진과 전 임직원이 법규 준수, 리스크 인식, 윤리 경영을 지속적으로 점검하고 조정하는 일련의 통제 시스템을 말한다. 그러나 많은 금융기관에서는 내부 통제가 단지 형식적 절차에 그치고 있다.

경영진은 내부 통제를 경영 핵심 가치로 받아들이기보다는, 문제가 발생했을 때 책임을 회피하는 '보험 장치' 정도로 인식한다. 이사회 또한 경영진을 감시·견제하기보다, 의사결정을 추인하는 '거수기'에 머무르는 경우가 많다.

최근 드러난 금융권 내 대규모 횡령, 비자금 조성, 부당 대출 사건들은 내부 통제의 허점을 그대로 보여준다. 수백억 원, 수천억 원의 자금이 수년간 감춰졌고, 내부 고발자 보호 체계도 제대로 작동하지 않았다.

이처럼 내부 통제가 무력화된 환경에서는 금융 사고가 필연적으로 반복된다. 고객 자산 보호, 공정한 상품 판매, 책임 있는 자산 운용은 기대하기 어렵고, 이는 결국 금융기관 전체의 신뢰도 하락과 금융 시스템 불안정으로 직결된다.

## 책임 회피 문화와 약한 처벌

금융회사의 도덕적 해이가 반복되는 것은 실질적인 책임을 묻지 않는 문화와 미흡한 처벌 체계가 주요 원인이다. 사고가 발생해도 고위 경영진이 책임을 지는 경우는 거의 없다. 대부분의 경우 중간 관리자나 실무자에게 책임이 전가되고, 최고경영자는 면책되는 구조다.

법적 처벌 또한 약하다. 횡령, 배임, 사기 등 중대한 범죄가 드러나도, 실형보다는 집행유예나 경미한 처벌에 그치는 경우가 많다. 이처럼 낮은 처벌 수위는 금융기관 내부에 '걸리지만 않으면 된다'라는 그릇된 인식을 확산시키고, 윤리 경영의 동기를 약화시킨다.

책임 회피 문화는 금융 산업 전반의 윤리적 기준을 떨어뜨리고, 금융시장의 신뢰 회복을 가로막는다. 금융은 신뢰를 기반으로 작동하는 산업이며, 이 신뢰가 무너질 경우 개별 기관의 위상을 넘어 금융 전체의 기능이 마비될 수 있다.

따라서 금융회사의 도덕적 해이를 막기 위해선 최고경영진까지 실질적 책임을 지도록 하는 제도적 장치가 반드시 필요하다. 내부 통제 위반이나 리스크 관리 소홀에 대해서는 민·형사상 책임을 강화하고, 고위 경영진의 시장 퇴출도 가능하도록 해야 한다. 그럴 때에야 한국 금융은 다시금 신뢰를 회복하고, 건전한 성장의 길로 나아갈 수 있다.

> 👍 정리
>
> - 금융회사는 수익성 압박 속에서 윤리적 판단보다 단기 이익 추구를 우선시해왔다.
> - 리스크 관리는 형식에 그쳤고, 내부 통제 부재는 대형 금융 사고의 반복을 초래했다.
> - 책임 회피 문화와 낮은 처벌 수준은 도덕적 해이를 방치하고, 악순환을 심화시켰다.
> - 고위 경영진의 책임 강화와 실질적 내부 통제 시스템 구축이 한국 금융의 신뢰 회복에 필수적이다.

# 08
# 팔고 나면 끝? 소비자 무방비 사회

## 금융상품, 고객을 위한 것인가 판매를 위한 것인가

금융상품은 본래 소비자의 필요와 이익을 위해 존재해야 한다. 은행, 보험, 증권사의 상품 개발과 판매는 고객의 자산 형성, 위험 관리, 노후 대비를 지원하는 방향으로 이뤄져야 마땅하다. 그러나 오늘날 한국 금융시장에서 금융상품은 점차 고객 이해를 돕는 수단이 아니라 판매자 수익을 위한 도구로 변질되고 있다.

은행 창구, 보험 설계사, 증권사 PB센터 등은 매출 목표 달성을 최우선 과제로 삼고 상품 판매에 집중한다. 상품은 소비자의 재정 상황, 투자 성향, 위험 감내 수준을 고려해 설계되어야 하지만 실제로는 판매자 중심의 구조로 설계되고 고객의 이해는 부차적 요소로 취급된다.

특히 파생결합증권, 변액보험, 사모펀드 등 복합 금융상품은 구조가 복잡하고 일반 소비자가 이해하기 어려운 경우가 많다. 그럼에도 불구하고 위험성과 수수료 구조에 대한 충분한 설명 없이 판매되는 일이 비일비재하다. 판매 실적에 따라 인센티브가 제공되는 시스템은 종사자들로 하여금 '고객 이익'보다는 '자기 실적'에 집중하게 만들고 있다.

이러한 왜곡된 구조 속에서 불완전판매는 광범위하게 발생하고 있으며, 금융소비자의 신뢰는 지속적으로 훼손되고 있다.

## 불완전판매의 구조적 원인

불완전판매는 단순한 실수나 일부 직원의 일탈이 아니라, 금융산업 전반에 내재된 구조적 문제다.

첫째, 판매 중심의 조직 문화다. 대부분의 금융기관은 성과 평가를 판매 실적 중심으로 운영하며, 고객 상담의 질이나 사후 관리는 중요하게 다루지 않는다. 이로 인해 고객에게 가장 적합한 상품이 아닌, 수익성이 높은 상품을 우선 권유하는 경향이 고착화된다.

둘째, 금융상품의 복잡성과 불투명성이다. 금융상품은 점점 더 복잡해지고, 약관은 방대해졌다. 판매자조차 상품의 구조나 리스크를 충분히 설명하기 어려운 상황이며, 소비자—특히 고령자나 금융 취약 계층—는 정확한 판단을 하기 어려운 환경에 놓여 있다.

셋째, 감독 체계의 사후 중심성이다. 금융감독 당국은 불완전판매를 방지하기 위한 제도적 장치를 마련하고 있지만, 여전히 사후 제재 위주로 운영되고 있다. 문제가 발생한 이후에야 조사가 진행되고 제재가 이루어지며, 실질적 예방 효과는 미미하다.

넷째, 금융소비자 보호 의식의 결여다. 금융기관의 경영진부터 영업 일선까지, 금융소비자 보호를 조직의 핵심 가치로 인식하는 문화가 부족하다. 고객은 동반자라기보다 수익 창출의 대상으로만 인식되며, 소비자 권익 보호는 우선순위에서 밀려 있다.

## 반복되는 대형 금융소비자 피해

이러한 구조적 문제는 라임, 옵티머스, 디스커버리 사모펀드 사태 등 반복되는 대형 금융 사고를 통해 구체적으로 드러났다. 이들 사건은 고수익을 미끼로 복잡한 구조의 상품을 판매한 뒤, 실제로는 부실 자산에 투자하거나 투자 구조를 고의로 은폐한 경우였다. 수천 명의 투자자가 피해를 입었고, 원금 회수조차 불투명한 상황이 이어졌다.

은행과 증권사는 해당 상품을 판매하면서 투자자에게 리스크를 충분히 고지하지 않았다. 오히려 '원금 손실 가능성은 거의 없다' 하는 식의 과장된 설명이 이루어졌으며, 일부 금융기관은 내부 심사에서 확인된 문제를 숨기거나 부적격 투자자에게 고위험 상품을 판매하기까지 했다.

DLF(해외 금리 연계 파생결합펀드), 고위험 ELS(주가연계증권) 등의 사례도 마찬가지다. 공통적으로 나타나는 문제는 고객의 이해도나 적합성보다 판매 실적이 우선시된다는 점이다.

더 큰 문제는 사건 발생 후 금융기관들이 책임을 회피하고, 피해 구제에 소극적이라는 점이다. 피해자들은 복잡한 분쟁 조정 절차와 낮은 배상률에 좌절하고, 금융시장은 전반적인 신뢰를 잃게 된다.

## 금융소비자 보호 체계의 재설계가 필요하다

불완전판매를 근절하고 금융소비자의 신뢰를 회복하려면 단순한 규제 강화나 일시적 제재로는 부족하다. 보다 근본적이고 구조적인 개혁이 필요하다.

첫째, 판매자 책임 강화다. 금융기관과 판매자는 상품의 위험, 비용 구조, 수익 변동 가능성 등을 명확히 설명할 법적 의무를 져야 한다. 설명 의무 위반 시 강력한 제재를 부과하고, 손해 발생 시 사후 책임까지 지게 해야 한다.

둘째, 상품 구조의 단순화와 정보 투명성 강화가 필요하다. 금융상품은 소비자가 쉽게 이해할 수 있도록 단순하게 설계돼야 하며, 핵심 정보를 표준화된 양식으로 제공해야 한다. 중요 사항은 구두 설명과 서면 동의를 병행하도록 의무화할 필요가 있다.

셋째, 집단소송제와 징벌적 손해배상제 도입을 적극 검토해야 한다. 현재 한국은 소비자가 피해를 입어도 개별적으로 대응하기 어려운 구조다. 집단소송과 징벌적 배상 제도는 고의적·반복적 불완전판매에 대해 보다 강력한 억지력을 제공할 수 있다.

넷째, 금융소비자보호원의 기능 강화가 필수적이다. 독립성과 전문성을 갖춘 기구가 금융기관과 대등한 위치에서 소비자 권익을 대변하고, 신속하고 공정한 분쟁 조정을 수행해야 한다. 소비자 보호는 사후 보상에만 그칠 것이 아니라, 사전 예방적 기능을 동시에 갖춰야 한다.

금융은 신뢰로 작동하는 산업이다. 금융소비자가 믿고 거래할 수 없는 시장에서 장기적 성장은 불가능하다. 지금이야말로 '판매 중심' 구조를 해체하고, 금융소비자를 존중하는 새로운 질서를 만들어야 할 때다.

---

### 👍 정리

- 금융상품 판매가 소비자 이익보다 판매자 수익을 우선시하는 구조로 변질되었다.
- 불완전판매는 실적 중심 문화, 상품 복잡성, 규제 미비 등 구조적 요인에서 비롯된다.
- 반복되는 소비자 피해 사건은 금융시장의 신뢰 기반을 심각하게 훼손하고 있다.
- 판매자 책임 강화, 상품 단순화, 소비자 보호 제도 개혁이 시급히 추진돼야 한다.

# 09
# 디지털의 환상과 금융의 그늘

## 금융의 디지털 대전환, 새로운 시대의 문을 열다

4차 산업혁명 시대의 도래와 함께 금융 산업도 급격한 디지털화를 경험하고 있다. 인공지능(AI), 빅데이터, 블록체인, 클라우드 컴퓨팅 등 신기술은 금융의 거의 모든 영역에 빠르게 스며들고 있으며, 기존 금융 질서를 근본적으로 재편하고 있다.

한국 역시 2010년대 중반부터 본격적인 디지털 금융 정책을 추진하며, 인터넷전문은행, 모바일 뱅킹, 간편결제, 로보어드바이저, 가상자산 등이 일상생활에 정착했다. 디지털 금융은 소비자에게 비대면 거래의 편리성, 24시간 금융 접근, 다양한 상품 비교 가능성 등 실질적 혜택을 제공해왔다.

핀테크 스타트업과 빅테크 기업들이 금융시장에 진입하면서, 서비스 경쟁 촉진과 수수료 절감, 사용자 경험의 혁신 등 긍정적인 변화가 나타났다. 전통 금융권도 이러한 흐름에 대응해 디지털 전환에 속도를 내며, 기존의 오프라인 중심 영업 방식을 벗어나 온라인·모바일 전략을 강화하고 있다. 디지털화는 더 이상 선택이 아닌 생존의 조건이 되었다.

## 디지털 금융 확산 속 드러난 양극화

하지만 디지털 전환이 모든 계층에게 동등한 혜택을 제공하지는 않는다. 오히려 디지털 격차와 금융 양극화라는 새로운 사회 문제가 부각되고 있다.

첫째, 고령자, 저소득층, 저신용자 등 디지털 취약 계층은 디지털 금융의 혜택에서 소외되고 있다. 스마트폰 활용 능력 부족, 낮은 디지털 이해도, 인증 절차의 복잡성 등으로 인해 금융서비스에 접근하는 데 상당한 제약을 받고 있다.

둘째, 신용평가의 변화가 새로운 차별을 유발할 수 있다. 빅데이터 기반의 신용평가 시스템은 전통적 신용정보 외에도 소비 패턴, 통신 데이터, 온라인 행동 이력 등 다양한 비정형 데이터를 활용하지만 이로 인해 개인정보 침해 우려가 제기되고, 데이터 접근이 어려운 계층에는 오히려 불리하게 작용할 가능성도 있다.

셋째, 금융기관 간 디지털 역량 격차가 시장 구조의 불균형을 심화시키고 있다. 대형 금융사와 빅테크 기업은 막대한 자본력을 바탕으로 디지털 인프라를 확충하고 있지만, 중소 금융기관은 인력과 자본 부족으로 전환에 어려움을 겪고 있다. 이로 인해 금융시장의 양극화가 심화되고, 소비자의 선택권은 오히려 제한될 수 있다.

결국 디지털 전환은 금융 산업의 혁신을 이끌었지만, 동시에 새로운 형태의 배제와 불평등을 야기하는 이중적 성격을 지니고 있다.

## 개인정보 보호와 사이버 보안 위협

디지털 금융은 막대한 데이터를 기반으로 작동하는 만큼, 개인정보 보호와 사이버 보안 문제가 갈수록 중요해지고 있다.

첫째, 개인정보 유출 리스크가 높아지고 있다. 디지털 금융 환경에서는 고객의 금융거래 기록, 소비 패턴, 위치 정보, 심지어 건강 정보까지도 수집·분석된다. 이러한 정보가 해킹, 내부자 유출, 시스템 오류 등을 통해 외부로 유출될 경우 그 피해는 고스란히 소비자에게 전가된다.

둘째, 소비자의 데이터 통제권이 약화되고 있다. 복잡한 약관, 과도한 정보 수집, 동의 없는 데이터 2차 활용 등으로 인해 소비자는 자신의 정보가 어떻게 쓰이고 있는지조차 인지하지 못하는 경우가 많다. 데이터 주권의 실현은 여전히 갈 길이 멀다.

셋째, 금융기관의 사이버 보안 역량 부족이 구조적 위험 요소로 작용하고 있다. 시스템 취약성, 전문 인력 부족, 보안 예산의 제약 등으로 인해 사이버 방어 능력은 여전히 미흡한 수준이다. 특히 핀테크 스타트업은 보안 투자 여력이 부족해, 전체 금융 시스템의 취약 고리로 작용할 수 있다.

디지털 금융은 데이터 없이는 성립할 수 없는 구조다. 그러나 데이터를 다루는 방식에 대한 신뢰를 구축하지 못한다면, 디지털 금융의 성장 또한 지속 가능하지 않다.

## 디지털 금융, 지속 가능한 혁신을 위한 과제

한국 금융이 디지털 전환을 지속 가능한 혁신으로 전환하기 위해서는 다음의 구조적 과제가 해결되어야 한다.

첫째, 디지털 포용성 강화다. 고령자, 지방 거주자, 금융 취약 계층을 위한 오프라인 연계 채널 확대와 디지털 금융 리터러시 교육이 필수적이다. 금융 접근성은 기술의 문제가 아니라, 인간의 권리라는 관점에서 접근해야 한다.

둘째, 개인정보 보호 규제 강화가 필요하다. 데이터 수집, 저장, 활용, 폐기 과정에서 소비자의 권리를 보장할 수 있는 법적·제도적 장치를 정비해야 한다. 데이터 주권의 실현은 기술적 보안뿐 아니라 사회적 신뢰의 기반 위에서만 가능하다.

셋째, 사이버 보안 역량 제고다. 금융기관은 사이버 보안에 대한 투자와 점검을 의무화하고, 기술 보안은 물론 인적 보안, 운영 리스크까지 포괄하는 종합적인 대응 체계를 갖추어야 한다. 핀테크 기업도 동일한 수준의 보안 기준을 적용받아야 한다.

넷째, 공정한 디지털 경쟁 환경 조성이다. 전통 금융사와 빅테크

간 규제 형평성을 확보하고, 데이터 독점과 플랫폼 종속 문제를 해소할 정책적 수단이 필요하다. 시장의 역동성을 보장하되, 소비자 보호와 시스템 안정성을 균형 있게 추구해야 한다.

디지털 금융은 기술이 아닌 사람 중심의 가치로 설계되어야 한다. 편리함과 속도보다 더 중요한 것은 누구도 소외되지 않는 접근성, 공정한 경쟁, 신뢰할 수 있는 안전성이다. 이제는 기술을 넘어서, '지속 가능한 디지털 금융 생태계' 구축이 한국 금융의 새로운 과제가 되어야 한다.

---

### 👍 정리

- 금융의 디지털 전환은 편의성과 혁신을 이끌었지만, 동시에 양극화와 새로운 리스크를 초래했다.
- 고령자와 취약 계층의 디지털 금융 접근성 제고는 디지털 포용성을 위해 반드시 해결되어야 한다.
- 개인정보 보호와 사이버 보안 강화 없이는 디지털 금융의 사회적 신뢰 확보가 불가능하다.
- 포용성, 공정성, 안전성을 갖춘 디지털 금융 생태계 구축이 한국 금융의 지속 가능한 미래를 결정짓는다.

# 10
# 정책금융, '관치의 늪'에 빠지다

## 정책금융, 경제성장의 동력에서 실패의 반복으로

정책금융은 민간 금융이 감당하기 어려운 영역에 자금을 공급하여, 경제성장과 산업 고도화를 촉진하는 역할을 수행해왔다. 특히 정부 주도로 산업화를 추진한 한국에서는, 정책금융이 제조업 육성, 수출 확대, 중소기업 지원 등 고속 성장의 견인차 역할을 했다는 점에서 그 공로를 부정할 수 없다.

한국산업은행, 수출입은행, 기업은행 등 국책은행들은 한때 전략 산업에 자금을 공급하며 산업화 시대의 중추적 금융 인프라로 기능했다. 그러나 시간이 흐르면서 정책금융은 본래 목적을 점차 상실하고, 왜곡된 형태로 변질되어왔다.

가장 큰 문제는 정책금융이 정치적 목적과 관행적 지원에 얽매이면서, 시장 기능을 왜곡하고 자원의 비효율적 배분을 초래한다는 점이다. 정책금융은 전략적 산업 육성이라는 본래 기능보다, 정권의 단기 부양책이나 정치적 이해관계를 뒷받침하는 수단으로 활용되곤 했다. 그 결과 부실채권의 만연, 자금 회수율 저하, 재정 낭비라는 후유증이 반복되었다.

성장을 촉진해야 할 정책금융이 오히려 경제의 구조적 부담으로 작용하는 아이러니가 지금의 현실이다.

## 관치와 낭비를 부르는 구조적 문제

정책금융의 반복된 실패는 단순한 정책 미스가 아니라 구조적 문제에서 비롯된다. 그 핵심에는 여전히 청산되지 않은 관치 금융의 유산이 자리 잡고 있다.

정부 부처와 정치권은 정책금융기관을 산업 정책, 고용 정책, 지역 균형 발전 등의 수단으로 활용해왔다. 문제는 이 과정에서 시장 논리나 사업성 평가보다는 '정책적 필요'가 우선되었다는 점이다.

대표적 사례는 부실기업에 대한 반복 지원이다. 경쟁력을 상실한 기업에 구조조정 대신 자금을 계속 공급하면서, 일시적으로 고용을 유지하고 지역 민심을 달래는 데 정책금융이 동원되었다. 이는 사실상 부실의 연장에 불과하며, 장기적으로는 국부의 손실로 이어진다.

또한 정책금융기관의 경영진은 성과를 시장 성과보다는 정부 정책과의 정합성으로 평가받는다. 이는 리스크 회피보다는 정치적 기대에 부응하는 방향으로 자금 운용이 왜곡되는 구조를 낳는다.

결국 정책금융은 시장 실패를 보완하는 수단이 아니라, 정부 실패를 증폭시키는 도구로 기능해왔다. 이러한 왜곡이 반복되면서 정책금융의 효과성은 점차 무력화되고 있다.

## 실패한 정책금융의 비용은 국민이 떠안는다

정책금융의 실패는 단순한 금융권 내부의 손실로 그치지 않는다. 그 직접적 비용은 국민이 부담하게 된다.

정책금융은 세금 기반의 재정 자금이 투입되는 구조다. 부실이 발생할 경우 추가 재정 지원이 불가피하며, 이는 고스란히 국민의 세금 부담으로 전가된다. 조선·해운업 구조조정 실패 사례처럼, 잘못된 정책금융 집행은 공적자금 투입과 국민적 불신으로 귀결되었다.

더 나아가 정책금융의 오남용은 시장 기능의 왜곡을 불러온다. 생산성과 혁신성이 아닌 정치적 고려에 따라 자금이 공급되면 민간 금융의 경쟁 기반은 약화되고, '대마불사' 신화가 강화된다. 이는 재정도, 금융도, 시장도 모두 망가뜨리는 결과로 이어진다.

결국 정책금융의 실패는 단지 특정 기관의 문제가 아니라, 국민경제 전체의 신뢰와 역동성을 저해하는 구조적 문제다.

## 정책금융의 재설계, 어떻게 가능한가

이제는 정책금융의 틀 자체를 근본적으로 재설계해야 한다. 단순한 제도 개선을 넘어, 방향성과 운영 철학 자체가 달라져야 한다. 다음 네 가지 방향이 핵심이다.

첫째, 독립성과 전문성의 강화다. 정치적 간섭을 차단하고, 금융기관이 자체적인 평가와 판단에 따라 자금 공급 여부를 결정할 수 있어야 한다. 기관장 임명, 성과 평가, 리스크 관리 체계 역시 시장 기준과 금융 전문성에 기반해야 한다.

둘째, 시장 친화적 정책금융 체계의 구축이다. 시장을 대체하거나 왜곡하는 방식이 아니라, 시장을 보완하고 선도하는 방식으로 작동해야 한다. 예컨대 혁신기업, 스타트업, 신산업, 탄소중립 분야에 대한 선제적 자금 지원은 바람직한 방향이다.

셋째, 투명성과 책임성 강화가 필요하다. 정책금융의 지원 대상, 심사 기준, 집행 내역, 성과 평가는 모두 국민에게 투명하게 공개되어야 하며, 부실 발생 시 경영 책임자에게 명확한 책임을 물을 수 있는 제도도 함께 구축되어야 한다.

넷째, 민간 금융과의 조화와 협력이 필요하다. 정책금융은 민간이 감당하기 어려운 고위험 분야의 '퍼스트 무버'가 되어야 하며, 단독 지원이 아닌 공동투자·신용보증·리스크 분담 모델을 통해 민간 금융의 참여를 유도해야 한다.

정책금융은 필요하다. 그러나 방식은 달라져야 한다. 관치와 낭비의 고리를 끊고, 시장과 국민의 신뢰를 회복하는 새로운 정책금융 모델이야말로 한국 금융 구조 개혁의 핵심 과제다.

> 👍 **정리**
> - 정책금융은 한때 경제성장의 동력이었으나, 지금은 정치 간섭과 관행적 지원에 따른 비효율 구조에 빠져 있다.
> - 반복되는 실패는 시장을 왜곡하고, 재정 부담을 가중시키며, 그 비용은 국민이 떠안고 있다.
> - 정책금융의 재설계를 위해선 독립성, 전문성, 투명성, 시장 친화성을 강화하는 구조 개혁이 필수적이다.
> - 국민 신뢰를 바탕으로 하는 새로운 정책금융 체계야말로 지속 가능한 경제성장의 기반이 되어야 한다.

**한국 금융,
새판 짜기**

# 제2부

# 본류로 돌아가는 금융,
# 성장의 심장을 다시 뛰게 하라

경제를 살리는 금융은 수익 중심이 아니라 실물 중심이어야 한다. 제2부에서는 은행, 보험, 자본시장, 정책금융 전반에 걸친 체질 개선 방향을 제시한다. 과도한 규제는 줄이고 혁신의 여지를 키우며, 가계 부채 구조 조정, 디지털 포용, 금융 교육 강화 같은 토대 작업도 함께 이루어져야 한다. 금융 대전환의 출발점은 바로 구조 개혁이다.

# 01
# 금융의 본령, 실물경제로 귀환하라

## 금융의 탈(脫)실물화, 어디서부터 잘못되었는가

금융은 본래 실물경제를 뒷받침하는 기능을 수행해야 한다. 자원을 효율적으로 배분하고, 생산과 투자, 고용을 촉진함으로써 경제의 성장과 안정을 견인하는 것이 금융의 존재 이유다. 그러나 오늘날 한국 금융은 이 본령에서 멀어져, 실물경제 지원보다 자생적 수익 추구에 몰두하는 구조로 변질되고 있다.

2000년대 이후 저금리와 규제 완화 기조 속에서 금융기관들은 대출 확대, 부동산 담보 의존, 투자상품 판매 경쟁에 집중했다. 은행은 기업 금융보다는 주택담보대출과 소비자 금융에 치우쳤고, 증권사는 혁신기업 발굴보다는 단기 매매 수수료에 의존하는 체질로 변화했다.

이러한 흐름은 금융의 질적 저하로 이어졌다. 실물경제와의 연결 고리는 약화되고, 금융이 금융을 위한 고리 안에서 자족하는 '자기순환' 구조가 고착되었다. 자금은 생산과 투자보다는 부동산, 소비, 단기 수익성 중심으로 흘러들어가면서 경제의 성장 잠재력도 함께 갉아먹히고 있다.

한국 금융이 진정한 개혁과 재설계를 추진하려면, 금융을 실물경제의 본류로 되돌리는 근본적 전환이 선행돼야 한다.

## 생산적 금융으로의 전환, 왜 절박한가

생산적 금융이란, 자금이 부가가치를 창출하는 부문에 흘러가고, 혁신과 고용을 촉진함으로써 경제 전체의 생산성을 높이는 금융을 뜻한다. 이는 단순히 수익성 높은 투자처를 찾는 것이 아니라, 리스크를 감내하며 실물경제에 투자하는 금융이다.

현재 한국 경제는 저성장, 고령화, 생산성 정체라는 삼중고에 직면해 있다. 이런 상황에서 금융이 생산적 역할을 수행하지 못하면 경제는 활력을 잃고 침체에 빠질 수밖에 없다. 특히 스타트업, 벤처기업, 중견기업 등 혁신 주체들에 대한 금융 지원 부족은 신산업 육성과 산업구조 고도화를 가로막고 있다.

또한 부동산 중심의 금융 구조는 경제의 지속 가능성을 해치는 결정적 요인이다. 생산적 금융은 단기 수익보다는 장기 성장, 부동산보다는 기업 혁신, 대출 확대보다는 투자 선순환을 지향해야 한다.

금융이 실물경제를 적극적으로 지원하는 구조로 체질을 바꾸지 않는 한, 한국 경제의 미래는 결코 밝을 수 없다.

## 금융을 본류로 되돌리기 위한 전략

금융을 실물경제의 본류로 되돌리기 위해서는 다층적인 전략 전환이 필요하다.

첫째, 기업 금융 기능 강화다. 은행은 담보 중심의 대출 심사에서 벗어나, 사업성과 미래 성장 가능성을 중심으로 평가 체계를 전환해야 한다. 특히 기술 기반 스타트업과 중견기업에 대한 자금 지원을 활성화해야 한다.

둘째, 투자금융 기능의 확충이다. 증권사는 단순한 주식 중개를 넘어 IPO 주관, 채권 발행, M&A 자문 등 투자금융(IB) 역량을 강화해야 한다. 자본시장을 통해 성장 기업이 장기 자금을 안정적으로 조달할 수 있는 구조를 만들어야 한다.

셋째, 정책금융의 생산적 재편이다. 산업은행, 기업은행 등 국책 금융기관은 정치적 목적이나 부실기업 지원에서 벗어나, 산업 전환, 녹색금융, 혁신금융에 집중해야 한다. 정부는 직접 지원보다는 시장과의 리스크 분담 구조를 설계하는 데 중점을 둬야 한다.

넷째, 금융 인재 양성이다. 기업 분석, 기술 평가, 투자 심사 등 실물경제에 대한 이해와 금융 전문성을 겸비한 인재를 육성해야 하며, 금융기관 내부에도 장기적 가치 창출 문화를 정착시켜야 한다.

이러한 전략 없이 금융이 실물경제를 위한 파트너로 복귀하기는 어렵다. 체질 개선은 선언이 아니라 구조와 인재, 문화의 총체적 전환에서 시작된다.

## 금융을 통한 경제 체질 개선, 어떻게 현실화할 것인가

　금융을 실물경제 중심으로 복귀시키는 작업은 구호나 캠페인만으로 이뤄질 수 없다. 구체적 실행 계획과 제도 개혁, 시장 유인 설계가 함께 이뤄져야 한다.

　첫째, 금융 규제 체계 개편이다. 현재의 대출 규제, 자본 규제, 투자 규제는 금융기관의 리스크 회피 본능을 강화하고 있다. 이제는 혁신기업 투자와 같은 생산적 금융에 대해 규제 인센티브를 제공하는 체계로 전환해야 한다. 예컨대, 위험조정 수익률 기준 도입, 혁신 대출에 대한 자본비율 완화 등이 가능하다.

　둘째, 금융감독 패러다임의 전환이다. 규제 위반 적발 중심에서 벗어나, 금융기관의 경제 기여도 평가 기준을 도입해야 한다. 혁신기업 금융 지원 실적, 실물경제 연계성, 장기 투자 비중 등이 금융감독의 주요 평가지표가 되어야 한다.

　셋째, 시장 친화적 투자 생태계 조성이다. 코스닥 시장 활성화, 사모펀드 투명화, 크라우드펀딩 확대 등을 통해 혁신기업의 자금 접근 경로를 다각화해야 한다. 정부와 민간이 공동 출자하는 '혁신금융펀드' 확대도 하나의 방안이다.

　넷째, 사회적 인식 전환이 필요하다. 금융은 단순히 돈을 버는 산업이 아니라, 경제성장과 국민 생활 향상을 지원하는 공공재적 기능을 수행한다는 인식을 확산시켜야 한다. 이를 위해 교육, 홍보, 미디어 캠페인 등 다채로운 노력이 병행돼야 한다.

금융을 경제의 본류로 되돌리는 일은 결코 쉬운 과제가 아니다. 그러나 지금 시작하지 않으면 한국 경제의 미래도, 금융의 미래도 없다. 이제 금융은 실물경제의 동반자로, 사회적 가치를 함께 만들어가는 산업으로 다시 자리 잡아야 한다.

> 👍 정리
>
> - 한국 금융은 실물경제 지원이라는 본래 기능에서 벗어나, 자산 중심·수익 중심으로 기형화되었다.
> - 생산적 금융으로의 전환은 저성장·고령화·생산성 정체를 돌파하는 핵심 해법이다.
> - 기업 금융, 투자금융, 정책금융, 금융 인재 등 구조적 전략 전환이 요구된다.
> - 규제·감독 개혁, 자본시장 생태계 조성, 사회적 인식 전환이 실행력을 높이는 관건이다.

# 02
# 경쟁 없는 은행은 혁신도 없다

## 고착화된 은행권 구조, 왜 문제인가

한국의 은행 산업은 외형적으로는 성장을 지속해왔지만, 내면적으로는 경쟁 부재와 혁신 정체라는 구조적 한계에 갇혀 있다. 5대 시중은행이 시장 점유율의 대부분을 차지하고 있으며, 지방은행과 인터넷전문은행, 특수은행 등이 존재하나 시장 지형을 실질적으로 변화시킬 정도의 역동성은 부족하다.

금리, 수수료, 대출 조건 등 은행 간 차별성이 미미하며, 고객 서비스와 리스크 관리 방식도 획일적이다. 이런 환경에서는 경쟁이 제대로 작동하지 않고, 은행은 안정적 수익에 안주하며 혁신 동인을 상실하게 된다.

디지털 금융이 확산되는 상황에서도 대형 은행들은 자체 플랫폼 개발에 소극적이며, 핀테크나 빅테크 기업과의 생태계 협력도 제한적이다. 글로벌 금융시장에서 경쟁력을 강화해야 할 시점에, 국내 시장의 과점 구조에 안주하는 현실은 한국 금융 산업의 전반적인 역동성을 저해하고 있다.

은행권의 고착화된 구조는 금융서비스의 질 저하, 소비자 선택권의 제약, 자금 배분의 왜곡을 초래하며 결과적으로 경제 전반의 생산성과 혁신 역량 약화로 이어진다.

## 은행권 경쟁 촉진, 어떻게 가능한가

은행 산업의 체질 개선을 위해서는 실질적 경쟁 구조의 복원이 필수다. 이를 위한 전략적 접근은 다음과 같다.

첫째, 신규 진입 장벽 완화다. 인터넷전문은행 설립을 넘어, 특화된 소형 은행이나 기능 중심의 전문은행 설립을 유연하게 허용해야 한다. 핀테크, 플랫폼 기업, 유통 대기업 등 다양한 주체의 은행업 진입을 허용하고, 진입 이후 공정한 경쟁 환경을 보장할 제도적 장치도 병행되어야 한다.

둘째, 금융상품과 서비스의 차별화 유도다. 고객군별 맞춤형 대출, 혁신적인 자산관리 서비스, 리스크 선호도 기반 투자상품 등 창의적인 금융상품 개발을 유도해야 한다. 금융기관의 차별화 전략이 경쟁 촉진의 핵심이 되어야 한다.

셋째, 소비자 중심 경쟁 기반 마련이다. 계좌이동제, 대출 갈아타기, 금융상품 비교 플랫폼 등 금융상품 이동의 장벽을 낮추는 정책이 병행돼야 한다. 고객이 은행 간 경쟁력을 실질적으로 평가하고 이동할 수 있어야 시장이 활성화된다.

넷째, 공정 경쟁 감시 체계 구축이다. 담합, 이중 가격, 불공정 대출 조건 등 시장 질서를 해치는 행위에 대해서는 금융 당국과 공정거래위원회가 공동 대응 체계를 구축해 제재와 예방을 병행해야 한다.

은행권의 경쟁이 활성화되면 금융서비스의 질이 개선되고, 소비자 편익이 증대되며, 금융 산업 전반의 혁신 기반도 함께 강화될 것이다.

## 디지털 전환과 은행업 혁신의 방향

디지털 전환은 은행업의 미래를 결정짓는 핵심 변수다. 그러나 현재 한국 은행권의 디지털화는 단순 채널 전환 수준에 머무르며, 비즈니스 모델 전체의 혁신에는 미치지 못하고 있다.

첫째, 플랫폼화 전략 강화다. 은행은 단순 금융상품 판매자를 넘어, 생활 밀착형 종합 금융 플랫폼으로 진화해야 한다. 결제, 송금, 보험, 투자, 쇼핑 등 다양한 기능을 통합하고 고객 맞춤형 서비스를 제공하는 초(超)개인화 플랫폼으로 전환해야 한다.

둘째, 데이터 기반 금융서비스의 확장이다. 은행이 보유한 방대한 데이터를 활용해 고객 맞춤형 상품 개발, 리스크 평가, AI 기반 신용평가 모델 고도화 등 금융서비스의 품질을 한 단계 끌어올려야 한다.

셋째, 핀테크·빅테크와의 협력 확대다. 자체 디지털 역량 구축만으로는 한계가 있으므로, 기술 스타트업과의 제휴, 빅테크와의 공동 플랫폼 운영 등 생태계 중심의 협력 전략이 필요하다.

넷째, 디지털 리스크 관리 강화다. 사이버 보안, 데이터 보호, 알고리즘 공정성 확보 등 새로운 금융 리스크에 대비하는 시스템을 선제적으로 구축해야 한다. 특히 알고리즘 편향, AI 오류, 시스템 복원력 등의 영역은 은행의 지속 가능성과 직결된다.

은행업의 미래는 단순한 디지털 채널 개선이 아닌, 전면적 비즈니스 혁신에 달려 있다. 과감한 전환 없이는 글로벌 경쟁에서 뒤처질 수밖에 없다.

## 지역은행과 소형 은행의 역할 재정립

은행 경쟁의 강화는 대형 은행만의 과제가 아니다. 지역은행과 소형 은행의 역할 재정립 또한 시급한 과제다.

부산·경남·전북·광주은행 등 지역 기반 은행들은 대부분 지역경제 침체와 디지털화 압력에 대응하지 못하고, 보수적 대출 위주의 영업 전략에 머물러 있다.

이제 지역은행은 지역 맞춤형 금융서비스 제공자로 거듭나야 한다. 지역 중소기업, 스타트업, 창업 기업을 지원하는 특화 상품을 개발하고 지역 내 경제 네트워크 허브 역할을 수행해야 한다. 지방자치단체 및 공공기관과의 연계도 확대할 필요가 있다.

디지털 전환도 적극 추진해야 한다. 물리적 점포 중심에서 벗어나 모바일 기반 서비스, AI 기반 대출 심사, 온라인 상담 등으로 확장되어야 한다.

또한 소형 전문은행의 육성도 병행돼야 한다. 청년 창업, 농어업, 환경·ESG 특화 은행 등 틈새 금융서비스를 제공할 수 있는 니치뱅크(Niche Bank) 모델을 정책적으로 유도해야 한다.

지역은행과 소형 은행의 활력이 살아나야 전국 단위의 금융 접근성이 제고되고, 금융 산업 전체의 다양성과 탄력성도 함께 확대될 수 있다.

> 👍 **정리**
> - 한국 은행 산업은 과점 구조와 내부 경쟁 부재로 혁신성과 효율성이 저하된 상태다.
> - 신규 진입 확대, 상품·서비스 차별화, 소비자 선택권 강화 등 실질 경쟁 촉진이 필요하다.
> - 디지털 전환은 채널 개선을 넘어 비즈니스 모델 전체의 재설계로 추진돼야 한다.
> - 지역은행과 소형 은행의 역할을 재정립함으로써 금융의 다양성을 확보하고 지역경제의 활력을 높여야 한다.

# 03
# 보험, 원래 목적대로 다시 세우기

## 상품 판매 중심 보험 산업의 문제점

한국 보험 산업은 외형적으로는 세계적 수준의 성장세를 보였지만, 내실은 허약하다. 보험 본연의 기능인 위험 보장보다는 상품 판매와 수수료 수익 중심의 기형적 구조가 고착화되어 있기 때문이다.

보험상품은 점차 복잡해졌고, 가입자의 이해는 더욱 어려워졌다. 판매 채널은 실적 압박 속에서 변액보험, 실손보험, 무해지 환급형 상품 등 고위험·고수수료 상품을 적극 권유해왔다. 이러한 구조는 소비자에게 과도한 보험료 부담을 지우거나, 상품의 목적과 무관한 소비를 유도하는 결과를 낳았다.

보험사의 수익 구조 역시 보험료 수입보다 투자수익에 대한 의존이 커지고 있으며, 보험금 지급률은 낮은 수준을 유지하고 있다. 결국 보험은 위험 보장이라는 본질적 역할에서 멀어졌고, 산업에 대한 소비자 신뢰는 지속적으로 하락하고 있다.

이제 보험 산업은 단순한 판매 산업에서 벗어나, 실질적인 보장 산업으로 체질을 바꿔야 할 시점이다.

## 보장성 강화와 실질적 보험 기능 회복

보험 산업의 정상화를 위해서는 보장성 중심 구조로의 전환이 반드시 필요하다.

첫째, 보장성 보험 확대가 필수다. 생명보험은 저축·투자 성격을 줄이고, 사망·질병·장애 등 생애 전반의 리스크를 실질적으로 보장하는 방향으로 전환되어야 한다. 손해보험 역시 자동차·화재 외에 건강, 노후, 사이버 위험 등 신종 리스크에 대한 상품을 적극 개발해야 한다.

둘째, 상품 구조 단순화와 투명성 확보가 중요하다. 소비자가 보험의 보장 범위, 환급 조건, 위험 요소를 명확히 이해할 수 있도록 설계 구조를 간결하게 만들고, 약관도 핵심 중심으로 재정비해야 한다. 복잡한 약관과 불명확한 설명은 불완전판매와 소비자 피해의 주범이다.

셋째, 보험료 산정의 합리성 제고가 필요하다. 보험료는 가입자의 위험 수준에 비례해 책정되어야 하며, 불합리한 차등이나 불투명한 비용 부과는 줄여야 한다. 실손보험의 경우, 과잉 진료를 억제하고 보험료 상승을 막기 위한 급여 체계 개편이 병행돼야 한다.

넷째, 보험금 지급 심사의 공정성 강화다. 보험금 지급 거절이나 지연 사례는 보험 산업의 신뢰를 갉아먹는다. 투명하고 신속한 지급 시스템 구축과 함께, 지급 심사 기준의 객관화와 피해자 중심의 분쟁 조정 체계를 강화해야 한다.

보험 산업이 다시 사회적 안전망으로서의 신뢰를 얻기 위해서는 이와 같은 구조적 변화가 전제되어야 한다.

## 고령화·기후위기 시대의 새로운 보험 모델 필요

한국 사회는 고령화와 기후위기라는 중첩된 리스크 환경에 놓여 있다. 이러한 변화는 보험 산업의 역할과 상품 구조에도 대대적인 혁신을 요구한다.

첫째, 고령사회 대응 보험 모델 구축이 시급하다. 단순한 연금 판매를 넘어 장기요양, 치매, 노후 질병에 특화된 보장 상품이 확대되어야 한다. 고령자의 건강·소득·돌봄 문제를 아우르는 통합적 노후 보장 솔루션이 보험 산업의 새 과제가 되어야 한다.

둘째, 기후위기 대응 보험의 강화가 필요하다. 기상이변, 자연재해, 환경오염 등과 관련된 리스크는 급증하고 있지만, 이에 대한 보험시장의 대응은 미비하다. 농작물 재해보험, ESG 연계 보험, 환경 피해 복구 지원 보험 등 신기후 체계에 부합하는 상품 개발이 절실하다.

셋째, 디지털 리스크 보장 확대다. 사이버 공격, 해킹, 데이터 유출, 디지털 자산 손실 등 비물리적 신종 리스크가 급증하는 시대에 걸맞은 보장 체계를 구축해야 한다.

넷째, 공공-민간 협력 기반의 리스크 분담 모델 도입이다. 팬데

믹, 초대형 자연재해, 사회적 대란과 같은 초고위험군 사건은 민간 보험만으로 감당하기 어렵다. 공공 재정과 민간 보험이 협력해 공공재적 보험 시스템을 설계할 필요가 있다.

새로운 시대의 리스크에 맞서는 보험 모델을 선도적으로 개발할 수 있는지 여부가 보험 산업의 미래 경쟁력을 좌우할 것이다.

### 보험 산업의 지속 가능한 혁신을 위한 조건

보험 산업이 지속 가능한 성장을 이루기 위해서는 다음과 같은 구조 개편과 제도 정비가 병행되어야 한다.

첫째, 소비자 보호 체계 강화다. 판매자 교육, 상품 이해도 제고, 불완전판매 근절, 신속한 분쟁 조정은 보험시장 신뢰 회복의 기본 조건이다. 신뢰받지 못하는 보험 산업은 장기적으로 존속할 수 없다.

둘째, 인슈어테크 활성화와 혁신 인프라 구축이다. AI 기반 리스크 평가, 블록체인 활용 보험 계약 관리, 빅데이터 기반 상품 설계 등 기술 혁신이 보험 경쟁력의 핵심이 되어야 한다. 정부와 금융당국도 샌드박스 제도, 규제 테스트베드 등을 통해 이를 적극 지원해야 한다.

셋째, 공정 경쟁 유도와 시장 다변화다. 대형 보험사 중심의 과점 구조에서 벗어나, 중소형·특화형 보험사의 진입과 성장을 촉진해야 한다. 다양한 사업자 간의 경쟁과 협력이 이루어지는 건강한 생태계가 보험 산업 혁신을 이끈다.

넷째, 규제 체계의 선진화와 유연성 강화다. 기존의 일률적·경직적 규제는 혁신을 가로막는다. 리스크 기반 감독 체계, 신상품 사전 심사 간소화, 규제의 사후적 정비 등 시장 친화적 규제 환경이 필요하다.

보험은 단순한 금융상품이 아니라 국민 삶의 질과 국가 시스템 안정성을 좌우하는 핵심 산업이다. 이제는 '상품 판매'에서 벗어나 '위험 보장'으로 돌아가고, 변화하는 리스크 환경에 능동적으로 대응하는 혁신적 보험 시스템 구축이 시급하다.

---

👍 **정리**

- 한국 보험 산업은 판매 중심 구조에서 벗어나, 보장 기능 중심의 본질 회복이 절실하다.
- 보장성 상품 확대, 상품 단순화, 보험금 지급 신뢰 회복이 핵심 과제다.
- 고령화, 기후변화, 디지털 시대에 대응하는 신보험 모델 개발이 미래 경쟁력을 좌우한다.
- 소비자 보호, 기술 혁신, 공정 경쟁, 규제 유연화 등 제도적 기반 정비를 통해 지속 가능한 보험 혁신을 이끌어야 한다.

# 04
# 자본시장을 '혁신의 뿌리'로

## 신뢰 잃은 자본시장, 왜 문제인가

자본시장은 경제의 혈관이다. 기업은 자본시장을 통해 투자 자금을 조달하고, 투자자는 이를 통해 부를 축적하며, 국가 경제는 그 순환 속에서 성장 동력을 확보한다. 그러나 한국의 자본시장은 오랜 기간 신뢰라는 근본적 기반 없이 성장해왔다.

상장 기업의 부실 공시와 회계 부정, 사모펀드 불완전판매, 공·사모시장의 규제 불균형은 투자자 신뢰를 지속적으로 훼손해왔다. 그 결과 투자자는 자본시장에 대한 확신 없이 단기 차익 추구에 몰두하고, 기업은 장기 투자 유치보다 자본 조달 자체에 집중하게 된다.

이와 같은 악순환 속에서 자본시장은 기업의 성장을 뒷받침하고 혁신을 유도하는 기능을 제대로 수행하지 못하고 있다. 건전한 자본 흐름이 단절되고, 경제 전체의 역동성 또한 위축되는 구조적 위기에 빠져 있다. 이제는 신뢰 회복을 바탕으로, 장기 투자와 모험 자본이 순환하는 생태계를 구축하는 대전환이 필요하다.

## 장기 투자 중심 생태계로 체질을 바꿔야

자본시장의 체질 개선을 위해 가장 먼저 해결해야 할 과제는 단기 투기 중심에서 벗어나 장기 투자 중심 생태계를 정착시키는 것이다.

첫째, 공모시장의 매력 제고다. 코스닥과 코넥스 시장의 활성화를 통해 혁신기업이 상장을 통해 안정적 자금을 조달할 수 있도록 해야 한다. 상장 절차는 간소화하되, 투자자 보호 장치는 강화하는 방식으로 제도를 설계해야 한다. 예컨대 상장 후 일정기간 대주주 지분 매각 제한, 공시 의무 강화, 회계 투명성 확보 등이 필요하다.

둘째, 연기금과 보험사의 투자 기능 확대. 국민연금 등 주요 기관 투자자들은 장기 자금 공급자로서 자본시장에서 적극적인 역할을 수행해야 한다. 단기 수익률 중심의 포트폴리오 운용에서 벗어나, 성장 잠재력이 높은 기업에 대한 중장기 투자를 확대함으로써 시장 안정성과 신뢰 회복에 기여해야 한다.

셋째, 모험자본 공급 기반 강화다. 벤처캐피탈, 사모펀드, 크라우드펀딩 등 다양한 방식의 위험감수형 자금 공급 체계를 확충해야 한다. 정부 출자 펀드와 민간 자본이 함께 참여하는 혁신 펀드 모델이 보다 적극적으로 확대되어야 한다.

넷째, 투자 문화의 전환이 필요하다. 단기 매매와 테마주 중심의 투기적 성향에서 벗어나, 기업의 성장 스토리와 산업 비전에 공감하며 장기적으로 동반 투자하는 성숙한 투자 문화가 자리 잡아야 한다. 이를 위해 투자자 교육 강화, 장기 투자 세제 인센티브, 연금 계좌 투자 확대 등이 병행되어야 한다.

장기 투자는 자본시장과 실물경제의 선순환 고리를 복원하는 핵심이다. 장기 자금이 공급되고, 이를 바탕으로 기업이 투자와 혁신을 지속할 수 있을 때 자본시장은 비로소 제 기능을 수행하게 된다.

## 자본시장 신뢰 회복을 위한 제도적 혁신

자본시장 신뢰 회복은 단순히 윤리의 문제가 아니라 제도 설계와 감독 체계의 문제다. 신뢰 회복 없이는 장기 투자도, 혁신금융도 불가능하다.

첫째, 공시 투명성 강화다. 상장 기업의 재무 정보, 경영성과, 사업 리스크 등에 대한 정확하고 시의성 있는 공시를 의무화하고, 허위·부실 공시 및 미공개정보 활용에 대한 처벌을 대폭 강화해야 한다. 회계법인의 독립성과 책임성을 강화하고, 감사인의 직무윤리를 법제화할 필요가 있다.

둘째, 시장 질서 교란 행위 근절이다. 주가조작, 시세조종, 부정거래와 같은 행위는 시장의 공정성과 신뢰를 결정적으로 훼손한다. 금융감독 당국은 감시 체계를 고도화하고, 시장 교란 행위에 대해 신속하고 단호한 대응을 할 수 있는 시스템을 갖춰야 한다.

셋째, 사모시장 투명성 제고다. 사모펀드는 자본시장의 중요한 축이지만, 부정 운용과 불완전판매로 인해 큰 신뢰 위기를 겪고 있다. 투자 대상, 운용 구조, 수익배분 등에 대한 사전 공시와 투자자 정보 제공 의무를 강화하고, 사모상품의 고위험성에 대한 적격 투자자 기준도 재정비해야 한다.

넷째, 금융소비자 보호 체계 강화다. 투자상품 판매 시 설명 의무, 적합성 판단 의무를 명확히 규정하고, 피해 발생 시 신속한 분쟁 조정과 집단소송 제도를 적극 도입해야 한다. 징벌적 손해배상 제도도 필요하다.

이러한 제도적 혁신은 신뢰를 다시 쌓기 위한 최소한의 조건이다. 시장의 질서를 바로잡고, 투자자가 안심하고 자본시장에 참여할 수 있는 환경을 조성해야만 자본시장의 체질 전환이 가능하다.

## 모험자본의 생태계, 어떻게 조성할 것인가

모험자본은 미래 산업을 개척하는 불씨다. 기술 혁신, 산업 전환, 일자리 창출의 밑바탕에는 언제나 위험을 감수할 자금이 있었다. 한국 자본시장도 이제 본격적인 모험자본 생태계 조성에 나서야 한다.

첫째, 벤처캐피탈 시장 활성화다. 정부와 민간이 함께 참여하는 성장 단계별 펀드를 확대하고, 창업 초기부터 상장 이후까지 연속적 투자 체계를 구축해야 한다. 세제 혜택과 투자 회수 경로(엑시트)를 다양화해, 투자자의 진입과 회수를 모두 용이하게 해야 한다.

둘째, 사모펀드시장의 건전화다. 모험자본 공급자로서의 기능은 살리되, 운용사에 대한 선별적 진입 규제와 투명한 상품 구조 설계가 병행돼야 한다. 사모펀드는 고위험·고수익 투자 수단인 만큼, 책임 있는 운용 체계와 판매 윤리 기준이 확립돼야 한다.

셋째, 디지털 기반 투자 플랫폼 확대다. 크라우드펀딩, 증권형 토큰 발행(STO), 블록체인 기반 거래소 등 혁신 기술을 접목한 자본조달 시스템을 활성화해야 한다. 이를 통해 소액 투자자도 초기 혁신기업에 참여할 수 있고, 다양한 규모의 기업이 자본시장에 연결될 수 있다.

넷째, 투자자 보호 장치 강화다. 고위험 투자 특성상 손실 감수는 투자자의 몫이지만, 정보 비대칭, 불공정 유인, 사기적 판매로 인한 피해는 반드시 방지해야 한다. 교육 시스템, 투자 정보 포털, 경고 표시 제도 등을 통해 안전한 투자 환경을 마련해야 한다.

모험자본은 불확실성을 동력으로 삼는 자금이다. 그 불확실성을 관리하고 신뢰로 연결할 수 있는 시스템이 마련된다면, 한국 경제는 다시 한번 혁신의 사다리를 갖추게 될 것이다.

👍 **정리**

- 한국 자본시장은 신뢰 부재와 단기 투자 중심 구조로 본래 기능을 상실했다.
- 장기 투자 중심 생태계로의 전환과 모험자본 공급 체계 강화가 필수적이다.
- 공시 투명성, 시장 질서 확립, 소비자 보호 강화 등 제도개혁을 통해 신뢰를 회복해야 한다.
- 벤처캐피탈, 사모펀드, 디지털 자금 조달 플랫폼 확대를 통해 혁신을 촉진하는 자본시장으로 거듭나야 한다.

## 05
# 가계 부채 리셋, 정책의 제1과제

## 세계 최고 수준 가계 부채, 더는 방치할 수 없다

한국의 가계 부채는 더 이상 개별 가구의 문제가 아니다. 경제 전체의 시스템 리스크로 부상했다. 2024년 기준 한국의 가계 부채는 GDP 대비 107%를 초과하며, 미국·일본·유럽 주요국을 뛰어넘어 세계 최고 수준에 이르렀다.

문제는 단지 부채 규모에 있지 않다. 가계 부채의 구조적 질 악화가 더욱 심각하다. 변동금리 비중이 높아 금리 인상 충격에 취약하고, 소득 대비 상환 부담이 빠르게 증가하고 있다. 자영업자 및 취약 계층 대출이 급증하면서 부실 리스크도 커지고 있다.

이러한 상황에서 부동산 가격 하락, 고금리 고착화, 경기 둔화가 동시에 진행되며 가계 부채 문제는 시한폭탄처럼 금융 시스템 전체를 위협할 수 있는 단계에 접어들었다. 더 이상 미봉책으로 시간을 벌어서는 안 된다. 가계 부채 구조조정은 금융 정책의 최우선 과제가 되어야 한다.

## 부실 리스크를 키운 잘못된 정책과 금융 관행

가계 부채 급증은 정책 실패와 금융 관행의 합작품이다.

첫째, 저금리 정책의 장기화다. 글로벌 금융위기 이후 지속된 초저금리는 대출을 용이하게 만들었고, 부동산 투기와 자산 가격 버블을 조장했다. 정부는 경기 부양을 이유로 저금리를 유지했지만, 부채 폭증에 대한 체계적 관리는 부재했다.

둘째, 부동산 편향의 금융 구조다. 은행은 주택담보대출 중심의 안정적 수익에 치중했고, 주택 가격 상승을 신용 확장의 수단으로 삼았다. 이는 가계의 부채 의존도를 높이고, 금융기관마저 리스크 감수에 둔감하게 만들었다.

셋째, DSR 규제 도입 지연이다. 총부채원리금상환비율(DSR)은 가계의 전체 상환 능력을 평가하는 핵심 지표지만, 제도 도입이 늦었고 초기 적용 범위도 지나치게 협소했다. 그 사이 신용대출, 전세자금대출, 부동산 관련 대출이 무분별하게 확대됐다.

넷째, 취약 계층에 대한 방치다. 자영업자, 저신용자, 고령층은 고금리·고위험 대출에 노출되었고, 경제 충격에 가장 먼저 무너질 수 있는 구조가 형성됐다.

이런 복합적 요인이 누적되며, 가계 부채는 단순한 '가정 경제의 위험'을 넘어 국가 경제의 위기 요인으로 전이되고 있다.

## 가계 부채 구조조정, 어떻게 추진할 것인가

단기 규제 강화만으로는 부족하다. 질적 전환과 구조적 대응이 병행되어야 한다.

첫째, 가계 부채의 질 개선이다. 변동금리 대출에서 고정금리·분할상환 구조로의 전환을 적극 유도해야 한다. 정부의 '안심전환대출' 정책을 확대하고, 은행권이 자체적으로 건전한 대출 구조를 설계하도록 유인책을 도입할 필요가 있다.

둘째, 취약 계층 부채 관리 강화다. 저신용자·자영업자에 대한 채무 조정 프로그램을 확대하고, 부채 감면, 상환 유예, 이자율 조정 등의 제도를 체계화해야 한다. 민간 주도 프라이빗 채무 조정 모델 도입도 고려해, 공적 비용 부담을 분산시킬 수 있어야 한다.

셋째, 가계의 소득 기반 확충이 병행돼야 한다. 부채 문제는 결국 소득 문제다. 일자리 창출, 고용 안전망 강화, 직업 재교육 등을 통해 상환 능력을 높이는 정책이 동시에 추진돼야 한다. 특히 자영업 구조 개혁과 고용시장 유연성 제고는 핵심 과제다.

넷째, 부동산 중심 금융 구조 개혁이다. LTV·DTI·DSR 규제를 정교화하고, 주택금융공사의 과도한 보증 확대 정책을 재점검해야 한다. 부동산 중심 자금 흐름을 줄이고, 실물 투자 및 소비로의 자금 재배분 유도가 필요하다.

가계 부채 구조조정은 고통스러운 과정이다. 하지만 지금 개입하지 않으면 미래의 비용은 수배로 커질 수밖에 없다.

## 금융 시스템 안정성과 경제성장을 동시에 추구해야

가계 부채 구조조정은 금융 안정 확보의 핵심 수단이다. 그러나 동시에 소비 위축, 경기 둔화라는 부작용 관리도 필수다.

첫째, 속도 조절이 중요하다. 급격한 신용 위축은 소비 둔화와 경기 침체를 불러올 수 있다. 질서 있는 디레버리징(부채 축소)이 이루어져야 하며, 정부는 경제 여건을 고려해 속도와 강도를 유연하게 조절해야 한다.

둘째, 정책 조합 전략의 실행이다. 금융 규제 강화만이 아니라, 성장 지원 정책이 동시에 추진돼야 한다. 재정 투자 확대, 신산업 육성, 고용 촉진과 같은 보완 정책을 병행함으로써 경제 충격을 완화해야 한다.

셋째, 위기 대응 체계 강화다. 금융기관 스트레스 테스트를 정례화하고, 위기 상황에서의 비상자금 조달 체계를 점검해야 한다. 특히 취약 계층을 위한 긴급 지원 방안을 사전에 마련해두는 것이 중요하다.

넷째, 사회적 공감대 형성이다. 구조조정은 단기적으로 국민의 고통을 수반할 수밖에 없다. 정책 당국은 국민에게 정책의 목적, 기대 효과, 장기적 이익을 분명히 설명하고 사회적 신뢰와 지지를 확보해야 한다.

지금의 가계 부채 구조조정은 금융위기를 예방하는 최소한의 조치이자, 한국 경제의 지속 가능한 성장을 위한 기초 체력 정비

작업이다.

> 👍 **정리**
>
> - 한국의 가계 부채는 시스템 리스크화되고 있으며, 구조적 해법이 시급하다.
> - 정책 실패와 금융 관행이 부채 폭증을 초래했으며, 구조조정은 질적·다층적 접근이 필요하다.
> - 대출 질 개선, 취약 계층 지원, 소득 기반 강화, 부동산 금융 구조 개혁이 핵심 과제다.
> - 금융 안정과 성장을 조화시키는 정교한 정책 조합과 사회적 공감대 형성이 반드시 뒷받침되어야 한다.

# 06
# 정책금융, 통제에서 설계로

## 정책금융의 본래 역할과 현실의 괴리

정책금융은 정부가 시장 실패를 보완하고 경제의 균형 발전을 유도하기 위해 설계한 제도다. 산업화 초기, 민간 금융의 자금 공급 능력이 부족했던 시절에는 사회 기반 시설 확충, 기간산업 육성, 수출 기업 지원 등에서 정책금융이 핵심적 역할을 수행했다. 산업은행, 수출입은행, 기업은행, 신용보증기금 등은 국가 경제 전략을 뒷받침하는 핵심 축이었다.

그러나 한국 경제가 성장하고 금융시장도 성숙해진 지금, 정책금융은 단순한 자금 공급자 역할을 넘어 보다 복잡한 시장 환경과 공존하는 방식으로 진화해야 한다. 그럼에도 불구하고 현실의 정책금융은 여전히 과거 산업화 시대의 역할에 머물러 있다. 기능 중복, 목표의 모호성, 조직 간 칸막이 운영 등으로 인해 전략적 혼선과 비효율이 심화되고 있다.

## 비효율과 중복의 덫, 왜 재설계가 필요한가

현재 정책금융의 가장 심각한 문제는 여러 기관이 유사한 기능을 반복 수행하면서 자원 낭비와 중복투자가 발생하고 있다는 점이다. 예컨대 중소기업 지원 명목 아래 산업은행, 기업은행, 신용보증기금, 기술보증기금이 각기 다른 기준으로 유사한 대출과 보증을 제공하고 있다. 이는 수요자인 기업 입장에서 혼란을 낳고, 국가 전체적으로는 중복된 정책 비용을 유발한다.

기관 간 연계 부족도 문제다. 예컨대, 혁신기업의 스케일업을 위해서는 초기 자금 공급부터 보증, 후속 투자까지 단계별로 체계적인 설계가 필요한데 기관 간 협업 부재로 인해 선순환 구조가 작동하지 못하고 있다. 또한 관료주의적 절차, 정책 변화에 대한 낮은 민첩성, 신산업에 대한 보수적 심사 기준은 정책금융의 유연성과 효과성을 훼손하고 있다.

더 큰 문제는 정책금융이 민간 금융과 경합하면서 시장 질서를 왜곡하는 사례다. 국책은행이 대기업에 낮은 금리로 대출을 제공하는 경우는 공공성과 형평성 측면에서 비판을 받는다. 정책금융이 시장을 보완하는 대신, 스스로 시장을 대체하거나 압도하는 구조는 반드시 시정돼야 한다.

## 시장 친화적 정책금융으로의 구조 전환

정책금융은 이제 시장을 보완하되 시장을 존중하는 '시장 친화적 구조'로의 대전환이 필요하다.

첫째, 정책금융기관의 기능을 명확히 분리하고 전문화해야 한다. 산업은행은 대규모 인프라와 첨단산업 투자 중심, 기업은행은 중소기업 운영자금 중심, 신용보증기금은 창업·벤처 보증 및 투자에 집중하는 구조로 역할을 명확히 해야 한다. 기능 간 중복을 제거하고, 협업 구조를 설계해 통합적 정책금융 체계를 구축해야 한다.

둘째, 리스크 분담 구조를 정교하게 고도화해야 한다. 민간 금융이 꺼리는 고위험·고성장 분야에 정책금융이 마중물 역할을 하고, 이후 민간 자본이 자연스럽게 유입될 수 있는 구조를 만들어야 한다. 예컨대, 스타트업 투자의 경우 초기 손실 구간은 정책금융이, 수익 실현 구간은 민간이 담당하는 식의 하이브리드 금융 프레임워크 도입이 필요하다.

셋째, 정책금융의 성과 평가 체계를 '집행 실적' 중심에서 '산업 생태계 기여도', '시장 유인 효과', '고용 창출 기여' 등의 질적 평가 중심으로 전환해야 한다. 이를 위해 외부 평가 시스템 강화, 결과 기반 성과지표 정비, 인센티브 체계 개편이 뒤따라야 한다.

## 디지털 전환과 미래지향적 역할 강화

　정책금융의 효율성과 투명성을 높이기 위해서는 디지털 전환이 필수적이다. 빅데이터와 인공지능 기반 분석 시스템을 심사, 평가, 사후 관리 전 과정에 도입함으로써 정밀한 리스크 측정과 수요자 중심의 맞춤형 금융 지원이 가능해진다. 세무 정보, 매출 흐름, 산업별 트렌드를 통합 분석해 스마트 정책금융으로 진화시켜야 한다.
　정책금융은 또한 ESG 금융, 기후금융 등 지속 가능한 금융의 선도자로서 역할을 확대해야 한다. 탄소중립, 에너지 전환, 순환 경제 등의 분야에 초기 리스크를 감수하며 투자하는 자금은 민간보다 정책금융이 더 적합하다.
　또한 지역 균형 발전 측면에서도 정책금융의 역할은 중요하다. 지방 중소기업에 대한 금융 접근성을 높이고, 지역 혁신 생태계를 조성하는 데 정책금융이 앵커 역할을 해야 한다.
　마지막으로, 정책금융의 장기적 신뢰 확보를 위해 윤리 경영, 투명한 의사결정, 부실 방지 시스템이 제도화돼야 한다. 정치적 간섭에서 자유로운 독립성과 자율성 확보, 민간과의 지속 가능한 협업이 정책금융의 신뢰 기반이자 미래 경쟁력의 핵심이다.

## 👍 정리

- 한국의 정책금융은 기능 중복, 비효율, 관료주의로 인해 시장과 괴리된 구조에 머물러 있다.
- 정책금융기관 간 기능 재정립, 리스크 분담 구조 설계, 성과 평가 정교화를 통해 시장 친화적 재편이 시급하다.
- 디지털 기술 도입과 ESG 금융 강화, 지역 균형 투자 확대를 통해 미래지향적 정책금융으로 진화해야 한다.
- 정부·금융 당국·정책금융기관은 공공성과 시장 친화성의 균형을 기반으로, 플랫폼형 정책금융 생태계를 구축해야 한다.

## 07
# 불신 금융, 신뢰 회복의 첫걸음

### 금융의 공정성과 투명성, 왜 중요한가

금융은 자금의 흐름을 조절하며 실물경제의 순환을 뒷받침하는 중요한 시스템이다. 이 시스템이 건강하게 작동하려면, 참여자 간 신뢰를 기반으로 한 공정한 거래 질서와 투명한 정보 공개가 전제되어야 한다. 공정성은 금융거래에서 특권과 차별 없이 동일한 기준과 기회를 보장하는 상태를 의미하고, 투명성은 의사결정의 과정과 결과가 외부에 명확히 드러나도록 관리되는 것을 뜻한다.

이 두 가지가 확보되지 않으면 자금 배분의 왜곡이 발생하고, 금융기관의 무책임한 경영이나 불완전한 상품 판매 같은 문제가 반복되며, 결국 금융 시스템 전반에 대한 신뢰가 무너지게 된다. 신뢰가 사라진 금융은 자금 순환을 마비시키고 경제 전반의 성장 잠재력을 위축시키는 결과를 낳는다. 그렇기에 금융의 공정성과 투명성은 선택이 아닌 필수다.

## 한국 금융의 공정성과 투명성, 현주소는?

한국 금융은 고도성장기에는 정부 주도의 정책금융 체계와 대기업 중심의 자금 배분 구조를 통해 나름의 효율을 유지해왔다. 그러나 시간이 흐르면서 이러한 구조는 불균형과 기득권 중심 구조를 고착시키는 원인으로 작용했다. 결과적으로 오늘날 한국 금융은 지배구조의 불투명성, 금융상품의 불완전판매, 감독 기능의 편향성 등 공정성과 투명성 측면에서 많은 과제를 안게 되었다.

특히 금융기관 경영진에 대한 감시 기능이 부족하여, 이사회와 경영진 간 견제가 제대로 작동하지 않는 경우가 많다. 사외이사가 존재하더라도 그 역할이 형식에 그치거나 전문성이 결여된 경우가 많아 실질적인 지배구조 개선 효과를 기대하기 어렵다.

또한 금융상품 판매 과정에서 소비자에게 상품의 구조나 위험성에 대한 충분한 설명 없이 영업 실적 위주의 접근이 빈번하다. 설명이 부족한 상태에서 고위험 상품이 판매되는 불완전판매 문제는 투자자와 고객의 신뢰를 떨어뜨리고 금융사의 브랜드 이미지에도 타격을 준다.

더불어 금융 당국의 감독과 제재가 일관되지 않거나 일부 기관에 대해 과도한 유연성을 보이는 경우, 금융시장의 공정한 경쟁 질서가 훼손된다. 규제의 사각지대가 발생하거나 정치적 영향력이 개입되면 이는 곧바로 시장의 불신으로 연결된다.

## 공정성과 투명성을 회복하기 위한 구체적 개혁 방향

무엇보다 금융기관의 지배구조를 실질적으로 개선해야 한다. 단순히 외형적인 이사회 구성 요건을 맞추는 데 그치지 않고, 이사회의 독립성과 경영진 견제 기능을 강화해야 한다. 사외이사는 전문성과 책임감을 갖춘 인물로 구성되어야 하며, 경영진에 대한 감시를 실질적으로 수행할 수 있는 권한과 환경이 보장되어야 한다.

경영진의 보상 체계 또한 단기 실적 중심에서 장기 성과 중심으로 개편하여, 단기 이익 추구 유인을 줄이고 기업의 지속 가능 경영을 유도해야 한다.

금융상품 판매 과정의 투명성 제고도 중요한 과제다. 금융소비자는 자신의 금융 지식 수준을 넘는 상품에 가입하게 되는 경우가 많다. 이럴수록 판매 과정에서 상품의 구조, 수익률, 위험 요소 등에 대해 명확하게 설명할 책임이 있다. 금융기관은 상품별 표준 설명서를 제공하고, 판매 직원에 대한 윤리 교육과 자격 관리를 강화해야 한다. 특히 고위험 금융상품일수록 사전 설명 의무를 강화하는 제도적 장치가 요구된다.

금융 당국 또한 스스로의 역할을 되돌아보고 감독의 일관성과 공정성을 높여야 한다. 특정 기관이나 기업에만 유리하게 작용하는 '보이지 않는 손'이 작동해서는 안 된다. 감독 및 제재는 모두에게 동일한 기준과 절차에 따라 적용되어야 하며, 그 과정과 결과는 시장과 국민에게 투명하게 공개되어야 한다. 감독 당국의 신뢰는 곧 금융 시스템 전체의 신뢰를 좌우하는 요소임을 자각해야 한다.

아울러 금융소비자 보호 체계를 획기적으로 강화할 필요가 있다. 금융 피해가 발생했을 경우 신속하고 실질적인 구제를 제공할 수 있는 분쟁 조정 시스템이 필요하다. 현재의 금융 분쟁 조정 절차는 복잡하고 시간이 오래 걸린다는 비판이 많다. 따라서 금융분쟁조정위원회의 독립성을 보장하고 권한을 확대해야 하며, 피해 집단의 공동 대응이 가능하도록 집단소송제의 금융 분야 적용을 본격 검토해야 한다.

## 국제적 신뢰를 위한 글로벌 스탠더드 정착

국내 제도의 개혁 못지않게 국제사회의 기준과 발맞추려는 노력도 중요하다. 한국 금융이 글로벌 자금의 흐름과 연결된 이상, 국제적 신뢰 확보는 필수 조건이다. 이를 위해 바젤 은행감독위원회의 자본적정성 규제, 국제회계 기준(IFRS), 투자자 보호 기준 등 글로벌 스탠더드를 국내 제도에 반영하고 정착시켜야 한다.

예를 들어 금융기관의 리스크 평가 체계를 강화하고, 경영공시 기준을 국제 수준으로 상향 조정해야 한다. 금융 당국은 국제 금융기구들과의 협력을 통해 제도적 모범 사례를 적극 벤치마킹하고, 규제 환경의 예측 가능성과 일관성을 높여야 한다. 이를 통해 해외 투자자와 시장 참가자들이 한국 금융을 신뢰할 수 있도록 해야 한다.

결국, 공정하고 투명한 금융은 국내 시장의 신뢰 회복은 물론, 글로벌 자본 유입의 관문을 여는 핵심 열쇠가 된다. 이러한 제도적 기반 위에서 한국 금융은 단순한 자금 중개 기능을 넘어서, 진정한 경제성장의 촉매 역할을 수행할 수 있다.

> 👍 **정리**
>
> - 금융의 공정성과 투명성은 시장 신뢰와 시스템 안정성의 핵심 기반이며, 현재 한국 금융은 구조적 문제로 인해 신뢰 위기를 겪고 있다.
> - 지배구조 개선, 불완전판매 방지, 감독 공정성 제고, 소비자 보호 강화 등 제도 전반의 개혁이 필요하다.
> - 금융기관은 장기 성과 중심의 경영 전략으로 전환하고, 금융 당국은 균형 있고 일관된 감독을 수행해야 한다.
> - 글로벌 스탠더드 정착을 통해 한국 금융의 국제 신뢰와 경쟁력을 동시에 제고해야 한다.

# 08
# 규제, 유연함이 힘이다

## 규제의 역설: 안전망인가 성장의 족쇄인가

금융 규제는 금융시장의 안정성과 건전성을 확보하기 위한 필수 장치로, 금융기관의 리스크를 관리하고 소비자를 보호하며 시스템 리스크를 예방하는 역할을 한다. 그러나 과도하거나 경직된 규제는 오히려 금융 혁신과 경쟁을 저해하고, 자원의 효율적 배분을 방해하는 부작용을 초래할 수 있다. 이러한 규제의 역설은 금융 정책 설계와 집행에서 균형 잡힌 접근이 필요함을 시사한다.

예컨대 자본적정성 규제는 금융기관의 건전성을 유지하는 데 기여하지만, 지나치게 높은 자본 요건은 금융기관의 대출 여력을 제한하여 실물경제로의 자금 공급을 위축시킬 수 있다. 또한 복잡하고 중복된 규제는 금융기관의 운영 비용을 증가시키고, 이는 결국 금융서비스 비용 상승으로 이어져 소비자에게 전가된다.

따라서 금융 규제는 안정성과 효율성, 혁신과 보호라는 상충하는 목표 간의 균형을 유지해야 하며, 규제 설계와 집행 과정에서 이러한 균형을 고려하여 정교하게 접근해야 한다.

## 한국 금융 규제의 현주소와 문제점

한국의 금융 규제는 외환위기와 글로벌 금융위기를 거치며 강화되어왔다. 이는 금융 시스템의 안정성 확보에 일정 부분 기여했으나, 동시에 다음과 같은 구조적 문제점도 드러내고 있다.

첫째, 규제의 경직성과 일률성이다. 금융기관의 규모나 특성, 리스크 수준을 고려하지 않고 동일한 규제를 적용함으로써 중소형 금융기관이나 혁신 금융서비스 제공자들이 과도한 규제 부담을 지게 되는 경우가 많다. 이는 금융 산업의 다양성과 경쟁을 저해하는 요인으로 작용한다.

둘째, 규제의 중복성과 복잡성이다. 여러 감독기관이 서로 다른 규제를 적용하거나 동일 사안에 대해 중복된 규제를 부과하면서 금융기관의 규제 준수 비용은 증가하고, 규제 실효성은 저하된다.

셋째, 사후적 대응 위주의 규제다. 금융 사고나 위기 발생 이후에야 규제가 강화되는 경향이 있으며, 이는 예방적 관리보다는 처벌 중심 대응으로 이어져 금융기관의 리스크 관리 역량을 저해할 수 있다.

넷째, 혁신에 대한 규제 민감성 부족이다. 핀테크, 디지털 자산, 인공지능 등 새로운 금융기술에 대한 규제가 명확하지 않거나 과도하게 제한적이어서 혁신적인 금융서비스의 성장을 가로막고 있다.

## 규제의 정교화와 효과성 제고 방안

금융 규제의 부작용을 줄이고 실효성을 높이기 위해 다음과 같은 개선 방안이 필요하다.

첫째, 위험 기반 규제(Risk-Based Regulation)의 도입이다. 금융기관의 규모, 복잡성, 리스크 수준에 따라 차등 적용하는 규제를 통해 효율성과 형평성을 동시에 확보할 수 있다. 이를 위해 감독 당국은 리스크 평가 체계를 고도화하고, 정교한 데이터 분석 역량을 갖춰야 한다.

둘째, 규제의 통합과 조정이다. 금융감독 기구 간 협력을 강화하고 중복 규제를 정비하여, 규제 일관성과 효율성을 높여야 한다. 이는 금융기관의 불필요한 부담을 줄이고 감독 당국의 자원 활용을 최적화하는 데 기여할 수 있다.

셋째, 사전 예방적 규제 강화다. 금융 사고가 발생하기 전에 리스크를 조기에 식별하고 대응할 수 있도록 스트레스 테스트, 시나리오 분석 등 선진적 리스크 관리 기법을 도입하고, 금융기관 내부 통제 시스템도 함께 강화해야 한다.

넷째, 혁신 친화적 규제 환경 조성이다. 규제 샌드박스 제도를 활성화해 새로운 금융서비스의 실험과 도입을 지원하고, 혁신 기술에 대한 명확한 가이드라인을 제시하여 금융 산업의 혁신 동력을 살려야 한다.

다섯째, 규제의 투명성과 예측 가능성 제고다. 규제의 목적, 기준, 절차를 명확히 해야 한다. 그리고 제도 변경 시에는 예고제도와 공청회를 통해 금융기관과 시장 참여자의 적응을 돕도록 해야 한다.

## 국제적 규제 조화와 글로벌 스탠더드 수용

금융 규제의 효과성과 신뢰성을 높이기 위해 국제적 규제 조화와 글로벌 스탠더드 수용은 필수적이다. 바젤 III, IFRS, FATF 등 국제 규제 기준을 반영하고 국내 제도를 이에 부합하도록 정비함으로써 한국 금융의 투명성과 신뢰도를 높여야 한다.

이를 통해 해외 투자자와 국제 금융기관의 참여를 촉진하고, 글로벌 금융시장 변화에 선제적으로 대응할 수 있는 역량을 강화할 수 있다. 나아가 감독 체계의 디지털화를 추진하여, 데이터 기반의 정밀한 감독 체계를 구축하고 기술 기반 위협에 능동적으로 대응하는 시스템도 마련해야 한다.

### 👍 정리

- 금융 규제는 안정성과 혁신이라는 상충 목표 간의 균형이 필수이며, 과도한 규제는 산업 발전을 저해할 수 있다.
- 경직성과 일률성, 중복성과 복잡성, 사후적 대응, 혁신 억제 등 한국 금융 규제의 문제점을 해결해야 한다.
- 위험 기반 규제 도입, 규제 통합과 조정, 사전 예방 강화, 혁신 친화 환경 조성, 규제의 예측 가능성과 투명성 제고가 핵심 전략이다.
- 국제 규제와의 조화 및 디지털 기반 감독 체계 구축을 통해 한국 금융의 경쟁력과 신뢰성을 제고해야 한다.

# 09
# 디지털 격차 없이, 모두를 위한 금융

## 디지털 금융의 확산과 새로운 도전

디지털 기술의 발전은 금융 산업에 혁신을 가져왔다. 모바일 뱅킹, 핀테크, 인공지능 기반 자산관리 서비스 등은 금융서비스의 접근성과 효율성을 높이며, 소비자에게 다양한 혜택을 제공하고 있다. 그러나 이러한 변화는 동시에 새로운 도전도 동반한다.

첫째, 디지털 격차 문제가 심화되고 있다. 고령자, 장애인, 저소득층 등 디지털 환경에 익숙하지 않은 계층은 새로운 금융서비스에 접근하는 데 어려움을 겪고 있으며, 이는 금융 포용성을 저해하고 사회적 불평등을 심화시킬 수 있다.

둘째, 사이버 보안과 개인정보 보호에 대한 우려가 증대되고 있다. 디지털 금융서비스는 해킹, 피싱, 개인정보 유출 등의 위험에 상시 노출되어 있으며, 이러한 사고는 소비자 신뢰 저하로 이어진다.

셋째, 금융소비자가 디지털 금융서비스의 구조나 위험성을 충분히 이해하지 못해 불완전판매나 오인된 투자 판단 등 소비자 피해가 발생할 가능성도 높다.

## 디지털 포용성 강화를 위한 전략

디지털 금융의 혜택을 모든 계층이 누릴 수 있도록 하기 위해서는 디지털 포용성 강화를 위한 정책적 접근이 필요하다.

첫째, 맞춤형 디지털 금융 교육을 확대해야 한다. 고령자, 장애인, 저소득층 등을 대상으로 한 실생활 중심 교육 프로그램을 통해 디지털 금융서비스에 대한 이해와 활용 능력을 높여야 한다.

둘째, 접근성이 높은 서비스 디자인을 도입해야 한다. 간단한 인터페이스, 음성 안내, 화면 확대 등 사용자 친화적인 설계를 통해 누구나 쉽게 금융서비스를 이용할 수 있도록 해야 한다.

셋째, 오프라인 채널을 병행 운영하는 것이 중요하다. 디지털 환경에 익숙하지 않은 계층을 위해 은행 창구, 콜센터, 방문 상담 등 오프라인 접근성을 보완하고 유지해야 한다.

넷째, 공공기관과 민간기업 간 협력을 강화해 디지털 포용 생태계를 조성해야 한다. 정부는 정책적 지원과 인프라 구축에 집중하고, 민간 부문은 혁신적 서비스 개발과 유통에 주력해야 한다.

## 신뢰 기반의 디지털 금융 생태계 구축

디지털 금융의 지속 가능한 발전을 위해서는 소비자의 신뢰를 회복하고 강화하는 노력이 선행되어야 한다.

첫째, 사이버 보안을 강화해야 한다. 금융기관은 최신 보안 기술을 도입하고, 정기적인 점검 및 모의 해킹을 통해 시스템의 취약점을 조기에 발견하고 개선해야 한다.

둘째, 개인정보 보호 체계를 강화해야 한다. 개인정보의 수집, 저장, 이용, 폐기 등 전 과정에서 엄격한 관리 기준을 적용하고, 관련 법령과 규제를 철저히 준수해야 한다.

셋째, 금융상품 정보 제공의 투명성을 높여야 한다. 금융상품의 구조, 수익률, 수수료, 위험성 등을 쉽게 이해할 수 있도록 표준화된 형식으로 제공하고, 고위험 상품의 경우 필수 설명과 동의 절차를 강화해야 한다.

넷째, 금융소비자 보호 체계를 강화해야 한다. 분쟁 발생 시 신속하고 공정한 조정이 가능하도록 금융 분쟁 조정 제도를 개선하고, 그 독립성과 전문성을 확보해야 한다.

## 지속 가능한 디지털 금융을 위한 정책 제언

디지털 금융의 포용성과 신뢰를 높이기 위한 정책적 뒷받침도 필수적이다.

첫째, 디지털 금융 포용성 지표를 개발해야 한다. 국민의 금융 접근성, 이용 수준, 만족도 등을 객관적으로 측정할 수 있는 지표를 통해 정책의 효과를 정기적으로 평가해야 한다.

둘째, 디지털 금융 혁신을 지속적으로 지원해야 한다. 핀테크 기업과 스타트업이 자유롭게 실험하고 사업화할 수 있도록 규제 샌드박스를 활성화하고, 불확실한 규제를 정비해 선제적 대응이 가능하도록 해야 한다.

셋째, 전국적 디지털 금융 인프라를 구축해야 한다. 지역 간, 계층 간 접근성 격차 해소를 위해 공공망 확충, 무료 인터넷 존 확대, 디지털 키오스크 운영 등 공공 정책을 종합적으로 추진해야 한다.

넷째, 국제 협력을 강화해야 한다. 디지털 금융은 국경을 초월하는 특성이 있으므로 데이터 보호, 사이버 보안, 전자금융 규제에 대한 국제 기준과 협력 체계를 구축해야 한다.

👍 정리

- 디지털 금융은 혁신과 효율을 제공하지만 동시에 디지털 격차, 보안 위협, 소비자 피해 가능성을 내포하고 있다.
- 금융 포용성을 확대하기 위해 교육, 접근성 설계, 오프라인 채널 보완, 공공-민간 협력이 필요하다.
- 소비자 신뢰 확보를 위해 보안 강화, 개인정보 보호, 정보 제공 투명성, 소비자 보호 제도를 정비해야 한다.
- 포용성과 신뢰를 기반으로 한 지속 가능한 디지털 금융을 위해서는 지표 개발, 혁신 촉진, 인프라 확충, 국제 협력이 병행되어야 한다.

# 10
# 국민 금융 문해력, 성장의 기반이다

## 금융 교육의 현실, 왜 여전히 제자리인가

금융의 중요성은 우리 사회의 모든 곳에서 절감되고 있다. 일상 속 대부분의 선택이 금융적 의사결정과 맞닿아 있다. 은행 계좌 개설, 대출 이용, 보험 가입, 신용카드 사용, 투자 자산 선택, 나아가 노후 설계까지 모두 단순한 소비나 지출을 넘어 생애 전체에 영향을 미치는 '금융 결정'이다. 그럼에도 한국 사회에서 금융 교육은 여전히 보완 단계에 머물러 있다.

지금의 금융 교육은 체계성이 부족하고, 교육의 수혜 계층도 제한적이다. 일부 공공기관이나 민간단체가 단편적인 교육을 제공하고 있지만, 국가 차원의 종합 전략은 부재한 실정이다. 무엇보다 정규 교육과정 내에서 금융 교육이 독립적인 주제로 자리 잡지 못해, 대부분의 청소년과 청년이 금융에 대한 기초 지식 없이 사회로 진출하게 된다. 이는 단지 지식의 문제가 아니라, 실질적인 경제 리스크로 직결된다.

예컨대 불완전판매에 따른 피해, 무분별한 신용카드 남용, 학자금 대출에 대한 인식 부족, 금융 사기에 취약한 디지털 고령층 문제 등은 모두 금융 리터러시의 결핍에서 비롯된다. 지금까지의 한국 금융 교육은 단속적이고 대응적인 성격이 강했으며, 사회적 위험에 선제적으로 대응할 수 있는 교육적 기반은 부족했다. 이대로 방치된다면 국민 전체의 금융 복지 수준은 향상되기 어렵고, 경제적 양극화와 금융 신뢰도 저하 문제도 점점 악화될 것이다.

## 글로벌 기준에서 본 금융 리터러시의 중요성

국제사회는 금융 리터러시를 단순한 '지식'이 아닌, 실천을 동반한 '역량'으로 정의한다. OECD는 금융 리터러시를 '개인이 정보에 근거하여 합리적인 금융 결정을 내릴 수 있는 능력'으로 보고 있으며, 이를 국가 경쟁력의 주요 지표로 간주한다. 미국, 영국, 호주 등 선진국은 이미 2000년대 초반부터 국가 차원의 금융 교육 전략을 수립해 정규 교육과정을 통해 교육을 체계화하고 있다. 이들은 학교는 물론이고 직장, 지역 커뮤니티, 디지털 플랫폼 등을 통해 생애 전 주기별 금융 교육 체계를 구축해왔다.

이와 달리 한국은 아직도 금융 교육이 민간의 자발적 캠페인이나 정부의 단기 시책에 의존하고 있으며, 정규 교육과 사회 교육 간 연계도 약하다. 청소년 금융 리터러시 조사 결과를 보면 대부분이 이자 계산조차 어려워하고, 신용 관리나 투자 리스크에 대한 개념을 제대로 이해하지 못한 채 고등학교를 졸업하고 있다. 이러한 현실은 개인의 문제를 넘어, 장기적으로 국가 재정과 금융시장 안정성에도 위협이 된다.

더 큰 문제는 금융 리터러시 수준이 계층에 따라 심각하게 편차를 보인다는 점이다. 고소득층이나 고학력층은 정보 접근과 활용이 용이한 반면 저소득층, 고령층, 디지털 소외 계층은 금융서비스 이용 자체에서부터 배제되는 경향이 있다. 이는 금융이 자산 형성의 도구가 아니라, 오히려 빈곤의 덫이 될 수 있음을 보여준다. 선진국들은 이러한 위험을 예방하기 위해 국가 차원의 '금융 포용성 전략'을 병행하고 있다.

## 교육 시스템과 인프라, 어떻게 바꿔야 하는가

이제는 파편화된 금융 교육을 하나의 시스템으로 통합하고, 중앙정부가 책임을 져야 할 시점이다. '금융감독원', '금융위원회', '교육부', '지자체', '서민금융진흥원' 등 각각의 기관이 제각각 교육을 진행하는 구조로는 국민의 금융 역량을 종합적으로 끌어올릴 수 없다. '국가금융교육진흥원'(가칭)과 같은 중앙 컨트롤 타워를 신설해 기획, 조정, 평가, 예산 지원, 교사 양성, 콘텐츠 인증 등의 기능을 통합할 필요가 있다.

초·중·고 교육과정에 금융 교육을 정규화하는 것도 필수 과제다.

단지 몇 개의 교과서 문장으로 언급하는 수준이 아니라, '사회', '도덕', '진로', '경제' 등과 연계된 독립적인 모듈로 설계되어야 한다. 학년별 수준에 맞는 체험형 학습법을 개발하고, 교사 연수와 인증 체계를 통해 학교 현장의 전문성도 강화해야 한다. 정규 교육이 기초라면, 이를 보완하는 시민 금융 교육은 사회복지관, 도서관, 일자리 센터 등 지역 기반 시설을 활용하여 병행적으로 이뤄져야 한다.

금융 교육은 생애주기별·계층별로 맞춤화되어야 한다. 청년층은 학자금 대출과 신용 관리, 중장년층은 자산 운용과 퇴직 후 재무 설계, 고령층은 금융 사기 예방과 디지털 금융 활용에 집중한 콘텐츠가 필요하다. 자영업자와 소상공인을 위한 경영 금융 교육, 저소득층을 위한 실생활 금융 상담도 공공서비스의 일환으로 제공되어야 한다.

## 디지털 포용과 사회적 책임의 균형

디지털 금융 시대의 핵심 과제는 단순한 기술의 확산이 아니라, 사회적 포용의 실현이다. 스마트폰 하나로 모든 금융거래가 가능해진 오늘날, 금융 교육도 모바일 기반 콘텐츠와 체험형 학습으로 진화해야 한다. 음성 기반 AI 금융 상담, 시뮬레이션형 게임 콘텐츠, 디지털 금융 앱과 연계된 실습형 수업 등은 앞으로의 주요 도구가 될 수 있다.

하지만 동시에 디지털 소외 계층에 대한 배려도 병행되어야 한다. 고령층, 장애인, 농어촌 거주자 등 정보 격차에 노출된 계층에게는 지역 금융 교육센터, 공공도서관 내 키오스크, 시니어 전용 교육 프로그램 등 맞춤형 지원이 필요하다. 단순히 플랫폼을 만드는 것에 그치지 않고, 그 플랫폼에 누가 접근하고 누가 소외되는지를 진단하고 대처해야 한다.

정부는 정책을 설계하고, 금융기관은 콘텐츠와 인프라를 제공하며, 교육기관은 전문 교수법을 확립해야 한다. 시민단체는 사각지대를 채우고, 언론은 객관적인 정보 유통에 기여해야 한다. 모두의 책임이 작동할 때 금융 교육은 문화가 되고, 금융 리터러시는 제도로 자리 잡을 수 있다.

### 👍 정리

- 한국 금융 교육은 구조적으로 분절되어 있으며, 정규 교육과 지역사회 기반 교육 모두에서 체계성과 전문성이 부족하다.
- OECD를 포함한 국제사회는 금융 리터러시를 국가 경쟁력의 핵심 역량으로 간주하고 있으며, 선진국들은 이를 전략적으로 제도화하고 있다.
- '금융교육진흥원'과 같은 국가 컨트롤 타워 구축, 초중고 정규 교육과정 편입, 생애주기별 맞춤 교육 설계가 필요하다.
- 디지털 시대의 금융 교육은 기술 혁신과 포용성을 동시에 추구해야 하며, 국민 누구나 이해하고 실천할 수 있도록 만들어야 한다.
- 금융 교육은 선택이 아닌 필수이며, 국민의 금융 복지와 경제의 회복 탄력성을 높이는 핵심 인프라다.

한국 금융,
새판 짜기

# 제3부
# 업권별 대수술, 금융 시스템을 다시 짜다

> 은행, 보험, 증권, 핀테크 등 각 업권이 안고 있는 고유의 문제를 구체적으로 들여다본다. 고비용 구조의 보험, 신뢰를 잃은 사모펀드, 초집중된 은행업, 불완전한 핀테크 규제 등 개별 문제는 상호 연결되어 있다. 업권별 혁신 없이는 금융 시스템 전체의 회복도 없다. 제3부에서는 업권 단위로 해법을 도출하고, 이를 통해 종합 구조 개편의 기반을 닦는다.

# 01
# 은행, '거대화'보다 '맞춤형'으로

## 은행 산업의 구조적 집중과 성장의 그늘

한국의 은행 산업은 지난 수십 년간 초대형화와 수도권 중심의 집중 전략 속에서 성장해왔다. 주요 시중은행들은 전국망을 구축하며 대규모 자산과 고객 기반을 확보했고, 글로벌 금융위기 이후 안정성을 중시하는 분위기 속에서 더욱 규모의 경제를 추구했다. 이는 일정 부분 수익성과 국제 경쟁력을 높이는 데 기여했지만, 동시에 지역경제와 소규모 금융서비스의 공백이라는 부작용도 심화시켰다.

특히 지방의 중소기업과 자영업자들은 대형 은행의 획일적인 심사 기준과 담보 중심 대출 관행으로 인해 자금 조달에 큰 어려움을 겪고 있다. 디지털 전환으로 점포 수는 급격히 줄어들고 있으며, 고령층과 지역 소외 계층의 금융 접근성은 지속적으로 악화되고 있다. 단순한 이자 수익 중심의 모델에서 벗어나 실질적인 지역경제 파트너로 전환하지 않는다면, 은행 산업 자체의 신뢰 기반도 흔들릴 수 있다. 이제는 초대형화를 넘어 질적 전환과 역할의 재정립이 요구된다. 지역 특화형 금융 모델, 전문화된 산업 금융, 사회적 책임 금융 등으로의 분화 전략이 필요하며, 이는 한국 금융의 균형 발전을 위한 핵심 방향이기도 하다.

## 지역 금융의 쇠퇴와 금융 불균형

지역 기반 금융의 쇠퇴는 단순한 수익성 저하로 설명할 수 없는 구조적 문제다. 지방은행과 지역 협동조합 금융기관은 한때 지역민과 중소기업의 든든한 버팀목이었으나, 대형 은행의 전국 확장과 규제 일원화 속에서 점차 경쟁력을 잃어갔다. 금융 인프라의 수도권 집중은 지역경제의 자생력을 약화시키고, 지역 금융기관의 존립 근거를 축소시켰다.

지방자치단체나 지역 기업들이 금융 지원을 받기 위해 수도권 본사의 승인 절차를 기다려야 하는 구조는 매우 비효율적이다. 지역 실정을 반영하지 못한 여신 심사, 획일적 담보 요구, 본사 중심의 리스크 관리 기준은 지역경제에 부적합한 틀로 작동하고 있다. 이로 인해 지역 내 신생기업, 농어촌 공동체, 혁신적 소상공인들은 성장 초기부터 금융 장벽에 막혀 도태되고 있다.

지역 금융의 공백은 단순한 금융 접근성 문제를 넘어, 국가적 경제 불균형과 일자리 창출의 편중, 지방 소멸 위기까지 초래하고 있다. 은행 산업은 다시 지역 기반을 재건해야 하며, 지역별 특성과 산업구조에 맞는 맞춤형 금융 전략을 마련해야 한다. 지방은행의 기능 회복, 지역 신협·새마을금고의 디지털 전환, 공공기금의 전략적 배분 등이 병행되어야 한다.

## 전문화된 금융 기능으로의 전환 필요성

대형 은행 중심의 비즈니스 모델은 이미 포화 상태에 도달해 있다. 획일적인 대출 상품, 제한적인 산업 이해도, 수수료 수익 중심의 영업 전략은 고객의 다양화된 수요를 만족시키지 못하고 있다. 이제는 산업별 이해와 기업 특성에 맞춘 전문화된 금융 기능이 요구된다. 예컨대 바이오, 반도체, 신재생에너지, 문화 콘텐츠 산업 등은 각기 다른 재무 구조와 리스크 특성을 지니며, 이에 대한 전문 이해 없이 제공되는 자금은 효과를 발휘하기 어렵다.

전문은행이나 산업별 특화 금융 부서의 도입은 유의미한 대안이 될 수 있다. 기존 은행 내에 산업 특화 유닛을 설치하거나, 기술력 기반 기업을 지원하는 중소기업 전용 은행을 육성하는 방식도 고려할 수 있다. 이러한 전문화 전략은 금융의 영역 확장을 넘어, 산업 혁신을 촉진하고 경제 대전환기를 이끄는 핵심 수단으로 작동할 수 있다.

또한 중소 제조업체나 벤처 스타트업의 초기 단계에서는 신용등급이나 담보보다 기술력과 사업성 평가에 기반한 자금 공급이 필요하다. 이러한 접근은 은행의 리스크를 분산시키고 기업의 생존 가능성을 높이며, 궁극적으로 사회 전체의 생산성 향상에도 기여할 수 있다.

## 은행의 사회적 책임과 지속 가능 금융으로의 진화

은행은 단순한 영리 기업을 넘어, 국민 경제의 핵심 인프라로서 공공적 책임을 지닌다. 금융소비자 보호, 중소기업 자금 지원, 서민 금융 확충, 지역 균형 발전 등 은행이 수행해야 할 역할은 더욱 다양하고 중요해지고 있다. 특히 ESG(환경·사회·지배구조) 금융이 부상한 지금, 은행은 지속 가능한 금융의 주체로서 사회와 기업을 연결하는 가교가 되어야 한다.

기후위기에 대응하는 탄소중립 금융, 고령화 사회에 대응한 복지 연계 금융, 청년층의 자산 형성을 돕는 금융 등 은행이 수행할 수 있는 사회적 기여는 무궁무진하다. 단기 실적에 집중하던 경영에서 벗어나, 장기적 사회 성과를 고려한 거버넌스 체계로의 전환이 필요하다. 공공성과 수익성을 균형 있게 고려한 경영 철학과 성과 인센티브 구조가 뒷받침돼야 한다.

은행은 이제 자신을 '자금 중개자'가 아닌 '사회적 가치 창출자'로 재정의해야 한다. 이는 단순한 이미지 쇄신이 아니라 생존 전략이다. 은행이 사회적 책임을 외면할 경우, 기술기업과 핀테크가 기존

은행의 자리를 대체하는 시나리오가 현실화될 수 있다. 전통 은행의 정체성과 지속 가능성은 공공성과의 재결합 속에서 비로소 회복될 수 있다.

> 👍 정리
> 
> - 한국의 은행 산업은 초대형화와 수도권 집중 전략 속에서 성장했으나, 지역경제와 금융 접근성의 불균형이라는 구조적 한계를 드러내고 있다.
> - 지역 금융의 쇠퇴는 국가 경제의 균형 발전을 저해하고 있어, 지역 맞춤형 금융 전략과 지방 금융기관의 기능 회복이 시급하다.
> - 산업별 특성과 기업군의 다양성을 반영한 전문화된 금융 기능이 요구되며, 이는 경제 혁신과 생산성 제고에 기여할 수 있다.
> - 은행은 사회적 책임과 지속 가능성을 중심에 둔 경영 전략으로 전환해야 하며, ESG 금융과 공공성 강화가 핵심 과제로 떠오르고 있다.

## 02
# 디지털 vs 오프라인, 은행의 생존 전략

### 전통 금융과 디지털 은행의 충돌과 접점

2017년 한국에 인터넷전문은행이 출범하면서 전통적인 시중은행 중심의 금융 구조에 균열이 일기 시작했다. 케이뱅크와 카카오뱅크는 물리적 점포 없이 24시간 비대면 서비스를 제공하며, 기존 금융권이 제공하지 못했던 편의성과 접근성을 통해 단기간에 수천만 명의 고객을 확보하였다. 이들의 등장은 단지 새로운 은행의 출현이 아니라 금융 산업의 지형 자체를 바꾸는 신호탄이었다.

시중은행은 안정성과 신뢰를 무기로 오랜 기간 금융시장을 지배해왔지만, 디지털 환경의 변화 속에서 과거의 방식만으로는 경쟁력을 유지하기 어려운 상황에 직면해 있다. 반면 인터넷전문은행은 빠른 기술 적용, 유연한 서비스 설계, 간편한 사용자 경험을 바탕으로 기존 금융권이 놓친 고객층을 빠르게 흡수하고 있다. 두 업권 간의 경쟁은 단순한 점유율 싸움이 아니라, 금융의 본질과 서비스 방식, 고객의 기대치 자체가 달라지는 금융 생태계의 재편 과정이다.

이제 시중은행과 인터넷전문은행은 단순한 경쟁을 넘어, 서로의 강점과 약점을 보완하는 '전략적 공존'의 방식을 고민해야 한다. 기존 금융 인프라를 바탕으로 한 시중은행의 안정성과 인터넷은행의 디지털 혁신 역량이 결합될 때, 금융 산업 전체의 경쟁력도 한층 높아질 수 있다.

## 경쟁의 핵심은 기술보다 '고객 경험'

인터넷전문은행의 급부상은 단순한 기술의 승리가 아니다. 고객 중심의 사고, 직관적인 서비스 설계, 최소화된 수수료 구조 등 사용자 경험(User Experience)의 혁신이 핵심 동력이었다. 반면 시중은행은 수십 년간 구축해온 안정성과 리스크 관리 능력, 고신용 고객층 확보 등에서 강점을 보인다.

하지만 시중은행의 고객 인터페이스는 여전히 복잡하고 느리며, 절차 중심이다. 디지털 전환을 외치고는 있지만 내부 시스템은 여전히 전통적인 계층 구조에 기반한 관리 방식을 고수하고 있으며, 이는 고객 요구 변화에 민첩하게 대응하지 못하는 원인으로 작용한다.

반면 인터넷전문은행은 고객의 요구에 따라 상품을 수시로 업데이트하고, 서비스 신청부터 승인까지 전 과정을 10분 안에 끝낼 수 있는 플랫폼을 구현했다. 이는 단순한 디지털화가 아니라, '고객 중심' 금융의 철학과 실천이 만들어낸 결과다. 시중은행도 이제 단순한 기술 도입을 넘어 고객 경험의 재설계에 혁신의 초점을 맞춰야 한다.

## 공존을 위한 규제 정비와 제도 개선

현재 인터넷전문은행은 비대면 본인 인증, 자본금 제한, 산업자본의 소유 제한 등 다양한 제약 속에서 운영되고 있다. 이는 금융 안정성과 산업자본의 금융 잠식을 방지하기 위한 장치이지만, 지나치게 엄격한 제한은 디지털 금융의 성장 가능성을 제약하는 요인이 된다.

반면 시중은행은 대규모 자본과 광범위한 네트워크, 종합 금융 서비스 제공 등에서 유리한 위치에 있으나, 디지털 혁신에 있어서는 내부 규제와 관행적 저항이 크다. 이러한 이중적 규제 환경은 양 업권 모두에게 불리하게 작용하며, 결과적으로 소비자 선택권을 제한하고 시장 효율성을 저해한다.

인터넷은행의 산업자본 지분 제한에 대한 점진적 완화, 비대면 고도화에 필요한 규제 유연화, 플랫폼 사업자와의 공정 경쟁을 위한 프레임워크 재정비 등은 디지털 금융 생태계 성장을 위한 최소한의 조건이다. 동시에 시중은행에는 데이터 활용, 핀테크 제휴, 내부 구조조정에 대한 자율성과 유연성을 부여할 필요가 있다.

정부는 양 업권 간 균형 발전을 도모할 수 있도록 '금융 혁신과 안정의 조화'를 목표로 규제 체계를 재설계해야 한다. 단순한 제도 완화가 아니라, 새로운 금융 환경에 걸맞은 원칙 기반의 규제와 자율적 책임 체계를 함께 구축하는 방향이 바람직하다.

## 경쟁 아닌 협업의 모델로 진화할 수 있는가

인터넷전문은행은 디지털 기반 혁신을 무기로 빠르게 성장하고 있지만, 중장기적으로 수익성과 사업 다각화 측면에서 한계를 보이고 있다. 예금과 신용대출 중심의 수익 구조는 금리 변동과 신용 위험에 취약하며, 복합적인 금융서비스 제공에는 제약이 따른다. 반면 시중은행은 안정적인 수익 기반과 다양한 금융상품, 자산관리 서비스 등을 갖추고 있지만, 기민성과 민첩성에서는 뒤처진다.

이러한 구조적 차이는 양 업권 간 '경쟁적 보완'이 가능함을 시사한다. 인터넷은행은 시중은행의 자산 운용, 외환, 기업 금융 기능을 플랫폼화할 수 있고, 시중은행은 인터넷은행의 디지털 역량과 고객 접점을 활용해 전환 속도를 높일 수 있다. 실제로 일부 은행은 인터넷은행과의 API 연계, 공동 금융 플랫폼 구축 등을 통해 이러한 실험을 시도하고 있다.

궁극적으로 중요한 것은 고객의 신뢰를 얻는 방식이다. 고객은 자신에게 편리하고 유익한 금융 파트너를 선택할 뿐이며, 그 주체가 시중은행이든 인터넷은행이든 '누가 더 나은 경험을 제공하는 가'에 달려 있다. 공존 전략은 결국 '고객 중심 금융'이라는 원칙에서 출발해야 하며, 이를 위한 기술과 조직, 제도의 혁신이 뒤따라야 한다.

> 👍 정리
> - 인터넷전문은행의 출현은 단순한 신설 은행의 등장을 넘어, 금융 산업의 고객 경험·서비스 혁신 패러다임을 바꾸는 계기가 되었다.
> - 시중은행은 안정성과 범용성을, 인터넷은행은 민첩성과 기술 기반 혁신을 강점으로 가지며, 양자는 상호보완적이다.
> - 규제 정비와 자율성 확대는 양 업권의 공존 기반을 마련하는 동시에 소비자 편익과 시장 효율성을 제고하는 열쇠이다.
> - 공존 전략은 경쟁을 넘어 협업과 상생의 방향으로 진화해야 하며, 중심에는 항상 고객의 금융 주권과 경험 가치가 놓여야 한다.

# 03
# 국책은행, 정부의 팔에서 국민의 손으로

## 산업화 시대의 주역, 지금은 방향 잃은 거인

한국의 산업화와 수출 주도형 경제성장은 국책은행의 적극적인 자금 공급과 전략적 금융 지원 덕분에 가능했다. 산업은행과 수출입은행은 고도성장기 동안 기간산업 육성과 기업 경쟁력 강화에 있어 중추적 역할을 수행해왔다. 민간은행이 감당하기 어려운 장기 자금, 대규모 투자, 고위험 프로젝트 등에 과감히 자금을 투입하며 국가 경제의 성장 축을 형성해온 것이다.

그러나 오늘날의 국책은행은 과거의 명성에 비해 존재감이 희미해지고 있다. 산업의 고도화와 글로벌 금융 환경의 급변 속에서 국책은행의 전략적 역할과 책임은 더욱 커졌지만, 현실의 운영은 관료화되고 경직된 행태로 흐르고 있다. 특히 대기업 중심의 자금 지원, 반복적 구조조정 자금 투입, 민간 금융과의 경합 등으로 인해 정책금융의 본질적 기능이 희석되고 있다는 지적도 제기된다.

이제 국책은행은 단순한 자금 공급자를 넘어 국가 전략산업을 육성하고 미래 산업을 선도할 수 있는 금융 정책의 첨병으로 거듭나야 한다. 이를 위해 기능 재정립, 거버넌스 개편, 사업구조 혁신 등 다층적인 변화가 요구된다.

## 본연의 정책금융 기능으로 회귀해야

국책은행은 민간은행이 꺼리는 분야에 자금을 공급함으로써 금융시장의 실패를 보완하고, 국가 경제의 구조 전환을 돕는 역할을 수행해야 한다. 그러나 최근 수년간의 운영 행태를 보면 대기업 구조조정 지원, 단기 경영자금 지원 등 민간 금융과 유사한 기능에 집중해온 경향이 뚜렷하다. 이는 국책금융의 정체성을 흐릴 뿐 아니라, 중복 지원으로 인해 민간 시장을 왜곡시키는 부작용을 낳는다.

정책금융의 본질은 선도성에 있다. 혁신산업, 기후금융, 디지털 인프라, 우주항공, 바이오헬스, 미래 모빌리티 등 새로운 성장 동력 분야에 선제적으로 자금을 투입하고, 민간 자본 유입을 촉진하는 것이 국책금융의 핵심 역할이어야 한다. 이를 위해 국책은행은 사후 대응보다 사전 기획, 사후 모니터링보다는 사전 설계에 집중하는 조직으로 탈바꿈해야 한다.

또한 각 국책금융기관 간 역할 분담도 명확히 해야 한다. 산업은행은 대형 산업·기술 투자 중심, 기업은행은 중소기업 운영 금융 중심, 수출입은행은 글로벌 공급망 및 무역 금융 중심으로 기능을 재정립해야 한다. 기능 중복은 정책 자원의 비효율을 초래하고, 시장 혼란을 유발한다.

## 미래 전략산업 지원의 주력 기지로

전환기 경제에서 국책은행의 가장 중요한 임무는 '새로운 산업을 육성하고 위험을 감내하는 것'이다. 민간 금융이 쉽게 접근하지 못하는 고위험·고부가가치 산업 분야에서 국책은행이 선봉에 서야 한다. 탄소중립을 위한 에너지 전환, 디지털 인프라 구축, 고령화 대응 복지 기술 산업 등은 수익성은 낮지만 국가 경쟁력을 좌우할 핵심 영역이다.

이러한 분야에 단순히 자금을 공급하는 데 그치지 않고, 국책은행은 산업별 투자 플랫폼, 기술 평가 체계, 보증과 융자의 하이브리드 모델 등을 제공해야 한다. 프로젝트 파이낸싱, 조건부 출자, 민관합작펀드 조성 등을 통해 민간 투자의 마중물 역할을 수행해야 한다. 이를 통해 정부 정책과 금융이 단절되지 않고 유기적으로 연계되는 시스템을 구축할 수 있다.

지역 균형 발전 측면에서도 국책은행의 역할은 중요하다. 지역 전략산업 전담 투자조직을 구성하고, 지방정부와 협력하여 지역 특화형 금융 지원 모델을 도입함으로써 수도권 집중을 완화하고 균형 발전을 견인해야 한다.

## 거버넌스와 운영 구조 혁신 필요

국책은행이 진정한 정책금융기관으로 기능하기 위해서는 거버넌스의 투명성과 독립성을 확보해야 한다. 현재 국책은행의 이사회와 의사결정 구조는 정부의 영향력 아래 있으며, 이는 정치적 압력이나 관료적 관성이 금융 결정에 개입되는 구조로 이어질 수 있다. 민간 전문가 참여 확대, 외부 평가 강화, 장기 성과 중심의 경영평가 제도 도입 등을 통해 국책은행의 경영은 독립성과 공공성을 동시에 확보해야 한다.

내부 역량 강화도 핵심 과제다. 프로젝트 분석, 기술 금융, 산업별 이해, ESG 평가 역량 등 국책은행이 수행해야 할 금융 기획 및 설계 능력이 고도화되어야 한다. 이를 위해 인재 양성과 외부 전문가 협업을 확대하고, 조직 문화도 민첩하고 유연한 방향으로 개편해야 한다.

무엇보다 국책은행 스스로가 변화의 주체로 나서야 한다. 외부 지시에 따라 움직이는 수동적 조직이 아니라, 정책을 제안하고 기획하며 선도할 수 있는 능동적 기관으로 변화해야 한다. '정책금융의 싱크탱크'로서 국책은행의 위상을 새롭게 확립해야 한다.

## 👍 정리

- 국책은행은 과거 산업화 시대에 핵심 역할을 했지만, 현재는 정체성과 운영 방향성 측면에서 변화가 요구된다.
- 단순한 대기업 지원을 넘어서, 혁신산업과 미래 전략 분야에 대한 선도적 투자와 자금 설계가 필요하다.
- 민간 금융과의 경합을 줄이고, 산업은행·기업은행·수출입은행의 역할 분담을 명확히 하여 기능 전문성을 제고해야 한다.
- 투명한 거버넌스, 독립적 의사결정 구조, 고도화된 금융 기획 역량을 갖춘 '능동형 정책금융기관'으로 거듭나야 한다.

# 04
# 고비용 보험 구조, 해체가 답이다

## 복잡하고 불투명한 보험상품, 신뢰를 잃다

보험은 본래 위험을 분산하고 생활 안정을 도모하기 위한 사회적 제도다. 그러나 현실의 보험시장은 고비용과 고수수료 구조, 복잡하고 불투명한 상품 설계로 인해 소비자의 신뢰를 점점 상실하고 있다. 해지 환급금, 보장 범위, 수수료 체계에 대한 이해 없이 가입이 이루어지는 경우가 비일비재하며, 이는 장기 계약에서의 분쟁과 민원으로 이어진다.

설계사는 수수료 중심의 영업 전략에 따라 상품을 권유하고, 소비자는 본인의 필요보다 높은 수익률과 환급률을 강조하는 설명에 이끌려 가입하게 된다. 특히 종신보험, 변액보험 등 복합 상품은 구조가 지나치게 복잡해 소비자의 이해가 어려우며, 이로 인해 계약 해지나 보험금 청구 과정에서 불신과 불만이 폭발하는 일이 잦다. 보장 기능은 뒤로 밀리고, 투자·연금·저축 기능이 강조되는 상품이 시장의 중심을 차지하게 되면서, 보험 본연의 목적이 희석되고 있는 것이다.

## 판매 중심 구조의 근본적 전환이 필요하다

현재 보험시장의 가장 큰 병폐는 실적 중심, 수수료 중심의 판매 구조다. 보험사는 수익을 극대화할 수 있는 상품을 개발하고, 설계사는 높은 수수료가 보장되는 상품 위주로 고객에게 권유한다. 이 과정에서 고객의 재무 상태나 생애주기를 고려한 설계는 실종되고, 상품 선택은 실적 기준으로 왜곡된다.

보험사는 상품 구조나 수수료 체계, 투자 성과에 대한 핵심 정보를 축소하거나 어렵게 제공함으로써 소비자에게 필요한 정보를 차단하고 있다. 이러한 정보 비대칭은 소비자의 선택권을 제한하고, 시장 전체에 대한 신뢰를 훼손한다. 이로 인해 보험 해지율은 높아지고, 불완전판매에 대한 민원은 꾸준히 증가하고 있다.

## 상품 구조 혁신과 수수료 개편이 핵심이다

보험상품은 구조의 단순화와 표준화가 시급하다. 현재의 복잡한 구조는 소비자의 이해를 어렵게 할 뿐 아니라, 보험사 간 비교도 어렵게 만들어 시장의 공정 경쟁을 저해한다. 상품별로 보장 항목, 납입 조건, 해지 환급 조건, 수수료 수준 등을 명확하게 비교할 수 있는 표준화된 정보 제공이 필요하다. 용어도 직관적으로 바꾸어 소비자 이해를 돕는 방향으로 개선해야 한다.

특히 변액보험 등 투자성 상품은 높은 수익률 가능성과 함께 높은 리스크를 내포하고 있으므로, 금융투자상품에 준하는 설명 의무를 도입해야 한다. 상품 설명은 수익과 손실의 가능성을 명확히 제시하고, 이해도 테스트를 통해 소비자의 금융 리터러시 수준에 따라 가입 여부를 판단해야 한다.

보험 설계사 수수료 체계도 전면 개편이 요구된다. 현재는 계약 첫 회에 고액 수수료가 지급되는 구조로 인해 단기 실적 중심의 영업이 만연해 있다. 이를 분할 지급 체계로 전환하고, 계약 유지율, 고객 만족도, 상품 적합성 평가 결과 등을 반영해 수수료를 차등화해야 한다. 이러한 방식은 지속 가능한 영업 문화를 정착시키는 데 중요한 전환점이 될 수 있다.

## 디지털 전환과 소비자 중심 생태계 구축

보험업계에도 디지털 전환은 거스를 수 없는 흐름이다. 빅데이터, AI, IoT 등을 활용한 디지털 보험 서비스는 정교한 위험 분석과 맞춤형 보험 설계를 가능하게 하며, 기존의 대면 판매 중심 구조를 소비자 중심의 자가 가입 구조로 바꾸고 있다. 예방 중심의 보험, 건강 상태 연동형 보험료, 실시간 위험 분석을 활용한 상품은 보험의 공공성과 실효성을 모두 높이는 방향으로 진화하고 있다.

또한 디지털 기반 플랫폼은 소비자가 직접 상품을 비교하고 가입할 수 있게 하여 정보 비대칭 문제를 완화하고, 불완전판매를 줄이는 데 기여한다. 그러나 디지털 소외 계층, 특히 고령자나 취약계층을 위한 오프라인 대안 서비스도 함께 운영되어야 한다.

보험은 이제 단순한 위험 보장 수단이 아니라, 고객의 삶 전반을 관리하는 생활 금융서비스로 전환되어야 한다. 헬스케어, 통신, IT 기업과의 연계를 통해 보험은 건강 관리, 사고 예방, 일상 정보와의 결합을 통해 새로운 가치를 창출할 수 있으며, 이는 보험사가 고객과의 관계를 심화시키는 데 핵심적인 수단이 될 수 있다.

---

👍 **정리**

- 보험 산업은 고비용·고수수료 구조와 복잡한 상품 설계로 인해 소비자 신뢰를 상실하고 있다.
- 실적 중심의 설계사 영업 구조는 소비자 보호에 역행하며, 상품 구조 혁신과 수수료 개편이 시급하다.
- 변액보험 등 투자성 상품에는 금융투자 수준의 설명 의무와 소비자 이해도 평가가 필요하다.
- 디지털 기술을 활용한 소비자 중심 플랫폼으로의 전환과 보험의 생활 금융화는 보험 산업의 지속 가능성을 결정짓는 핵심 요인이다.

# 05
# '죽으면 받는다'의 함정, 종신보험 오해 바로잡기

## 가장 많이 팔리는 상품, 가장 많이 오해받는 상품

종신보험은 가장 널리 판매되는 보험상품이지만, 동시에 소비자의 오해와 불만이 가장 많은 상품 중 하나다. 이름만 보면 '사망 시 무조건 보장받는' 상품처럼 보이지만, 실제 구조는 복잡하다. 사망보장 외에도 저축이나 투자 성격이 결합되어 있는 경우가 많아, 소비자 입장에서는 '만능보험'으로 오인하기 쉽다. 이로 인해 환급금 관련 민원과 소비자 피해가 빈번히 발생한다.

종신보험은 기본적으로 사망 보장을 전제로 하되, 해지 시 일정 환급금이 발생하는 저축성 기능이 포함된 구조다. 그러나 소비자들은 이를 장기적 자산 증식 수단으로 오해하거나, 언제든 필요할 때 인출 가능한 유연한 상품으로 착각하는 경우가 많다. 더욱이 판매 과정에서 이러한 오해를 바로잡기보다는, 수익률·활용성·환급률 등 일부 장점만을 부각하는 영업 관행이 만연하다.

이러한 구조는 보험사와 설계사에게 유리하게 설계된 것이다. 높은 수수료는 실적 중심의 판매 경쟁을 부추기고, 상품은 점점 소비자 친화성과 멀어진다. 종신보험의 본래 목적과 기능을 명확히 하여, 소비자 중심의 제도 개선이 시급하다.

## 사망 보장 vs 저축: 뒤섞인 목적, 흐려진 가치

종신보험의 핵심 문제는 보장 기능과 저축 기능이 한 상품에 혼합되어 있어, 소비자가 자신의 재정 목적에 따라 명확히 선택하기 어렵다는 점이다. 실제로 많은 가입자들이 사망 보장을 목적으로 가입했으나, 중도 해지 시 환급금이 기대보다 현저히 낮다는 사실을 뒤늦게 알고 실망하거나 분노한다. 이는 상품 자체가 애초부터 목적별 분리 없이 설계된 데에 근본 원인이 있다.

또한 종신보험은 보험금 지급 시점이 멀리 설정되어 있고, 장기 납입이 전제되므로 가입자의 재정 유연성이 제한된다. 특히 가입 후 10년 이내 해지할 경우 납입한 보험료보다 환급금이 현저히 낮아, 사실상 저축 기능은 기대를 충족하지 못한다.

그럼에도 불구하고 종신보험은 '은퇴자금 마련', '자녀 교육비 준비', '노후 대비' 등 다양한 목적의 이름으로 판매되고 있다. 이처럼 보험 본연의 목적과 금융상품으로서의 기능이 혼재되면서, 종신보험은 어느 역할도 제대로 수행하지 못하는 모호한 위치에 머물게 된다.

## 구조 혁신과 설명 의무 강화가 해법이다

종신보험의 왜곡을 바로잡기 위해서는 구조적인 혁신이 필요하다. 첫째, 보장 기능과 저축 기능을 명확히 분리해 고객이 목적에 따라 개별적으로 상품을 선택할 수 있도록 해야 한다. 예컨대 사망 보장은 정액형 보험으로, 자산 증식은 연금보험이나 펀드 등으로 구분하여 가입할 수 있는 체계를 구축해야 한다.

둘째, 설명 의무를 대폭 강화해야 한다. 종신보험은 일반 소비자가 완전히 이해하기 어려운 상품이다. 가입 전에 예상 환급률, 해지 시 손실 금액, 보장 범위 등을 시뮬레이션과 함께 명확히 제공하고, 고객의 이해도 확인 절차를 도입해야 한다.

셋째, 판매 구조의 투명성도 중요하다. 설계사에게 지급되는 수수료 체계를 공개하고, 보험사와 설계사 간의 이해 상충 가능성을 소비자가 인지할 수 있도록 제도를 정비해야 한다. 고객의 재정 목적보다 설계사의 실적이 상품 선택에 영향을 미치는 구조는 반드시 개선되어야 한다.

## 소비자 중심 보험시장으로의 전환을 위하여

종신보험 문제는 단일 상품의 문제가 아니다. 이는 한국 보험시장 전반의 구조적 한계를 보여주는 상징적 사례다. 실적 중심, 복잡한 상품 설계, 설명 부족이라는 문제는 전체 보험 산업이 소비자 중심으로 전환되지 않는 한 반복될 수밖에 없다.

상품 설계부터 판매, 사후 관리까지 전 과정에서 '소비자 이해 가능성'을 핵심 원칙으로 삼아야 한다. 디지털 기술을 활용한 계약 체결 및 비교 플랫폼 확대, 시각화된 보장 내역 제공, 자동 비교 시스템 구축은 모두 소비자의 합리적 선택을 돕는 유용한 수단이다.

또한 공공기관 주도의 중립적 보험 정보 플랫폼이 필요하다. 상품 비교, 민원 빈도, 해지율 등 핵심 정보들을 누구나 쉽게 접근할 수 있도록 공개해야 한다.

궁극적으로 종신보험의 신뢰 회복은 보험사, 판매자, 정부, 소비자가 함께 방향성을 공유하고 제도 개편에 협력할 때 가능하다. 종신보험이 본래의 사망 보장 기능에 충실할 때, 보험 산업의 공공성과 지속 가능성도 함께 회복될 수 있다.

---

👍 **정리**

- 종신보험은 구조적 복잡성과 기능 혼합으로 인해 소비자 피해가 빈번한 대표적 상품이다.
- 사망 보장과 저축 기능의 혼합은 소비자의 오해를 낳고, 불완전판매 및 해지 민원으로 이어지고 있다.
- 기능 분리, 설명 의무 강화, 수수료 투명화 등 제도적 개혁이 필요하며, 소비자 중심의 보험시장으로 전환해야 한다.

# 06
# 실손보험, 도 넘은 손실 구조 바꿔야

## 한국형 민간 건강보험, 그 명과 암

실손의료보험은 '국민보험'이라 불릴 만큼 가입률이 높은 민간 보험상품이다. 건강보험으로 보장되지 않는 의료비를 보완해주는 구조로 설계되어, 의료비 부담이 큰 한국 사회에서 실질적 의료 안전망 역할을 수행해왔다. 그러나 시간이 흐르면서 실손보험은 구조적 누수가 심화되고, 보험금 청구 급증, 손해율 악화, 보험료 연쇄 인상이라는 악순환의 고리에 빠져 있다.

실손보험은 의료 소비자에게 중요한 보완책이지만, 현재의 구조는 보험사의 손해율 악화와 가입자의 보험료 부담 증가라는 이중의 위기를 초래하고 있다. 과잉 진료와 중복 청구, 일부 병원의 도덕적 해이, 소비자의 비자발적 과잉 청구 관행 등이 복합적으로 작용해 실손보험의 손실 구조를 고착화시키고 있다. 이로 인해 보험료는 매년 인상되고, 신규 가입자는 더 높은 부담을 지며, 기존 가입자는 갱신 거부나 보장 축소의 위험에 직면하고 있다.

실손보험은 그 사회적 역할에도 불구하고, 현재의 구조로는 지속 가능하지 않다는 평가가 지배적이다. 근본적인 시스템 개편 없이는 건강보험과 민간 보험 간의 균형도 무너질 수 있다.

## 손해율 악화와 보험료 인상의 악순환

실손보험은 본래 소비자의 의료비 부담을 덜기 위한 보완적 수단이었다. 하지만 최근 10년간 손해율이 130~140%대에 이르며 보험사의 손실이 누적되고 있다. 이는 다시 보험료 인상으로 이어지고, 고령층과 저소득층에게는 사실상 보험 탈락의 위기로 작용하고 있다. 결과적으로 실손보험은 '모두를 위한 제도'에서 '감당 가능한 사람만 유지하는 제도'로 변질되고 있다.

이러한 손해율 악화의 근저에는 의료기관과 소비자 간의 구조적 '의료 남용'이 자리하고 있다. 일부 병원은 실손보험 청구가 가능한 항목을 과잉 진료의 수단으로 삼고, 소비자는 본인의 부담이 적다는 이유로 불필요한 검사나 치료를 요구하기도 한다. 이처럼 왜곡된 소비 패턴은 실손보험 제도의 지속 가능성을 해치며, 결국 성실한 가입자에게 피해를 전가한다.

더불어 문제는 실손보험의 비용이 사회 전체의 부담으로 전이되고 있다는 점이다. 민간 보험이 감당해야 할 비용이 과잉 청구로 증가하면, 건강보험 재정에도 연쇄 영향을 미친다. 이는 민간과 공공의 경계를 모호하게 하고, 이중 부담 구조를 고착화하는 결과를 초래한다.

## 정보 비대칭과 사각지대 해소가 핵심

실손보험의 구조적 문제 해결을 위해서는 청구 및 지급 시스템의 투명화가 가장 중요하다. 현재는 보험금 청구가 환자와 병원 간 계약, 병원과 보험사 간 서류 처리 등 복잡한 구조로 진행되며, 정보 비대칭이 심각하다. 이 과정에서 소비자는 자신의 청구 내역을 명확히 알지 못하고, 보험사는 진료 기록을 제대로 확인하기 어렵다.

이를 해소하려면 보험금 청구 전산화와 병원-보험사 간 실시간 연동 시스템 도입이 필요하다. 정부와 민간이 공동으로 데이터베이스를 구축하고, 진료 내역에 기반한 자동화된 청구 시스템을 마련하면 과잉 진료와 허위 청구를 상당 부분 방지할 수 있다.

또한 실손보험의 가입 사각지대를 해소할 방안도 병행되어야 한다. 특히 고령자나 기저질환자는 신규 가입이나 갱신 시 불리한 조건에 직면하고 있다. 이들을 위한 정책성 실손보험이나 건강 관리 연계형 보험 도입이 필요하며, 소득 수준에 따라 보험료를 차등 조정하는 구조도 검토할 수 있다.

## 건강보험과 실손보험의 균형 조정

현재 실손보험은 국민건강보험의 보완재 기능을 넘어서 일부 영역에서는 대체재로 작동하고 있다. 비급여 항목 진료가 확대되면서 실손보험이 사실상 '민간형 건강보험' 역할을 수행하게 되었고, 그로 인해 공공의료와 민간 보험 간 균형이 무너진 상태다.

이러한 상황을 바로잡기 위해서는 두 제도 간 역할 분담을 명확히 해야 한다. 비급여 항목에 대한 보험금 지급을 제한하고, 건강보험과 연계된 보장 체계를 도입함으로써 실손보험이 공공보험의 우회 경로로 기능하지 않도록 해야 한다. 예컨대 특정 진료 항목의 보장 여부를 건강보험의 급여 여부에 연동시키는 방식이 가능하다.

아울러 건강보험의 보장성 강화 정책과 실손보험 구조 개편을 동시에 추진함으로써 불필요한 의료 소비를 억제하고, 합리적인 의료 이용을 유도할 수 있다. 이는 결과적으로 국민 전체의 의료비 지출을 안정시키고, 보험 산업의 지속 가능성도 함께 확보하는 전략이 될 수 있다.

### 👍 정리

- 실손보험은 높은 가입률에도 불구하고 손해율 악화와 보험료 인상이라는 악순환에 빠져 있으며, 제도의 지속 가능성이 위협받고 있다.
- 과잉 진료, 중복 청구, 정보 비대칭 등이 문제의 핵심이며, 청구 전산화와 실시간 연동 시스템 도입이 핵심 해법이다.
- 고령자 및 취약 계층 보호, 정책성 보험 확대, 건강보험과의 연계 등 다층적 접근이 필요하다.
- 실손보험은 공공의료 보완재로서 본연의 역할에 충실해야 하며, 건강보험과의 균형 유지를 위한 체계적 조정이 절실하다.

## 07
# 팔기만 하지 말고, 투자로 돌아가라

## 고객의 투자보다 판매 실적이 우선된 구조

한국의 증권 산업은 오랜 기간 '판매 중심 구조'에 갇혀 있었다. 투자자는 금융상품을 선택해 투자하는 주체라기보다, 금융기관이 제공하는 상품을 수동적으로 구매하는 소비자 역할에 머물렀다. 이 구조는 증권사가 수수료 수익 확보에 집중하게 만들었고, 그 결과 투자자 보호보다는 판매 실적 극대화가 우선시되는 왜곡된 시장 행태가 고착되었다.

실제로 사모펀드나 고위험 금융상품의 경우, 고객의 이해도나 투자 목적보다 수익성과 실적에 초점을 맞춘 영업이 성행했다. 이는 라임, 옵티머스 사태 등 대형 금융 사고로 이어졌고 투자자 피해는 물론 자본시장 전체의 신뢰를 흔드는 결과를 낳았다. 증권 산업은 이제 단순 판매자가 아니라 고객 자산을 장기적으로 운용·관리하는 파트너로 거듭나야 하며, 이를 위해 수익 구조, 상품 기획, 내부 통제 시스템까지 근본적인 재설계가 요구된다. 단기 수수료 중심의 수익 모델에서 벗어나, 장기 성과 기반 수익 구조로 전환하고 고객 수익률 제고가 곧 회사의 실적 향상으로 이어지는 구조를 확립해야 한다.

## 사모펀드 사태, 신뢰 붕괴의 전조

판매 중심 구조의 폐해는 사모펀드 사태에서 여실히 드러났다. 라임, 옵티머스, 디스커버리 등 사모펀드 사건은 단순한 투자 실패가 아니라 구조적 리스크 은폐, 설명 부족, 내부 통제 실패, 불완전 판매 등 복합적인 문제가 얽혀 발생한 결과였다. 특히 일반 투자자들이 '은행 창구'에서 고위험 상품을 구매했다는 사실은 충격과 배신감을 불러일으켰다.

사모펀드는 본래 고위험·고수익을 추구하는 전문 투자자를 위한 상품이다. 그러나 국내에서는 이를 중위험·중수익 상품으로 포장해 일반 투자자에게 무분별하게 판매했고, 실적 압박을 받은 직원들이 '안정적 수익 보장'이라는 오해를 조장하기도 했다. 금융회사의 내부 통제는 이를 걸러내지 못했고, 금융 당국의 사후 규제도 제 역할을 하지 못했다. 결과적으로 한국 증권 산업 전반에 대한 신뢰가 훼손되었고, 투자자 보호에 대한 사회적 요구가 급증하는 계기가 되었다.

## 수수료 중심에서 성과보수 구조로

현재 대부분의 증권사는 상품을 팔고 그 대가로 수수료를 받는 구조에 의존하고 있다. 이 구조에서는 고객의 투자 성과와 무관하게 증권사는 수익을 확보할 수 있으며, 고객이 손실을 입더라도 회사는 이익을 얻는다. 이는 고객 이익과 회사 이익이 구조적으로 충돌하는 모순된 시스템이다.

앞으로는 고객의 성과와 증권사의 수익이 연동되는 성과보수형 수익 모델로의 전환이 필요하다. 운용 성과에 따라 보수를 받는 구조나 장기 계약 유지에 따른 인센티브 제공 방식 등이 대안이 될 수 있다. 이 구조에서는 증권사가 고객 자산의 안정적 성장에 진정한 동기를 가질 수 있게 된다. 또한 수수료 투명화, 투자 권유 준칙 강화, 리스크 고지 의무 확대 등 투자자 보호를 위한 제도적 장치도 병행되어야 한다.

특히 고위험 상품의 경우에는 설명 의무를 넘어 이해도 평가와 적합성 판단 절차를 의무화하고, 개인 투자자 증가에 대비해 MZ세대 등 신규 투자자층에 대한 금융 리터러시 강화 전략도 마련해야 한다.

## 자산관리 중심의 투자 생태계로

증권사는 단순 중개기관을 넘어 장기 자산관리 플랫폼으로 진화해야 한다. 개인의 생애주기에 맞는 자산관리 전략을 설계하고, 포트폴리오 운용을 통해 고객의 목표 실현을 지원하는 금융 파트너가 되어야 한다. 미국과 유럽의 금융사들은 이미 자산관리 서비스(WM)를 핵심 사업으로 삼고 있으며, 고객 맞춤형 전략을 통해 신뢰를 구축해왔다.

국내 증권사들도 PB센터 중심의 고액 자산가 대상 모델에서 벗어나, 디지털 기반의 일반 고객 중심 자산관리로 전환해야 한다. 로보어드바이저, 알고리즘 기반 투자 설계, ESG 투자 등 다양한 트렌드를 반영한 서비스 혁신이 필요하다. 이러한 변화는 단순한 상품 판매를 넘어, 고객의 생애 재정 설계까지 함께하는 금융 동반자로 나아가는 길이다.

세무 상담, 연금 전략, 은퇴 계획 등 통합적 서비스를 제공하는 종합 투자 플랫폼 구축이 요구되며, 이제 증권 산업은 '판매에서 투자로', '투자에서 자산관리로' 중심축을 이동시켜야 한다.

> 👍 **정리**
>
> - 한국 증권 산업은 수수료 중심 판매 구조에 갇혀 고객 자산 성장보다는 단기 실적 중심으로 운영돼왔다.
> - 사모펀드 사태는 판매 중심 구조의 폐해를 드러낸 대표 사례로, 투자자 보호와 내부 통제 강화 필요성을 부각시켰다.
> - 성과 기반 수익 모델 전환, 수수료 투명화, 설명 의무 강화 등 투자자 중심 제도 개편이 시급하다.
> - 증권사는 장기 자산관리 중심 플랫폼으로 진화해, 고객과 함께 성장하는 생애주기형 금융 파트너로 자리매김해야 한다.

# 08
# 사모펀드 참사, 자본시장 경고등

## 한국 자본시장을 뒤흔든 연쇄 신뢰 위기

 2019년 이후 발생한 라임, 옵티머스, 디스커버리 사태는 단순한 금융상품 사고가 아니다. 이들 사모펀드 사건은 구조적으로 불완전한 상품 설계, 고의적 리스크 은폐, 허위·과장 정보 제공, 내부통제 부실, 감독 실패 등이 복합적으로 얽힌 자본시장 전반의 시스템 위기를 보여주는 사건이었다. 문제는 이러한 사건이 일회성에 그치지 않고, 투자자 신뢰를 송두리째 흔드는 연쇄적 불신으로 확산되었다는 데 있다.

 펀드 운용사는 자산을 실제보다 부풀리거나 손실을 숨겼고, 판매사는 투자자에게 펀드의 위험을 축소해 설명하거나 원금 보장처럼 오인하게 만들었다. 문제는 단지 불완전판매에 그치지 않고, 사후 대응에서도 금융기관과 감독 당국의 책임 회피가 반복되며 사태는 더욱 악화되었다. 투자자들은 피해 회복의 길이 막막한 상황에서 금융기관 전체에 대한 불신을 갖게 되었고, 자본시장 상품에 대한 일반 투자자의 회피 현상도 뚜렷해졌다. 이로 인해 자본시장은 본연의 기능인 자금의 생산적 중개 기능을 상실했으며, 자금이 부동산, 예금 등 비생산적 자산으로 쏠리는 왜곡이 심화되었다.

## 구조적 문제, 반복된 위험의 사각지대

사모펀드는 원래 일정 수준 이상의 금융 이해력을 갖춘 '전문 투자자'를 대상으로 설계된 고위험·고수익 상품이다. 그러나 국내 사모펀드시장은 제도적으로 '간편 등록' 구조를 허용하며, 운용 자격이나 운용 자산의 실사에 있어 충분한 검증 절차 없이 무분별하게 확산되었다. 이로 인해 자격이 미비한 운용사, 허술한 리스크 관리, 불투명한 자산 편입 등이 만연했고, 펀드 구조 자체가 불안정해졌다.

판매사 측의 문제도 심각했다. 사모펀드는 높은 수수료 수익이 가능하기 때문에, 실적 압박을 받는 영업 조직은 리스크 설명보다 판매 실적에 치중했다. 일부 은행과 증권사는 상품 구조조차 제대로 파악하지 못한 채 고객에게 판매했고, 원금 보장처럼 오인하도록 유도한 사례도 있었다. 그럼에도 불구하고 내부 감시·통제 시스템은 제대로 작동하지 않았고, 금융감독 당국의 실태 점검과 감독 기능도 늦었거나 형식적 수준에 그쳤다.

결국 이러한 구조적 문제는 특정 펀드의 부실로 그치지 않고, 전체 자본시장에 대한 신뢰를 갉아먹는 심각한 위기로 발전했다. 판매자의 탐욕, 운용사의 부실, 감독 당국의 방관이 맞물려 자본시장 전반의 위상을 흔드는 사태로 이어진 것이다.

## 신뢰 회복을 위한 다층적 개혁

사모펀드 사태 이후 정부는 관련 규제를 강화하고 제도 개선을 추진했지만, 그 실효성에 대해서는 평가가 엇갈린다. 무엇보다 '전문 투자자' 자격 요건을 강화하고, 정보 공개 및 내부 통제 장치를 보완하며, 판매 채널의 설명 의무와 사후 책임을 명확히 해야 한다. 투자자가 고위험 상품임을 인지하고 투자하기 위해서는, 충분한 정보 제공과 명확한 상품 구조 이해가 전제되어야 한다.

첫째, 운용사 등록 요건을 강화하고 실제 운용 역량과 자본 건전성 기준을 엄격히 적용해야 한다. 둘째, 판매사에게는 상품 구조에 대한 이해도 평가와 투자자 리스크 성향에 따른 적합성 평가 의무를 부과하고, 불완전판매 시 징벌적 책임을 지도록 해야 한다. 셋째, 감독 당국은 사후 대응에서 벗어나 상시 모니터링과 '리스크 조기 경보 시스템'을 도입하여 사전 대응 체계를 구축해야 한다.

또한 소비자 보호 강화를 위한 집단소송제 도입과 피해자 구제 시스템의 정비가 시급하다. 현재는 피해 발생 시 개인이 개별 소송에 의존해야 하는 구조로, 시간과 비용 부담이 과도하고 실질적인 구제가 어렵다. 금융소비자보호원 내 집단 대응 조직 신설, 분쟁 조정의 강제력 확대, 선보상 제도 도입 등 보다 적극적인 소비자 권익 보호 장치가 필요하다.

## 자본시장, 다시 생산적 금융으로

사모펀드 사태 이후 자본시장에 대한 불신은 '안전자산 선호', '직접투자 회피', '공모상품 기피' 등 다양한 부작용으로 나타나고 있다. 이는 단기적으로 자본시장 위축, 장기적으로 금융 자원의 비효율적 배분으로 이어진다. 기업들은 혁신 자금 확보에 어려움을 겪고, 가계 자산은 부동산과 예금 등 비생산적 자산에 집중되며 경제의 활력이 떨어지는 결과를 초래한다.

이제 자본시장은 본연의 역할을 회복해야 한다. 사모펀드에 대한 신뢰를 회복하고, 고위험 상품은 정교한 규제를 통해 관리하며, 공모상품 활성화를 통해 건전한 투자 문화를 확산시켜야 한다. 특히 스타트업과 벤처기업에 자금을 공급하는 성장형 자본시장을 확대하고, 소액 투자자도 참여할 수 있는 공모 기반 플랫폼을 활성화해야 한다.

금융투자업계는 상품 판매 중심에서 투자자 성장 중심으로, 단기 실적 중심에서 장기 신뢰 중심으로 전략을 전환해야 한다. 투자자의 자산 성장과 금융기관의 수익이 함께 가는 구조를 마련해야만 자본시장이 지속 가능한 기반 위에 설 수 있다.

## 👍 정리

- 사모펀드 사태는 자산운용사의 부실, 판매 채널의 무책임, 감독 당국의 실패가 결합된 구조적 위기였다.
- 펀드 구조의 복잡성과 정보 비대칭, 판매 중심 문화는 자본시장에 대한 신뢰 붕괴로 이어졌다.
- 운용사 등록 요건 강화, 판매사 책임 확대, 감독의 사전적 기능 확보 등 다층적 개혁이 필요하다.
- 자본시장은 공모 중심의 건전한 투자 문화와 장기 자산 운용 생태계를 통해 생산적 금융 기능을 회복해야 한다.

## 09
# 공모시장이 창업 생태계의 엔진이 되려면

## 스타트업 생태계의 사다리, 공모시장의 현주소

공모시장은 기업이 자본을 조달하고, 투자자가 기회를 얻는 자본시장의 핵심이다. 특히 스타트업과 혁신기업이 자본을 시장에서 직접 유치할 수 있도록 지원하는 공모시장은 모험자본 형성과 벤처 생태계의 선순환을 가능케 하는 중요한 통로다. 그러나 현재 한국의 공모시장은 까다로운 절차, 경직된 상장 요건, 기관 투자자 중심의 배정 구조 등으로 인해 스타트업에게는 진입 문턱이 높고 매력도는 낮다.

실제로 많은 혁신 스타트업이 일정 매출 이상, 흑자 기조 등을 요구하는 상장 조건을 충족하지 못해 공모시장 진입을 포기한다. 상장 심사의 불확실성과 규제의 경직성, 초기 기업의 비정형적 사업 모델에 대한 낮은 이해도는 모험자본의 유입을 저해하는 요인으로 작용한다. 게다가 공모주 배정이 기관 투자자 중심으로 이뤄지면서 개인 투자자에게 돌아가는 기회는 제한되고, 국민의 자본시장 참여 기회도 축소된다.

공모시장을 혁신 자본의 주요 경로로 만들기 위해서는 상장 제도의 유연화, 심사 기준의 정교화, 정보 공개 제도의 개선, 개인 투자자 참여 확대 등 구조적 개편이 필요하다.

## 상장 규제의 경직성과 유니콘 진입 장벽

한국의 공모시장은 상장 예비 심사, 회계 기준 적합성, 경영진 이력 및 지배구조 평가 등 다층적 절차를 요구한다. 이러한 절차는 기업의 회계 투명성과 시장 신뢰 확보를 위한 장치지만, 빠르게 변화하는 스타트업의 현실과는 부합하지 않는 경우가 많다. 특히 기술 기반 창업 기업은 회계 기준상 적자를 지속할 수밖에 없는데, 이를 단순한 '재무적 불건전성'으로 판단하는 구조는 혁신기업의 진입을 어렵게 만든다.

미국 나스닥 등 선진 자본시장은 '성장성 특례', '기술 평가 중심 상장 제도' 등을 통해 스타트업의 자금 조달을 지원하고 있다. 한국은 기술특례 상장 제도를 도입했음에도 여전히 엄격한 조건과 복잡한 평가 기준으로 실효성이 낮다는 지적이 많다. 그 결과 유망 스타트업들이 상장을 미루거나, 해외 시장으로 눈을 돌리는 사례도 늘고 있다.

또한 상장 이후의 공시 의무, 감사 비용, 투자자 대응, 법적 리스크 등은 일정 규모 이하의 기업에 과도한 부담으로 작용하며, 이는 오히려 상장 회피를 유도하는 요인이 된다.

## 기관 중심 배정의 문제와 개인 참여 확대 필요

공모시장 내 또 하나의 구조적 문제는 기관 중심의 주식 배정 구조다. 기업공개(IPO) 시 다수의 물량이 기관 투자자에게 우선 배정되며, 개인 투자자에게는 제한된 물량만이 돌아간다. 특정 기관이나 우량 고객에게 '단골 물량'이 집중되는 사례도 빈번하며, 공정성과 형평성 논란이 끊이지 않고 있다.

일반 국민의 자본시장 참여 기회를 넓히기 위해서는 공모주 배정 방식의 개편이 필요하다. 균등 배정 확대, 청약 가중치 조정, 장기 보유 인센티브 제공 등 다양한 방식이 검토될 수 있다. 이는 단순한 배정 구조의 조정을 넘어, 자본시장에 대한 국민의 신뢰 회복과 직결된다.

특히 MZ세대를 중심으로 형성된 새로운 투자층은 성장성이 높은 기업에 장기 투자할 의향이 높다. 이들의 자산 축적과 모험자본 공급을 연결하는 시스템이 마련되어야 자본시장 본연의 기능이 회복될 수 있다.

## 생애주기형 모험자본 생태계 조성 전략

공모시장 활성화는 단순한 자금 조달 수단을 넘어서, 국가 경제 체질을 전환하는 장기 전략이다. 모험자본은 스타트업의 성장 동력일 뿐 아니라, 일자리 창출과 산업 전환에도 기여한다. 이를 위해 자본시장 전체가 생애주기형 투자 생태계로 진화해야 한다.

초기 단계에서는 엔젤투자와 벤처캐피털이, 성장 단계에서는 공모시장이, 이후에는 장기 투자자와 연기금이 자산을 운용하는 흐름이 안정적으로 작동해야 한다. 공모시장은 이 과정에서 '스케일업'의 중심축이 되어야 한다.

또한 중견기업이 지속적으로 성장할 수 있도록 '중견 특화 보완 시장'을 설계하거나, 기존 코스닥 시장을 성장성 중심으로 재편하는 방안도 고려할 수 있다. 혁신기업에 유리한 공시 제도, 유연한 회계 기준, 성과 중심 경영평가 체계가 결합될 때 공모시장은 스타트업의 사다리로서 제대로 기능할 수 있다.

## 👍 정리

- 한국의 공모시장은 경직된 상장 절차와 기관 중심 배정 구조로 인해 스타트업과 개인 투자자 모두에게 접근성이 낮다.
- 상장 요건의 유연화, 기술특례 실효성 제고, 장기 보유자 중심 배정 정책 등 구조 개편이 필요하다.
- 공모시장은 혁신기업 성장의 핵심 통로로 작동해야 하며, 자본시장이 생애주기형 투자 생태계로 전환될 수 있도록 제도 정비가 필요하다.
- 국민 참여형 공모 플랫폼 확대는 자본시장 신뢰 회복과 스타트업 자금 선순환 구조 형성의 핵심이다.

# 10
# 혁신과 규제, 핀테크 균형점 어디인가

## 금융의 경계를 넘는 기술기업의 부상

핀테크(FinTech)와 빅테크(BigTech)의 부상은 기존 금융 질서에 큰 변화를 가져왔다. 송금, 대출, 자산관리, 보험, 결제 등 거의 모든 금융서비스가 기술 기반 기업을 통해 제공되며, 이용자들은 모바일 플랫폼을 통해 훨씬 더 빠르고 편리한 금융을 경험하고 있다. 그러나 이러한 변화는 기존 규제 체계에 혼란을 주며, 공정 경쟁과 금융 안정 사이의 균형을 새롭게 고민하게 만들고 있다.

핀테크 기업들은 기술력을 바탕으로 빠른 혁신을 이끌고 있지만, 기존 금융기관에 비해 상대적으로 느슨한 규제를 적용받고 있다. 이는 동일 기능, 동일 위험에 대한 규제 불균형을 초래하며 전통 금융사와의 경쟁 구도를 왜곡시키는 결과로 이어진다. 빅테크 기업들은 막대한 자본과 방대한 고객 데이터를 바탕으로 금융시장에 진입하고 있으며, 플랫폼 지배력과 네트워크 효과를 통해 독점적 지위를 강화하고 있다. 이들은 금융서비스를 제공하면서도 금융소비자 보호, 리스크 관리, 내부 통제 등 공공적 책임에는 소극적인 태도를 보이며 제도적 허점을 드러내고 있다.

## 혁신과 규제 사이, 정책의 재정립 필요

핀테크와 빅테크 기업은 기술 기반의 새로운 서비스 모델을 통해 기존 금융의 한계를 보완하고 있다. 무점포 기반의 비용 절감, 빅데이터 분석을 통한 맞춤형 금융, 인공지능을 활용한 자산관리 등은 소비자 후생을 높이고 금융 접근성을 확대하는 긍정적 효과를 가져왔다. 하지만 이러한 혁신이 일정 규모를 넘어서면, 기존 금융 시스템 전체에 영향을 미치는 구조적 리스크로 전환될 수 있다.

규제 당국은 핀테크를 육성해야 할 '산업 정책 대상'이자 금융소비자 보호와 시스템 안정을 도모해야 하는 '감독 정책 대상'으로 동시에 바라보아야 하는 딜레마에 직면해 있다. 지나친 규제 완화는 정보 비대칭과 소비자 피해를 키우고, 반대로 전통 금융사 수준의 규제를 적용하면 혁신 유인이 사라질 수 있다.

따라서 '기능 중심' 접근이 필요하다. 서비스의 주체보다 수행하는 금융 기능에 따라 위험을 측정하고, 이에 상응하는 규제를 부과해야 한다. 동일 기능에는 동일 규제가, 서비스 규모와 이용자 수에 따라서는 '비례적 규제'가 적용되어야 한다. 예컨대 소규모 핀테크 스타트업에는 유예적 규제를, 대형 플랫폼에는 감독 강화를 도입하는 유연한 설계가 필요하다.

## 빅테크의 금융 진출, 플랫폼 독점의 우려

특히 빅테크 기업의 금융시장 진입은 '경쟁 촉진'이 아니라 '경쟁 차단'으로 이어질 수 있다는 우려가 크다. 이들은 검색, 메신저, 쇼핑, 배송, 결제 등 다양한 플랫폼을 장악하고 있으며 금융까지 결합할 경우 이용자 데이터의 독점, 가격 왜곡, 경쟁 차단 등의 문제가 발생할 수 있다.

실제로 플랫폼 기반 대출은 기존 신용평가 체계를 우회하고 비금융 데이터를 활용해 고도화된 신용평가를 시도하고 있다. 이 과정에서 개인 프라이버시 침해, 차별적 금리 적용, 리스크 누적 등의 문제가 동반된다. 또한 금융상품을 직접 판매하지 않고 '중개자'로서 책임을 회피하거나, 우월적 지위를 이용해 특정 금융사 상품만 노출시키는 폐쇄형 생태계를 조성하기도 한다.

이러한 문제는 단지 경쟁 차원을 넘어, 금융 산업의 공공성과 직결된다. 따라서 금융을 다루는 모든 주체는 동일한 책임을 져야 하며, 플랫폼 기업 역시 '금융 플랫폼법'과 같은 별도 법체계 아래 소비자 보호, 리스크 통제, 정보 공개 등의 의무를 부담해야 한다.

## 규제 샌드박스와 공정 경쟁 기반의 병행

핀테크 육성과 규제 개선을 동시에 추진하기 위해서는 '규제 샌드박스'와 '공정 경쟁 기반 구축'이라는 두 축의 정책 수단이 병행되어야 한다. 규제 샌드박스는 새로운 기술과 서비스가 기존 법·제도에 구애받지 않고 일정 기간 실험될 수 있도록 허용하는 제도다. 이를 통해 초기 스타트업의 혁신이 자리를 잡을 수 있고, 기존 제도의 보완 방향을 파악할 수 있다.

그러나 샌드박스가 일시적 유예에 그치지 않으려면 실험 결과를 제도 개선으로 연결하는 구조가 필요하다. 현재는 시범 사업 종료 후 지속성이 부족하고, 법제화로 이어지지 못한 채 사장되는 사례도 존재한다. 따라서 샌드박스 운영의 전략성과 사후 관리 체계를 강화해야 한다.

공정 경쟁을 위한 규제는 대형 플랫폼과 핀테크 간 '기울어진 운동장'을 해소하는 데 초점을 맞춰야 한다. 데이터 독점 방지, 금융 정보 접근권 보장, API 개방 표준화, 중개 수수료 투명화 등은 기술 혁신의 기반을 다지는 동시에 시장의 다양성과 균형을 유지하는 핵심 요소다. 금융은 공공재적 성격이 강한 산업인 만큼, 경쟁의 룰 역시 공공성을 바탕으로 재설계되어야 한다.

## 👍 정리

- 핀테크·빅테크의 부상은 금융 산업에 혁신을 가져왔지만, 기존 규제 체계와의 불균형으로 새로운 리스크와 불공정 문제가 대두되고 있다.
- '기능 중심', '비례적 규제' 원칙에 따라 서비스 성격과 위험 수준에 맞는 유연한 규제가 필요하다.
- 대형 플랫폼 기업의 금융 진입에 대해서는 소비자 보호, 데이터 공정성, 시장 독점 방지를 위한 별도 법체계 마련이 시급하다.
- 규제 샌드박스와 공정 경쟁 기반을 병행 추진함으로써 혁신과 안정, 성장과 책임이 조화를 이루는 금융 생태계를 조성해야 한다.

한국 금융,
새판 짜기

# 제4부

# 상품을 넘어 신뢰로,
# 소비자 중심 금융 만들기

> 금융소비자를 보호하지 못하는 시스템은 지속 가능하지 않다. 불완전판매, 고위험 상품 남용, 디지털 소외 계층 문제는 신뢰를 갉아먹는다. 제4부에서는 소비자 보호 체계를 실질화하고, 판매 책임 강화, 개인정보 보호, ESG 금융 확산을 통해 포용적 금융 시스템을 구축할 전략을 제시한다. 금융의 중심에는 언제나 '사람'이 있어야 한다.

## 01
# 소비자 보호, 말이 아닌 실천으로

## 소비자 보호, 금융의 '주연'이 되어야 할 때

금융은 본질적으로 정보 비대칭이 큰 산업이다. 금융회사는 상품의 구조, 수익성, 리스크에 대한 정보에서 우위를 점하고 있으며, 소비자는 이를 온전히 파악하기 어렵다. 이러한 구조적 특성은 금융소비자를 보호하기 위한 공공적 개입을 정당화한다. 그러나 지금까지의 금융소비자 보호는 규정 중심, 형식 중심에 머물러 실효성이 낮았고, 대형 금융사 중심의 권력 구조 속에서 소비자의 권리는 쉽게 밀려났다.

금융상품은 점점 복잡해지고, 디지털 채널은 비대면 거래를 늘리는 동시에 설명 책임을 분산시키는 구조로 작동하고 있다. 많은 금융소비자들은 상품 구조를 제대로 이해하지 못한 채 서명하며, 이후 피해를 입더라도 구제 수단이 미흡해 실질적인 보호를 받지 못하고 있다. 특히 고령층, 청년층, 금융 취약 계층은 정보 접근성과 이해력에서 불리한 조건에 놓여 있으며, 이들을 위한 맞춤형 보호 제도는 거의 작동하지 않는다. 따라서 금융소비자 보호 체계를 선언적 수준이 아니라 실질적이고 사전적인 시스템으로 전환해야 하며, 판매자 책임 강화와 피해 회복 시스템 구축이 동시에 이루어져야 한다.

## 규정 중심 보호에서 실효 중심 보호로

기존 금융소비자 보호 제도는 '설명서 교부', '적합성 원칙', '청약철회권' 등의 규정을 통해 법적 최소한의 장치를 마련해왔다. 그러나 이들 제도는 형식적 요건 충족에 그치고, 실제 소비자 피해를 예방하거나 사후 회복하는 데는 한계가 많았다. 금융회사는 수십 페이지에 달하는 설명서를 교부함으로써 '책임을 다했다'라고 주장하지만, 소비자는 그 복잡한 문서를 제대로 읽지도, 이해하지도 못한 채 서명하는 것이 현실이다.

특히 온라인·모바일 중심의 거래 확산은 설명 책임의 전달 채널을 모호하게 만들었다. 터치 한 번, 클릭 한 번으로 수백만 원, 수천만 원의 금융상품에 가입하게 되는 구조 속에서 설명 책임은 사실상 실종되었고, 소비자 보호 장치는 사문화되고 있다. 이제는 규정보다 실효, 형식보다 내용을 중시하는 보호 체계로의 전환이 필요하다.

예컨대 설명 의무는 단순한 문서 제공이 아니라 '이해 확인' 중심의 제도로 강화되어야 한다. 이해도 테스트, 디지털 퀴즈, 시각화된 상품 구조 안내 등 직관적이고 반복적인 커뮤니케이션 방식이 요구된다. 소비자가 충분히 이해한 범위 내에서만 의사결정을 할 수 있도록 유도하는 구조적 장치가 필요하다.

## 판매자 책임 강화와 분쟁 해결 시스템 정비

금융상품을 판매한 주체가 그 결과에 대해 책임지는 구조가 마련되지 않는 한, 소비자 보호는 공허한 선언에 그칠 수밖에 없다. 특히 고위험 상품, 복합 상품, 장기 상품의 경우 '적합성 판단', '설명 충실성', '리스크 고지'에 대한 판매자 책임이 명확히 규정되어야 한다. 단순한 '판매 권유'가 아닌 '금융 상담'의 수준으로 접근 방식이 재설계되어야 한다.

판매자에게는 상품 이해도 인증, 정기적인 전문성 평가, 소비자 응대 이력 관리 등 고도의 책임성 기반 인증 제도가 요구된다. 또한 실적 중심의 수수료 체계는 소비자 보호에 역행하므로, 장기 유지율, 소비자 만족도, 적합성 평가 결과 등을 수수료 산정 기준에 반영해야 한다.

피해 발생 시 분쟁을 신속하고 실효적으로 해결할 수 있는 시스템도 필수다. 현재 금융분쟁조정위원회의 권고는 강제력이 없고, 소송은 시간과 비용 부담이 과도하다. 집단 분쟁 해결 제도, 피해자 중심 조정 프로세스, '선보상-후정산' 방식의 임시 구제 제도 등이 도입되어야 하며, 이는 단순한 권익 보호를 넘어서 금융기관의 윤리성과 지속 가능성을 담보하는 수단이 된다.

## 취약 계층 보호와 금융 포용의 확장

금융소비자 보호의 핵심은 '약자를 위한 제도 설계'다. 정보의 격차가 있고 디지털 리터러시가 낮은 고령층, 금융거래 이력이 부족한 청년층, 사회·경제적 여건이 열악한 저소득층에 대한 보호 장치가 특별히 강화되어야 한다. 이들은 금융상품에 대한 이해도가 낮고, 상담 및 판단 기회도 제한적이기 때문에 단일한 제도보다는 맞춤형 보호 체계가 필요하다.

예를 들어 고령층에게는 비대면 상품 가입 시 의무적인 유선 상담 절차, 가족 동의 제도, 가입 후 숙려 기간 연장 등이 적용되어야 한다. 청년층에게는 신용 관리 교육, 첫 금융거래 가이드, 금융 기록 형성 지원 등이 마련되어야 하며, 취약 계층을 대상으로는 '기본 금융 계좌', 수수료 감면 상품, 채무 구조조정 상담 등의 정책이 병행되어야 한다.

금융소비자 보호는 특정 계층의 문제가 아니라, 금융시장 전반의 건전성과 신뢰를 위한 기반이다. 더 많이, 더 넓게 금융을 포용하려면 먼저 약자에게 안전한 환경을 조성하는 것에서 출발해야 하며, 이 과정이 금융의 사회적 신뢰를 높이는 가장 효과적인 방법이다.

👍 **정리**

- 금융소비자는 정보 비대칭 구조 속에서 실질적 보호가 절실하지만, 현재 보호 제도는 규정 중심의 형식적 수준에 머물고 있다.
- 설명 의무 강화, 이해도 확인, 판매자 책임 강화 등 실효적 보호 장치로의 전환이 필요하다.
- 분쟁 해결 시스템의 실효성을 높이고, 피해자 중심의 임시 구제 제도 및 집단 대응 체계를 도입해야 한다.
- 고령층, 청년층, 저소득층 등 금융 취약 계층에 대한 맞춤형 보호 정책은 금융 포용성과 신뢰 회복의 핵심이다.

# 02
# 팔았으면 책임져라

## '책임 없는 권유'는 금융 불신을 키운다

금융상품의 대부분은 비전문가인 일반 소비자에 의해 구매된다. 그만큼 상품의 위험성과 수익 구조, 가입 조건 등에 대한 정확한 설명이 중요하지만, 현재 금융시장에서는 실적 중심의 판매가 우선되고 있다. 이로 인해 소비자는 상품 구조를 제대로 이해하지 못한 채 계약을 체결하고, 향후 피해가 발생해도 실질적인 보호를 받기 어렵다.

실적 중심의 인센티브 구조는 판매자가 고객의 재정 상황이나 투자 목적보다는 수수료가 높은 상품을 우선 권유하게 만든다. 그 결과 불완전판매, 과잉판매, 고위험 상품의 부적절한 권유가 반복되고 있으며 이는 금융소비자의 신뢰를 무너뜨리는 주요 원인이 된다. 판매자의 설명 의무는 단순한 고지에 그쳐서는 안 되며, 소비자가 실질적으로 상품 내용을 이해하고 수용 가능한 위험인지 판단할 수 있어야 한다. 이를 위해 적합성 원칙, 적정성 원칙의 엄격한 적용은 물론, 판매자에게 법적·재정적 책임을 지우는 제도적 구조가 필요하다.

## 인센티브 구조가 부른 왜곡된 권유 행태

현재 금융상품 판매 인센티브는 대부분 초기 납입 금액을 기준으로 책정된다. 특히 보험이나 펀드, 복합 금융상품의 경우 판매자는 첫 해 수수료로 납입액의 30~50%를 받는 구조이기 때문에 장기적인 상품 유지보다는 단기 판매 성과에 집중하게 된다. 이로 인해 소비자에게 꼭 필요한 상품보다는 판매자에게 유리한 상품이 권유되는 경우가 빈번히 발생한다.

더 큰 문제는 이러한 인센티브 구조가 설계사, 금융사, 제휴기관 간 연계된 실적 압박 구조를 형성하고 있다는 점이다. 소비자와 1차적으로 마주하는 판매자만이 아니라, 이들을 관리·감독해야 할 금융회사 역시 실적 중심 문화를 부추기고 있으며, 이 과정에서 '책임의 분산'이라는 명분으로 실질적인 책임 회피가 이뤄지고 있다.

따라서 인센티브 구조의 전면 개편이 필요하다. 단기 실적보다는 장기 계약 유지율, 고객 만족도, 적합성 평가 결과를 반영한 수수료 체계로 전환해야 한다. 아울러 불완전판매가 발생했을 경우 수수료 반환과 징벌적 제재가 가능한 제도를 마련해 실질적인 자정 기능이 작동할 수 있어야 한다.

## 판매자 적격성 강화와 책임의 제도화

 판매자 책임 원칙을 정착시키기 위해서는 판매자의 자격 요건을 강화하고, 자격 유지에 대한 지속적인 평가가 필요하다. 현재 금융상품 판매 자격은 일정 교육 이수와 시험 통과로 부여되며, 이후 자격 유지에 대한 모니터링은 사실상 형식에 그치고 있다. 그러나 금융상품은 국민 자산과 직결되는 민감한 사안인 만큼, 판매자도 의료인이나 법조인 못지않은 윤리성과 전문성을 요구받아야 한다.

 이를 위해 판매자에 대한 정기 재교육, 소비자 응대 평가, 상품 이해도 테스트 등이 도입돼야 한다. 또한 고객과의 상담 내역, 제공한 정보, 설명 방식 등을 투명하게 기록·보존하는 시스템이 갖춰져야 한다. 이는 분쟁 발생 시 책임 소재를 명확히 가리는 데도 유용하다.

 특히 고위험·복합 금융상품에 대해서는 '등록된 자격 판매자만 판매 가능' 원칙을 도입하고, 일반 판매자와 차별화된 전문 자격 체계를 마련해야 한다. 복잡하고 위험한 상품일수록 판매자의 전문성과 책임성이 더욱 강조되어야 하며, 소비자와의 정보 비대칭을 최소화할 수 있는 구조적 장치가 필요하다.

## 법적 책임 강화와 피해자 중심 사후 대응

판매자 책임 원칙은 단지 설명 의무를 다하는 것에 그치지 않고, 피해가 발생했을 경우 책임을 지는 구조로 이어져야 한다. 지금까지는 소비자 피해 발생 시 금융사는 '책임 없음'을 입증하려 하고, 소비자는 과중한 입증 책임을 떠안은 채 장기간 보상을 받지 못하는 구조였다. 이와 같은 구조는 사실상 소비자 권리를 침해하는 체계다.

이제는 판매자와 금융사가 입증 책임을 분담하는 방향으로 제도가 전환돼야 하며, 고위험 상품의 경우에는 '사전적 책임'까지 포함하는 입법이 필요하다. 또한 분쟁 조정 시 권고 수준을 넘어 일정 조건하에 강제성을 부여하고, 피해가 반복적으로 발생한 기관에 대해서는 제재 수위를 높이는 것도 중요하다.

무엇보다 피해자 중심의 사후 구제 시스템을 갖춰야 한다. 예컨대 일정 규모 이하 사건은 자동 조정 개시, 조정 기간 단축, 피해 금액 일부 선보전 등의 절차가 마련돼야 하며 반복적 문제가 발생한 상품이나 판매자에 대해서는 '판매 중지 명령'도 고려되어야 한다. 판매자 책임이 명문화되어야 금융시장의 도덕적 해이와 불신을 해소할 수 있다.

> **👍 정리**
> - 금융상품 판매 과정에서 실적 중심의 권유가 만연하며, 이로 인해 소비자 피해가 반복되고 있다.
> - 인센티브 체계를 장기 성과 중심으로 전환하고, 설명 책임과 적합성 판단 의무를 강화해야 한다.
> - 고위험 상품에 대해서는 전문 판매 자격제를 도입하고, 상담 기록 보존 등 책임 추적이 가능한 시스템을 구축해야 한다.
> - 피해 발생 시 사후 책임을 명확히 하고, 분쟁 조정 제도의 실효성을 높여야 실질적 보호가 가능하다.

# 03
# 고위험 상품, 통제 없는 자유는 없다

## 복잡하고 위험한 금융상품, 소비자는 보호받고 있는가

고위험 금융상품은 원금 손실 가능성이 높은 구조를 갖고 있으며, 높은 수익률을 내세우지만 그만큼 투자자의 손실 부담도 크다. 파생결합상품(DLS·DLF), 사모펀드, 변액보험, 구조화증권 등은 대표적인 고위험 금융상품이지만, 실제 판매 과정에서는 투자자에게 이러한 리스크가 충분히 설명되지 않거나 오히려 '안정적 수익'으로 오인되게 만드는 사례가 빈번히 발생해왔다.

이들 상품은 구조 자체가 일반 소비자가 이해하기 어려울 정도로 복잡하게 설계된 경우가 많다. 수익 구조의 복잡성, 만기 전 환매 제한, 조건부 원금 손실 등은 금융 지식이 부족한 소비자에게 불리하게 작용한다. 판매자는 이러한 위험성을 충실히 설명해야 할 책임이 있지만, 실제로는 리스크를 축소하거나 누락하는 경우도 여전히 존재한다. 이로 인해 소비자는 상품 구조를 오해하거나 잘못된 판단에 따라 투자 결정을 내리게 되고, 이는 피해로 이어진다. 따라서 고위험 상품의 판매는 단순한 권유 수준을 넘어 철저한 설명과 적합성 확인, 사전 리스크 점검을 포함하는 통제된 절차 속에서 이뤄져야 한다.

## 설명 의무 강화, 단순 고지에서 실질 확인으로

현재 금융회사의 설명 의무는 대부분 상품 설명서 교부와 위험 고지에 그치고 있다. 그러나 고위험 상품은 문서 제공만으로 소비자의 충분한 이해를 담보하기 어렵다. 상품 구조, 손실 가능성, 환매 조건, 수수료 체계 등을 소비자가 명확히 인식했는지를 점검하는 절차가 필요하다. 예컨대 투자 전 '이해도 테스트'를 실시하거나, 요약된 상품 정보를 영상 또는 인포그래픽으로 제공하는 방식은 실효성을 높일 수 있다.

설명 의무 이행 여부를 객관적으로 입증할 수 있는 장치도 필수다. 상담 녹취, 디지털 기록 보관, 투자자 서면 확인 등의 수단을 의무화함으로써 분쟁 발생 시 책임 소재를 명확히 할 수 있어야 한다. 특히 일정 수준 이상의 리스크를 가진 상품에 대해서는 '투자자 서약 제도' 등의 이중 확인 절차 도입도 고려되어야 한다.

## 고위험 상품 대상 적합성·적정성 평가 강화

고위험 상품은 판매 대상부터 철저히 관리돼야 한다. 현재의 적합성·적정성 원칙은 체크리스트 문서화에 그치기 쉬우며, 형식적 절차에 불과한 경우가 많다. 보다 정교한 기준과 정량적 평가 체계를 도입해 투자자의 재정 상태, 투자 경험, 금융 지식, 손실 감내력 등을 실질적으로 진단할 수 있어야 한다.

이를 위해 금융 당국은 고위험 상품에 대해 최소한의 금융 이해도 기준을 설정하고, 기준 미달 시 판매를 제한하는 '투자자 보호 장벽'을 도입할 수 있다. 예컨대 고령자, 초보 투자자에게는 특정 고위험 상품의 판매를 제한하거나 의무 숙려 기간을 두는 방식이 있다. 일정 손실률 이상이 발생한 상품에 대해 일정 기간 신규 판매를 제한하는 '시장 안정화 규칙'도 병행돼야 한다.

## 규제와 시장 혁신의 균형 설계

고위험 상품에 대한 규제 강화는 금융 혁신 위축으로 이어질 수 있다는 우려가 존재한다. 이를 해소하려면 '선규제-후혁신'이 아닌, 상품 설계 단계에서부터 규제 당국과 협력하는 유연한 규제 체계가 필요하다. 예컨대 사전 심사 제도, 시범 운영 기반의 리스크 테스트 구간 설정, 투자자 반응과 성과에 따라 전면 판매를 결정하는 조건부 승인제 등을 도입할 수 있다.

특히 신기술 기반 구조화 상품이나 ESG 중심 상품 등 새로운 고위험 금융상품의 등장에 대비해 일률적 규제가 아니라 상품 성격, 유통 채널, 투자자 성향에 따라 차등화된 규제 원칙이 필요하다. 핵심은 정보 비대칭 해소와 투명한 판단 환경 제공에 있다.

장기적으로는 고위험 상품에 대한 등급 분류제를 법제화하고, 등급별 위험 수준과 과거 성과 정보를 직관적으로 제공하는 '금융상품 이력 정보 플랫폼' 구축도 검토되어야 한다. 이는 과잉 규제가 아니라, 정보 기반 시장 질서를 통해 자정 능력을 강화하는 데 기여할 것이다.

---

### 👍 정리

- 고위험 금융상품은 구조적 복잡성과 높은 손실 가능성으로 인해 소비자 보호 장치가 필수적이다.
- 설명 의무는 문서 제공을 넘어 실질적 이해 확인을 위한 테스트, 이중 확인 절차, 기록 보존 등을 포함해야 한다.
- 적합성 평가 기준 강화, 고령자·초보자 보호 장치, 위험 등급별 제한 판매 등 실효적 제도 설계가 필요하다.
- 혁신을 위축시키지 않도록 사전 심사, 시범 운영, 조건부 승인 등 유연한 규제 장치와 정보 공개 플랫폼 구축이 병행돼야 한다.

# 04
# 취약 계층 금융 보호, 기본이 돼야 한다

## 금융시장 안에서 소외되는 사람들

　금융은 모든 국민이 이용해야 하는 공공재적 성격의 서비스이지만, 실제 시장에서는 특정 계층이 체계적으로 배제되거나 불리한 조건에 놓이는 경우가 적지 않다. 특히 고령자, 청년, 저소득층 등 금융 약자들은 정보 비대칭, 디지털 접근성, 경제적 여력 부족 등의 문제로 인해 금융상품 선택과 활용에 있어 구조적 불이익을 경험한다.

　고령자들은 복잡한 금융상품 구조를 이해하기 어려운 데다 감각 기능 약화로 인해 비대면 채널 활용에 제약이 많다. 청년층은 소득이 불안정하고 금융 이력이 부족해 신용평가에서 낮은 점수를 받을 가능성이 크며, 이에 따라 대출 한도나 금리에서 불이익을 받는다. 저소득층은 금융 정보 접근성 자체가 떨어지고, 긴급 자금 수요가 높아 고금리 대출이나 불법 사금융으로 내몰리기 쉽다. 이러한 계층이 금융시장에서 소외되지 않도록 하기 위해서는 맞춤형 상품 설계, 금융 교육 확대, 공공 금융서비스 강화 등의 종합적인 정책이 필요하다.

## 고령자, 금융 취약성 가장 높은 세대

고령층은 금융소비자 중 가장 많은 자산을 보유한 세대이지만 동시에 금융 사기, 불완전판매, 디지털 소외 등 다양한 취약성에 가장 많이 노출돼 있다. 특히 고위험 금융상품에 대한 설명 부족, 투자 리스크 오인, 계약 이행 절차의 복잡성 등으로 인해 피해 사례가 증가하고 있다.

이러한 문제를 해결하기 위해 고령자 전용 보호 장치가 필요하다. 우선 65세 이상 고령자에게는 고위험 금융상품 가입 시 대면 설명을 의무화하고, 서면 외에도 음성 녹취와 시각 자료 제공을 병행해야 한다. 또한 금융상품 계약 후 '숙려 기간'을 확대하고, 이 기간 내 자유로운 철회권을 부여해 고령자의 판단 부담을 줄여야 한다.

디지털 전환 시대에는 고령층의 정보 접근권 보장이 중요하다. 오프라인 금융 상담 창구 확대, 금융 안내 전문 인력 배치, 금융 복지센터와의 연계 강화 등이 요구된다. 고령자를 단순한 '고객'이 아닌, 별도의 '보호 대상'으로 인식하는 금융 문화의 전환이 절실하다.

## 청년, 미래를 위한 금융 디딤돌이 절실

청년층은 신용도와 자산 축적 수준이 낮지만, 미래의 생산 가능성과 장기적 금융소비 잠재력이 매우 높은 집단이다. 그럼에도 현재 청년층은 금융 시스템 내에서 '불완전 소비자'로 분류되며, 안정적인 신용거래의 기회를 얻기 어렵다. 학자금 대출, 청년 주거자금, 창업자금 등 주요 영역에서 제도적 제약에 부딪히는 사례가 많다.

청년을 위한 금융 정책은 생애주기 전반에 걸친 금융 설계가 가능하도록 구성되어야 한다. 예컨대 신용 점수가 낮더라도 일정 교육 수료나 사회 활동 이력을 통해 우대 금리를 적용받을 수 있는 '청년 사회 기여 대출 제도'를 마련할 수 있다. 금융기관의 평가 대상에 청년의 미래 소득 가능성이나 직업 지속성을 반영하는 '전망 기반 신용평가제'도 검토할 필요가 있다.

금융 교육은 청년층의 눈높이에 맞춘 실용적 콘텐츠로 재구성되어야 한다. 투자 기초, 신용 관리, 연금 준비, 자산 형성 전략 등 구체적이고 실생활 중심의 교육이 제공되어야 하며, 대학과 고등학교에서의 정규 커리큘럼 편성도 필요하다.

## 저소득층, 금융 포용의 최전선

저소득층은 금융 접근성뿐 아니라 정보 접근성, 상담 접근성까지 삼중의 장벽에 직면해 있다. 은행 계좌 개설조차 어려운 사회적 취약 계층이나, 고금리 대출 외에 선택지가 없는 생계형 소비자는 제도적 금융에서 구조적으로 소외되어 있다. 이러한 문제는 개인의 차원을 넘어 금융시장 전체의 신뢰와 건전성까지 위협한다.

저소득층에 대한 금융 정책은 단순한 배려가 아닌, 적극적인 보장 관점에서 접근해야 한다. 기본 금융 계좌 보장 제도, 수수료 면제 정책, 소액 보증금 대출, 비대면 신원확인 절차 완화 등이 도입되어야 한다. 서민금융진흥원과 같은 기관의 지역 기반 확대, 상담 인프라 강화, 복지 시스템과의 연계도 핵심 과제다.

불법 사금융 근절을 위한 제도적 대응도 병행되어야 한다. 합법적 저금리 대출 확대, 금리 상한제의 실효성 확보, 피해 신고 시스템의 접근성과 신속성 제고 등은 저소득층 보호의 최소 조건이다. 저소득층이 제도 금융 안에서 재기의 기회를 얻을 수 있도록, 금융 포용의 최전선에서 보다 튼튼한 안전망을 마련해야 한다.

👍 정리
- 금융 약자인 고령자, 청년, 저소득층은 금융시장 내 구조적 배제에 직면해 있으며, 맞춤형 정책 없이는 포용이 불가능하다.
- 고령층은 비대면 거래의 어려움과 설명 부족에 취약하며, 숙려 기간 확대와 대면 설명 의무화 등 특별한 보호 장치가 필요하다.
- 청년층은 불안정한 신용 기반을 보완할 수 있는 미래지향적 신용평가와 생애주기 금융 교육이 병행되어야 한다.
- 저소득층을 위한 기본 금융 접근권 보장, 서민 금융 인프라 확충, 불법 사금융 대응 강화는 금융 포용의 핵심 과제이다.

## 05
# 서민 금융 사각지대, 이제는 채워야

## 금융시장에서 더 깊은 그늘에 놓인 사람들

서민 금융은 말 그대로 '생활에 꼭 필요한 금융'이다. 그러나 우리 사회의 서민들은 필요할 때 제도 금융에 쉽게 접근하지 못하고, 고금리 대출이나 비공식 자금에 의존하는 경우가 많다. 이는 단지 개인의 신용 문제로만 치부할 수 없으며, 제도 구조의 사각지대와 정책의 단절에서 비롯된 문제다.

서민층은 대출을 받기 위해 신용등급, 소득 증빙, 담보 제공 등 복잡한 요건을 충족해야 하지만 현실에서는 이를 갖추기 어렵다. 이로 인해 금융 소외 계층은 제도권 밖의 고금리 대출이나 불법 사금융에 의존하게 되고 이는 다시 연체, 채무불이행, 신용불량의 악순환으로 이어진다. 정부의 서민 금융 지원 제도는 존재하지만 절차의 복잡성, 정보 부족, 낮은 금융 이해도 등으로 실효성이 낮다는 지적이 많다. 따라서 접근성을 높이고, 맞춤형 지원체계를 구축하며, 사후 관리와 재기 기회를 확대하는 방향으로 서민 금융 정책을 재설계해야 한다.

## 서민 금융 제도의 실효성 재점검

현재 정부는 서민금융진흥원을 중심으로 햇살론, 새희망홀씨, 바꿔드림론 등 다양한 정책성 금융상품을 운용하고 있다. 그러나 실질적으로 이러한 제도를 이용하는 사람은 전체 서민층의 극히 일부에 불과하다. 이유는 간단하다. 정보 접근이 어렵고, 심사 요건이 여전히 까다롭고, 절차는 복잡하기 때문이다.

일례로 햇살론 유스는 청년 대상 정책금융임에도 불구하고, 정규직 또는 일정 소득 이상의 증빙이 요구되며 신청 서류도 복잡해 오히려 접근성이 낮다. 서민을 대상으로 한 대출이 실상은 중산층 이하로 제한되는 기형적 구조가 형성된 셈이다. 금융기관조차도 수익성이 낮다는 이유로 서민 금융상품 안내를 기피하거나 상담을 회피하는 사례가 존재한다.

이에 따라 제도 설계를 보다 간소화하고, 신청 절차를 디지털 기반으로 간편화하며, 오프라인 지원 창구를 확대해야 한다. 지자체, 복지기관, 금융기관이 연계된 통합상담과 신청 절차를 제공하는 '서민 금융 원스톱 플랫폼' 구축이 요구된다.

## 정책금융의 현장 밀착성과 차별화 필요

서민 금융의 핵심은 '현장성'이다. 일선 지역의 사정을 잘 아는 기관이 중심이 되어야 실효성 있는 제도 운영이 가능하다. 이를 위해 지역 기반의 서민 금융센터 확대, 마을 단위 금융 복지 상담사 제도 도입, 지자체 협업 체계 강화가 필요하다.

예를 들어 임대료 체납, 의료비 급증, 실직 등 일시적 위기에 대응하는 긴급 생활자금 지원 제도를 지역 단위로 확대해 고금리 대출이나 불법 사금융 전이를 방지하고, 가계의 신용회복 가능성을 높일 수 있다.

또한 단순한 대출 제공을 넘어 교육, 컨설팅, 재무 설계까지 포함한 '통합 금융생활 지원 서비스'가 병행돼야 하며, 일정 기간 무이자 또는 상환 유예 프로그램, 자산 형성 계좌 연계 등의 장기 지원책도 마련돼야 한다.

## 채무자 보호와 재기 지원의 제도화

서민 금융 정책에서 중요한 한 축은 '채무 재기' 지원이다. 현재는 개인회생, 파산 외에 효과적인 재기 지원 장치가 부족하다. 특히 소액 채무자나 장기 연체자의 경우, 채무 조정이나 탕감 제도를 활용할 수 있는 안내나 정보 제공이 미흡한 상태다.

이에 따라 신속한 채무 조정 제도를 도입해 과도한 이자 부담을 완화하고 조정 기회를 확대해야 한다. 서민 금융 이용자에게는 일정 수준 이하의 채무에 대해 간소화된 조정 절차, 이자 감면, 상환

기간 연장 등의 지원이 필요하다.

또한 신용회복위원회, 서민금융진흥원, 법원 등 관련 기관 간 연계를 강화해 정보 통합 관리 체계를 구축해야 한다. 아울러 과거 채무불이행 기록을 일정 기간 이후 삭제하거나, 성실 상환자에 대한 신용등급 회복 인센티브를 제공하는 제도도 병행되어야 한다.

### 👍 정리

- 서민층은 제도 금융의 높은 문턱, 정보 부족과 복잡한 절차로 인해 실질적인 금융 지원을 받기 어렵다.
- 기존 서민 금융 제도는 실효성이 낮아, 신청 절차 간소화, 정보 제공 확대, 원스톱 서비스 도입이 필요하다.
- 지역 밀착형 금융 지원 체계와 긴급 생활자금, 자산 형성 지원 등 통합적 접근이 요구된다.
- 채무 조정과 재기 지원 제도를 강화하고, 신용회복의 기회를 제도적으로 마련하는 것이 서민 금융의 핵심 과제이다.

# 06
# 집단소송은 소비자의 최후 방패다

## '몰랐다', '설명 안 받았다' 소비자의 항변

불완전판매란 금융회사가 상품의 위험, 수익 구조, 수수료 등 핵심 정보를 제대로 설명하지 않고 판매하는 행위를 말한다. 이는 금융소비자 보호의 가장 본질적인 침해이며, 매년 반복되는 금융 민원의 핵심이다. 상품 가입 당시 이해하지 못했던 조건과 손실 가능성이 나중에 문제가 되어 분쟁으로 이어지는 사례는 끊이지 않는다.

특히 고령자나 금융 이해도가 낮은 소비자일수록 상품을 충분히 이해하지 못한 상태에서 가입하는 경우가 많으며, 판매자 역시 성과 중심의 영업 압박으로 인해 설명 책임을 소홀히 하는 구조적 문제가 있다. 문제는 피해 발생 후에도 분쟁 해결이 어렵다는 점이다. 현행 제도는 소비자에게 입증 책임이 과도하게 부과되어 있으며, 개인이 금융기관과 대등하게 분쟁을 해결하기란 현실적으로 어렵다.

이러한 구조 속에서는 같은 상품으로 피해를 입은 수많은 소비자들이 개별 대응에 지쳐 포기하게 되고, 결과적으로 금융기관은 구조적 책임을 지지 않는 구조가 고착된다. 이를 해결하기 위해서는 불완전판매 사전 예방 장치와 함께, 사후적으로는 집단소송제와 징벌적 손해배상 제도의 강화가 병행되어야 한다.

## 사전 예방 시스템의 실효성 제고

불완전판매를 방지하려면 판매 과정 전반에서 소비자의 이해도를 점검하고, 판매자의 설명 책임 이행 여부를 객관적으로 확인할 수 있는 장치가 필요하다. 현재는 '상품 설명서 제공', '적합성·적정성 체크리스트' 등의 형식적 절차로 설명 의무를 충족한 것으로 간주되지만, 이는 소비자의 실제 이해 여부를 반영하지 못한다.

이에 따라 '이해도 테스트', '영상 설명 의무화', '가입 전 숙려 기간'과 같은 실효적 제도가 필요하다. 특히 고위험 상품의 경우, 소비자가 리스크를 명시적으로 인정하고 서명하는 '위험 고지 확인서' 제도화가 요구된다. 또한 판매 과정 전체를 녹취하거나 디지털 로그로 저장해 분쟁 발생 시 설명 의무 이행 여부를 명확히 확인할 수 있도록 해야 한다.

금융회사 내부적으로도 불완전판매 리스크를 평가하는 '내부 통제 지표'를 도입하고, 판매 건수 대비 민원 발생률, 계약 해지율, 사후 민원 건수 등을 경영성과 평가에 반영해야 한다. 불완전판매를 단순한 개인 책임이 아니라 조직 차원의 리스크로 인식하도록 해야 한다.

## 집단 피해 구조 대응과 법적 장치 강화

불완전판매는 본질적으로 개별 소비자가 대응하기 어려운 구조의 문제다. 동일 상품, 동일 유통 채널, 동일 설명 부족이 반복되는 구조적 불완전판매에 대해서는 집단적 대응이 가능하도록 제도적 장치 마련이 시급하다.

현재 한국의 집단소송제는 매우 제한적이다. 금융소비자보호법은 일부 요건하에 공동소송을 허용하고 있지만, 대부분 분쟁 조정 수준에서 머물며 강제력이나 구속력이 부족하다. 이에 따라 '금융 분야 집단소송제'를 도입해 유사 피해 소비자들이 공동 대응할 수 있는 법적 기반을 조성해야 한다.

또한 고의적 설명 누락이나 허위 정보 제공 등 명백한 위법성이 있는 사안에 대해서는 징벌적 손해배상제를 도입해 실질적인 경고 효과를 부여해야 한다. 현재는 기업이 불완전판매로 인해 부담하는 손해가 미미한 수준에 그쳐, 자정 노력이 제대로 작동하지 않고 있다.

## 금융 분쟁 조정 제도의 실질적 강화

현행 금융 분쟁 조정 제도는 금융감독원의 분쟁조정위원회를 중심으로 운영되고 있지만, 조정안이 권고 수준에 머물러 실효성이 떨어진다. 일정 요건을 충족한 사건에 대해서는 조정안의 법적 구속력을 인정하고, 결과를 공시해 제도에 대한 신뢰를 높여야 한다.

또한 소비자가 분쟁을 제기하기 위한 시간과 비용의 부담을 줄이기 위해 온라인 조정 플랫폼 구축, 상담-조정-소송 연계 시스템 마련, 서면 중심의 간소화된 절차 마련 등이 필요하다. 특히 고령자와 저소득층 등 금융 취약 계층에 대해서는 상담 및 조정 절차 전반을 공공 컨설팅으로 지원해야 한다.

사후 대응뿐만 아니라 분쟁 발생 자체를 줄이기 위한 예방 장치도 함께 강화해야 한다. 고위험 상품 판매 영업점에 대한 사전 점검, 반복 민원 발생 금융사에 대한 제재 강화, 다수 피해 이력 상품에 대한 판매 제한 등 예방 중심의 정책이 병행되어야 한다.

👍 **정리**

- 불완전판매는 설명 의무 미이행, 정보 왜곡, 책임 회피 등 구조적 문제로 반복되며 소비자 피해를 초래한다.
- 이해도 테스트, 숙려 기간, 설명 확인서, 설명 녹취 등 사전 예방 장치를 실효성 있게 제도화해야 한다.
- 집단소송제 도입과 징벌적 손해배상제 강화는 구조적 불완전판매에 대한 집단 대응과 기업 자정 압력을 동시에 확보하는 수단이다.
- 금융 분쟁 조정의 강제력 강화, 조정 시스템 접근성 개선, 금융 취약 계층의 분쟁 대응 지원 제도는 사후 대응의 핵심 과제이다.

# 07
# 화면 뒤 소비자, 누가 지켜주는가

## 편리함 뒤에 숨은 소비자 보호의 공백

디지털 금융은 이제 일상이 되었다. 스마트폰 하나로 계좌를 개설하고, 주식을 사고, 보험에 가입하는 시대다. 이러한 혁신은 금융 접근성을 높이고 비용을 절감하는 장점이 있지만, 동시에 기존의 소비자 보호 체계를 무력화시키는 부작용도 낳고 있다. 특히 클릭 몇 번에 수천만 원이 오가는 시대에, 정보 비대칭과 책임 회피의 구조는 더욱 공고해지고 있다.

디지털 채널은 신속성과 접근성을 제공하지만, 소비자에게 불리한 계약 조건이나 리스크가 있는 상품을 손쉽게 가입하도록 만드는 구조로 작동할 수 있다. 대면 상담 없이 이뤄지는 계약에서는 설명 의무가 형식적으로 전락할 가능성이 크며, 실제로 많은 이용자들이 상품 내용을 충분히 이해하지 못한 채 결정을 내리고 있다. 또한 고령자나 장애인 등 디지털 소외 계층은 이용 자체가 어려워 새로운 금융 환경에서 배제되는 사례가 증가하고 있다. 디지털 금융의 확산이 진정한 포용으로 이어지기 위해서는 기술 중심의 효율성뿐 아니라, 인간 중심의 신뢰와 보호 원칙이 함께 구축돼야 한다.

## 클릭 한 번에 모든 것이 결정되는 구조

비대면 거래는 설명 의무의 실효성을 낮추는 대표적인 요인이다. 앱 화면상에서 몇 줄의 요약 설명과 '전체 약관 동의' 버튼만으로 수백만 원, 때로는 수천만 원의 금융거래가 이뤄진다. 사용자는 계약 체결 과정을 단순히 '클릭의 연속'으로 인식하게 되고, 이 과정에서 리스크에 대한 인지는 매우 제한적이다.

특히 디지털 금융 플랫폼은 시각 중심의 간결한 UI를 추구하다 보니, 상품의 핵심 정보나 주요 리스크가 충분히 부각되지 않는 구조를 갖는다. 일부 금융 앱은 '추천 상품'이라는 이름으로 높은 수수료 상품을 노출하고, 소비자는 그 배경 정보를 제대로 파악하지 못한 채 가입하게 된다. 이처럼 시각적 선택과 빠른 전환을 유도하는 알고리즘 구조는 소비자 보호보다는 판매 실적에 유리하게 설계되는 경우가 많다.

설명 의무의 실효성을 높이기 위해서는 클릭 이전에 '이해 확인 단계'를 넣는 제도적 장치가 필요하다. 예컨대 상품 위험도에 따라 필수 확인 영상을 시청하도록 하거나, 이해도 테스트를 통과해야 다음 단계로 이동할 수 있도록 설계하는 것이다. 이는 단순한 UX

개선이 아닌, 금융소비자 보호의 새로운 표준이 되어야 한다.

## 디지털 소외 계층, 배제의 금융이 되어서는 안 된다

디지털 금융은 '포용'의 가능성을 열었지만, 동시에 '배제'의 위험도 커지고 있다. 고령층, 장애인, 외국인 노동자, 농어촌 지역 주민 등은 스마트폰 조작이나 앱 활용이 익숙하지 않아 기본적인 금융서비스 접근조차 어렵다. 특히 지점 폐쇄가 빠르게 진행되면서 대면 서비스에 의존하던 계층은 사실상 금융 접근 권리를 박탈당하고 있다.

디지털 소외 계층에 대한 정책적 대응은 현재 매우 미비하다. 고령층을 위한 전용 앱이나 음성 안내 기능, 지자체와 연계된 금융지원 인프라, 공공 금융서비스 확대 등은 여전히 단편적 시도에 머물고 있다. 반면 금융사들은 수익성이 낮다는 이유로 고령자 전용 서비스 개발에 소극적인 태도를 보이고 있다.

정부는 디지털 금융 이용권을 '기본권'으로 인정하고, 공공 인프라 확충과 민간 금융사의 책임 분담 구조를 제도화해야 한다. 예컨대 일정 규모 이상의 금융기관은 고령자·장애인을 위한 '금융 약자 지원 UI'를 의무화하거나, 금융 소외 지역에 디지털 금융 복합 상담소를 설치해야 한다.

## 디지털 금융 분쟁, 새로운 유형의 갈등 확산

　디지털 금융 환경에서는 새로운 형태의 분쟁이 증가하고 있다. 자동이체 설정 오류, 본인 인증 실패, 앱 오류로 인한 중복 결제 등 디지털 특유의 기술적 문제는 민원으로 이어지고 있다. 그러나 이러한 사안에 대해 금융사가 책임을 회피하거나, 소비자에게 모든 책임을 전가하는 사례가 많다.

　또한 인공지능(AI)을 활용한 신용평가, 맞춤형 상품 추천 등은 알고리즘의 투명성이 부족한 상태에서 진행되며, 이용자의 권리를 침해할 수 있는 요소를 내포하고 있다. 예컨대 특정 소비자가 과거 금융 이용 이력이 부족하다는 이유로 자동으로 낮은 등급을 받거나, 대출 신청이 거부되는 경우 이에 대한 이의 제기 절차조차 마련되어 있지 않은 경우도 많다.

　디지털 금융에서의 분쟁 예방을 위해서는 기술 기반 서비스에 대한 감독 체계가 필요하다. 알고리즘이 금융 의사결정에 직접 영향을 미치는 경우 그 로직의 핵심 요소를 공시하거나, 소비자 이의 신청 창구를 법적으로 보장해야 한다. 또한 기술적 오류로 발생한 피해는 '고객 귀책'이 아닌 '시스템 귀책'으로 기본 인식이 바뀌어야 하며, 이를 위한 분쟁 조정 기준이 별도로 마련되어야 한다.

### 👍 정리

- 디지털 금융은 효율성과 편의성을 확대했지만, 설명 의무 약화와 알고리즘 기반 차별, 디지털 소외라는 새로운 소비자 보호 이슈를 야기하고 있다.
- 클릭 한 번으로 결정되는 상품 가입 구조는 실질적 이해 없이 계약을 체결하게 만들며, 이해도 테스트와 정보 확인 절차를 제도화해야 한다.
- 고령자·장애인 등 디지털 소외 계층을 위한 전용 서비스와 인프라 구축은 금융의 공공성을 회복하는 핵심 과제이다.
- 디지털 금융 분쟁은 기술의 불완전성과 알고리즘 불투명성에서 비롯되며, 이에 대한 제도적 책임 구조와 분쟁 조정 체계 강화가 필요하다.

## 08
# '데이터는 권리다', 균형이 답이다

## 데이터 기반 금융, 신뢰를 잃으면 미래도 없다

금융의 디지털화가 가속되면서 개인정보는 금융서비스의 핵심 자산이 되었다. 소비자의 거래 이력, 소비 성향, 신용도, 위치 정보 등은 맞춤형 금융상품 설계, 리스크 관리, 마케팅 전략 수립 등 다양한 분야에 활용되고 있다. 그러나 소비자 입장에서는 '정보 제공자는 나지만, 정보 통제권은 잃는' 아이러니한 상황에 직면하고 있다.

금융회사와 빅테크 기업은 데이터를 바탕으로 고객 성향을 분석하고 이익을 극대화하지만 소비자는 자신의 정보가 언제, 어디서, 어떻게 활용되는지 명확히 알기 어렵고 동의는 받되 실질적 통제 권한은 제한적이다. 특히 민감 정보나 금융 이력 정보는 누출 시 경제적 피해로 직결되며, 제3자 제공이나 마케팅 활용에 대한 통제 장치도 미흡하다. 개인정보의 활용과 보호 사이 균형을 위해서는 소비자의 자기결정권 보장, 정보 활용의 투명성 확보, 법적 책임 강화가 함께 이뤄져야 한다.

## 빅데이터 시대, 개인정보는 누구의 것인가

'정보는 권력'이라는 말이 현실이 된 시대다. 금융권은 고객 정보를 분석해 상품을 설계하고, 마케팅을 정교화하며, 리스크를 관리한다. 동시에 이 데이터는 제3자에게 제공되거나 마이데이터 플랫폼으로 이전되며, 금융 생태계 전반이 데이터 중심으로 재편되고 있다.

그러나 이 모든 과정에서 소비자는 단지 '데이터 제공자'에 머물며, 실질적인 통제력은 거의 없다. 약관은 복잡하고 동의는 사실상 '묻지마 동의'에 가깝다. 데이터가 누구에게, 어떤 용도로 제공되는지 이해하기 어려운 구조는 정보 주체의 권리를 근본적으로 훼손한다.

따라서 '명확한 고지', '선택적 동의', '활용 내역 추적' 등이 제도화되어야 한다. 특히 금융 분야는 민감한 정보를 다루는 만큼, 정보 이용 이력 열람권, 삭제 및 반출 요청권 등 더 엄격한 기준이 적용되어야 한다.


## 마이데이터 제도, 혁신인가 또 다른 통제인가

한국은 세계에서 가장 빠르게 마이데이터 제도를 도입한 국가 중 하나다. 본래 마이데이터는 소비자의 정보 주권 회복이 목적이지만, 현실에서는 플랫폼 간 경쟁의 무기로 변질되고 있다는 우려가 나온다.

마이데이터 사업자는 방대한 데이터를 수집·분석하여 수익화하려는 유인을 갖는다. 이 과정에서 소비자에게 충분한 설명 없이 과도한 정보 수집이 이뤄지며, 맞춤형 서비스라는 명분 아래 소비자의 행동을 유도하는 방식이 나타나고 있다. 더욱이 금융 정보 집중은 해킹, 유출, 악용 등 보안 리스크를 키우고 있다.

따라서 마이데이터의 취지를 살리기 위해서는 ▲이용자 중심의 데이터 설계, ▲플랫폼 사업자에 대한 엄격한 정보 관리 책임 부과, ▲정보 남용 시 징벌적 손해배상제 도입 등이 필요하다. 데이터의 주인은 소비자라는 대원칙이 현실에 반영돼야 한다.

## 신뢰 기반의 데이터 사회를 위한 3대 원칙

디지털 금융 시대, 개인정보 보호는 기술적 보안을 넘어 소비자 권리와 사회적 신뢰의 문제다. 신뢰 기반 데이터 사회 구축을 위해 다음 세 가지 원칙이 제도화되어야 한다.

첫째, 자기결정권의 보장이다. 소비자는 자신의 정보가 어떻게 이용되는지 알고, 선택하고, 철회할 수 있어야 한다. '이해 기반 동의' 체계로 전환하고, 디지털 취약 계층에게는 대면 설명과 상담 지원을 병행해야 한다.

둘째, 활용 투명성의 확보다. 정보가 어디에, 어떤 목적으로 활용되는지에 대한 고지가 이뤄져야 하며, 이를 위해 '데이터 사용 이력 조회 시스템', '정보 통합 대시보드' 등의 도입이 필요하다.

셋째, 책임 구조의 강화다. 금융회사와 플랫폼 사업자는 정보 유출, 오용, 과잉 수집에 대해 법적 책임을 져야 하며, 피해자에 대한 자동 보상과 징벌적 손해배상 체계를 갖춰야 한다. 감독 당국은 기술과 법률을 함께 아우르는 이중 감시 체계를 마련해야 한다.

> 👍 **정리**
> - 디지털 금융 시대 개인정보는 금융서비스의 핵심이자 소비자 권리의 중심이며, 정보 활용과 보호의 균형이 필수다.
> - 데이터 통제권의 부재와 마이데이터 제도의 상업화는 소비자의 정보 주권을 위협하고 있다.
> - 자기결정권 보장, 활용 투명성 확보, 책임 구조 강화를 통해 신뢰 기반 데이터 사회를 실현해야 한다.
> - 소비자 보호 중심의 데이터 관리 없이는 금융 혁신은 오히려 위기를 초래할 수 있다.

# 09
# 포용 금융, 숫자 아닌 사람 중심으로

## 포용 없는 금융은 혁신도 성장도 없다

금융은 경제의 혈관이자 사회의 신뢰를 지탱하는 기반이다. 하지만 그 금융이 일부 계층만을 위한 것이라면, 혁신은 편중되고 성장은 왜곡된다. 금융 포용성이란 단지 계좌를 열 수 있는 권리를 넘어, 소득 수준, 연령, 지역, 국적에 관계없이 누구나 안정적이고 공정한 금융서비스를 이용할 수 있도록 보장하는 시스템이다. 진정한 금융 포용은 사회 전체의 지속 가능성과도 맞닿아 있다.

디지털 전환, 플랫폼 중심 경제, 고령화, 지방 소멸 등의 구조적 변화 속에서 금융서비스의 접근성과 활용 가능성은 갈수록 불균형해지고 있다. 특히 저소득층, 청년, 고령층, 장애인, 이주민 등은 금융시장 내에서 배제되기 쉽고, 이들에게 맞는 상품과 제도는 충분히 마련되지 못하고 있다. 포용성 제고는 단지 취약 계층을 위한 보호 정책이 아니라, 금융 산업 자체의 지속 가능성과 직결되는 과제다. 이들을 위한 금융 플랫폼 설계, 대체 신용정보 활용, 공공 금융의 디지털화, 지역 금융 활성화, 포용 금융 법제 정비 등 종합적인 전략이 시급하다.

## 새로운 금융 소외 계층, 누구를 위한 포용인가

과거의 금융 소외는 단순히 '계좌가 없는 사람'이었다면, 오늘날에는 '금융 접근은 가능하지만 실질적 이용이 어려운 사람'으로 그 범위가 확장되고 있다. 예컨대 디지털 플랫폼에 익숙하지 않은 고령자, 정규직이 아니어서 신용평가에서 불리한 청년, 언어·제도 장벽에 가로막힌 이주민은 제도권 금융에서 실질적으로 배제되고 있다. 이들은 단순한 접근성 문제가 아니라, 신용, 정보, 언어, 사회적 신뢰 등 복합적 장벽에 가로막혀 있다.

포용 금융은 이들에게 맞춤형 해법을 제시해야 한다. 외국인을 위한 다국어 금융서비스, 청년층을 위한 미래 소득 기반 신용평가, 고령자 대상 대면 상담과 전용 금융상품 개발 등 계층별 특성과 위험에 맞춘 서비스가 설계되어야 한다. 또한 공공기관과 금융회사가 협력하여 금융 정보 접근권, 금융 교육, 상담 채널 등 기본 인프라를 구축하는 것이 선행되어야 한다.

## 기술과 제도의 불균형을 해소하는 정책

디지털 금융의 확산은 금융 포용을 확대할 수 있는 기회이자 동시에 새로운 소외를 낳는 위기다. 핀테크와 빅테크 기반 금융서비스는 비용을 낮추고 접근성을 높일 수 있지만, 디지털 격차가 존재하는 계층에게는 오히려 배제의 장벽으로 작용할 수 있다. 따라서 금융 포용 전략은 기술 기반 혁신과 사회적 약자 보호를 동시에 고려해야 한다.

우선, 대체 신용정보의 활용이 중요하다. 전통적인 소득·직장 중심의 신용평가에서 벗어나 통신비 납부, 공과금·임대료 납부 이력 등 실생활 기반 데이터를 평가 요소로 삼는 방식이다. 이를 통해 신용 이력이 부족한 금융 이력 부족자(Thin File)에게 새로운 금융 접근 기회를 제공할 수 있다.

또한 공공 금융기관의 디지털 서비스는 사용자 중심으로 설계돼야 한다. 직관적인 사용자 인터페이스, 맞춤형 설명 기능, 챗봇 기반 1:1 안내 등 이해도를 높이는 기능이 요구된다. 무엇보다 디지털 포용을 위한 공공 책임이 명시되고, 이를 위한 예산과 인력이 제도적으로 확보되어야 한다.

## 금융 포용을 위한 거버넌스와 제도 설계

금융 포용은 금융회사만의 과제가 아니다. 정책 당국, 지방정부, 시민단체, 기술기업 등이 함께 참여하는 다층적 거버넌스가 필요하다. 국가 차원의 금융 포용 로드맵을 수립하고, 사회 전반의 인프라와 서비스가 금융 접근의 최소 기준을 보장할 수 있도록 조율하는 체계가 마련돼야 한다.

예컨대, 전국 지자체에는 금융 포용 센터를 설치해 교육, 상담, 지원, 중개 역할을 수행하도록 하고 이를 통해 지역 단위의 금융 포용성과 회복 탄력성을 높일 수 있다. 또한 소외 계층을 위한 금융상품은 포용 금융 인증 제도를 통해 사회적 책임을 명시적으로 인정받는 방식도 고려할 수 있다.

제도적으로는 금융 소외 계층에 대한 법적 정의를 명확히 하고, 이들을 위한 금융기관의 의무 제공 서비스 기준, 수수료 상한, 책임 기준 등을 명문화해야 한다. '금융기본권'이라는 개념이 선언적 의미를 넘어서, 실제 정책과 제도의 기반으로 작동할 수 있도록 설계되어야 한다.

👍 **정리**

- 금융 포용은 단지 계좌 개설을 넘어서, 누구나 공정하게 금융에 접근하고 활용할 수 있도록 만드는 시스템적 과제다.
- 청년, 고령자, 외국인, 디지털 미숙자 등 새로운 금융 소외 계층이 늘어나고 있으며, 맞춤형 제도 설계와 지원이 필요하다.
- 대체 신용정보 활용, 공공 금융의 디지털 UX 개선, 지역 단위 금융 포용 센터 설립 등 구체적 실행 전략이 요구된다.
- 국가 차원의 금융 포용 거버넌스 체계와 법제 정비를 통해 지속 가능한 금융 사회를 구축해야 한다.

## 10
# ESG, 소비자와 함께 가야 진짜다

## ESG는 '가치투자'를 넘어 '신뢰 금융'이다

환경(Environment), 사회(Social), 지배구조(Governance)를 의미하는 ESG는 단순한 투자 기준을 넘어, 금융기관의 존재 이유와 사회적 책임을 재정립하는 중요한 기준이 되고 있다. 하지만 한국 금융시장에서는 ESG가 여전히 수익 추구 수단으로만 인식되거나, 일부 기업의 이미지 제고 수단으로 활용되는 수준에 머물러 있다. ESG의 진정한 가치가 소비자 신뢰로 이어지기 위해서는 금융소비자 관점에서의 제도 설계와 실천이 필수적이다.

ESG 금융은 단순한 마케팅 수단이 아니라, 장기적으로 지속 가능한 금융 시스템 구축을 위한 핵심 원칙이어야 한다. 금융소비자는 기업이 얼마나 환경에 기여하고, 사회적 책임을 다하며, 투명한 지배구조를 유지하는지를 기준으로 금융기관을 평가하게 된다. 그러나 현실에서는 ESG에 대한 정보 공개 수준이 낮고, 외부 검증도 미흡하여 소비자가 신뢰를 갖고 판단하기 어렵다. 이러한 상황에서 ESG가 실제 투자자 보호와 연계되기 위해서는 공시 의무 강화,

제3자 인증 체계 마련, 소비자 교육 등이 병행되어야 한다.

## ESG 금융, 선언에서 실천으로 가는 길

국내 금융기관 다수는 ESG 원칙을 내세우고 있지만, 실제 운용에서는 'ESG 상품'이라는 명칭만 붙인 채 실질 내용이 빈약한 경우가 많다. '친환경 펀드'라 하면서도 정작 포트폴리오에는 화석연료 기업이 포함되거나, '사회책임 채권'이 발행되지만 사용처가 불분명한 사례도 존재한다. 이는 소비자의 신뢰를 저해하고, 장기적으로 ESG 금융 전체의 신뢰성을 훼손하는 결과를 초래한다.

따라서 ESG 금융이 단순한 레이블을 넘어 실질적 내용을 갖추기 위해서는 '책임 투자의 가이드라인'을 법제화하고, 상품 설계와 운용 과정에서 ESG 요소 반영을 의무화하는 규제가 필요하다. 특히 ESG 채권이나 펀드 등 특정 상품군에 대해서는 사전 심사와 사후 평가 체계를 도입해, 운용사와 발행기관이 ESG 기준을 실제로 이행하고 있는지를 검증할 수 있어야 한다.

## 공시와 인증, ESG의 신뢰 기반을 세우자

ESG의 실효성을 위해 가장 중요한 것은 '투명성'이다. 투자자와 소비자가 ESG 요소를 평가하고 비교할 수 있도록, 객관적이고 표준화된 정보가 제공되어야 한다. 그러나 현재 국내의 ESG 공시는 자율에 기반하고 있으며, 내용도 제각각이어서 비교 가능성이 떨어진다. 이에 따라 ESG 공시 의무화와 정보 표준화는 시급한 과제다.

우선, 자산 규모 일정 기준 이상의 금융기관에는 ESG 성과 공시를 의무화하고, 환경·사회·지배구조 각 항목에 대한 정량·정성 지표를 병행한 공개를 제도화해야 한다. 또한 제3자 검증기관의 인증을 받아야만 ESG 라벨을 사용할 수 있도록 하고, 이 인증기관은 정부 또는 독립 공공기관의 승인을 받은 기관만 인증 절차를 수행하도록 하여 신뢰성을 높여야 한다.

더불어 금융감독 당국은 ESG 투자상품에 대한 실사 및 모니터링 권한을 강화해, '그린워싱(위장 친환경)'과 같은 사례를 선제적으로 차단할 수 있어야 한다. ESG 인증제와 공시제는 소비자 선택의 기준을 제공함으로써 시장 내 자율적 정화를 유도하는 역할을 한다.

## 소비자 중심 ESG 금융 생태계 구축

ESG는 기업이나 기관의 이야기만이 아니다. 소비자 또한 ESG 금융의 주체이며, 이들이 보다 적극적으로 참여할 수 있는 생태계를 조성해야 한다. 예컨대 예금이나 적금 상품에 ESG 성과 연계 요소를 도입하여 소비자가 ESG 우수 기업에 간접 투자하도록 유도하거나, ESG 테마형 펀드에 투자한 소비자에게 세제 혜택을 부여하는 방식도 고려할 수 있다.

또한 ESG에 대한 소비자 이해도를 높이는 금융 교육이 병행되어야 한다. 초·중등교육에서부터 ESG 금융에 대한 개념과 실제 사례를 접할 수 있도록 하고, 금융기관은 자체 교육 플랫폼을 통해 ESG 상품의 구조, 리스크, 기여도 등을 알기 쉽게 안내할 수 있어야 한다.

특히 사회적 책임 투자가 확산되는 흐름 속에서, 공공 부문이 앞장서 ESG 상품을 소비자 중심으로 설계하고 보급할 필요가 있다. 예컨대 청년 대상 ESG 투자 포트폴리오 체험 프로그램, 공공기관 ESG 적립형 상품 출시, 사회적 기업 연계 ESG 채권 발행 등은 소비자와 ESG 금융을 연결하는 가교 역할을 할 수 있다.

> 👍 **정리**
> - ESG 금융은 수익성과 지속 가능성을 동시에 추구하는 신뢰 기반의 금융 시스템이며, 소비자의 눈높이에서 신뢰를 얻어야 한다.
> - ESG 상품은 이름뿐 아니라 실제 운용 내용에서도 투명하고 신뢰성 있는 구조를 갖춰야 하며, 책임 투자의 법제화와 감시 체계가 병행돼야 한다.
> - ESG 공시 의무 강화, 표준화된 지표 도입, 제3자 인증 체계 구축은 소비자의 판단 기준을 제공하고 시장의 신뢰를 회복하는 핵심이다.
> - 소비자 중심의 ESG 금융 생태계 조성과 ESG 금융 리터러시 확산은 지속 가능한 금융 문화 형성의 출발점이다.

# 제5부

# 기술과 인간의 공존, 미래 금융의 방향을 묻다

> AI, 블록체인, 빅데이터, CBDC 등의 기술은 금융의 미래를 주도하지만 신뢰와 포용 없이는 위험을 키울 뿐이다. 제5부에서는 디지털 금융 인프라의 리셋, 사이버 보안 강화, 글로벌 금융 경쟁력 확보, 녹색금융과 금융 인재 양성 전략 등을 제시한다. 혁신은 목적이 아니라 도구다. 지속 가능한 금융은 기술과 사회적 가치의 균형 위에 선다.

# 01
# 디지털 혁신, 금융판을 다시 짜야 할 때

## '디지털화'는 선택이 아닌 생존의 조건

 금융 산업의 디지털 전환은 단순한 기술 도입을 넘어 조직, 시스템, 서비스 전반을 근본적으로 재구성하는 본질적 혁신이다. 과거의 IT 활용이 업무 효율화를 목표로 했다면, 오늘날의 디지털 전환은 고객 중심의 경험 혁신을 통해 금융의 본질을 재정의하는 과정이다. 이제 필요한 것은 일부 기능의 디지털화가 아니라 시스템 전체의 '리셋'이다.
 기존 금융기관은 레거시 시스템에 기반한 운영 구조로 인해 디지털 환경 변화에 민첩하게 대응하지 못하고 있다. 반면, 핀테크와 빅테크 기업은 클라우드, 인공지능, 데이터 중심 아키텍처를 통해 유연한 서비스를 빠르게 제공하고 있다. 디지털 전환이 성공하려면 기술 인프라뿐 아니라 조직 문화, 리더십, 규제 환경까지 함께 바뀌어야 한다. 수직적·관료적 시스템은 이러한 변화의 걸림돌이 된다. 아울러 고객 중심의 데이터 분석, 맞춤형 서비스, 실시간 대응 역량 확보가 경쟁력의 핵심으로 부상하고 있으며, 디지털 격차 해소와 보안성 강화도 함께 추진해야 할 과제다.

## 레거시 시스템의 한계를 넘어서

많은 금융기관이 여전히 20년 이상 된 레거시 시스템에 의존하고 있다. 코어뱅킹, 여신 관리, 리스크 관리 등 주요 업무 프로세스가 독립적으로 구성되어 있어 데이터 통합과 전략적 분석이 어렵고, 이로 인해 운영 비용 증가, 서비스 출시 지연, 고객 만족도 저하 등의 문제가 발생한다.

레거시 시스템을 유지하며 디지털 채널을 부분적으로 덧붙이는 방식은 한계에 봉착했다. 지금 필요한 것은 시스템 전면 개편이다. 모듈형 아키텍처, API 기반 유연 서비스, 클라우드 전환을 통해 확장성과 민첩성을 동시에 확보해야 한다. 또한 기술 전환은 인적 자원 재구성과 직결된다. IT 전문 인력 확보, 내부 직원의 디지털 역량 강화, 외부 협업, 디지털 전담 조직 구축 등도 병행돼야 한다.

## 고객 중심 디지털 생태계 구축

디지털 전환의 궁극적 목적은 고객 경험 혁신이다. 단순히 앱을 만들고 온라인 창구를 여는 것을 넘어, 고객의 행동을 실시간 분석하고 맞춤형 서비스를 제공하는 데이터 기반 전략이 필요하다.

금융기관은 방대한 고객 데이터를 보유하고 있음에도, 이를 효과적으로 통합·분석하고 개인화된 서비스를 제공하는 역량은 아직 부족하다. 마케팅은 상품 중심이고, 고객 관리는 여전히 분절적이다. 고객 여정 중심의 설계와 디지털 채널 간 통합 UX 구현이 절실하다.

아울러 금융은 점점 라이프스타일과 융합되고 있다. 보험과 건강, 은행과 쇼핑, 신용과 소비 습관이 연결되는 플랫폼 생태계가 확대되며, 금융기관도 파트너십 확대와 외부 데이터 연계를 통해 이러한 변화에 적극적으로 대응해야 한다.

## 규제와 보안, 디지털 금융의 이중 과제

디지털 전환은 새로운 규제 환경을 동반한다. 데이터 보호, 소비자 권리 보장, 인공지능 편향 관리 등 새로운 이슈들이 부각되며, 이에 대응하는 제도적 설계가 요구된다. 예를 들어, 데이터 이용 동의 절차의 강화, 알고리즘 투명성 확보, 디지털 취약 계층 보호 방안 등이 구체화돼야 한다.

또한 보안은 디지털 금융의 가장 민감한 리스크 중 하나다. 클라우드 도입, 모바일 금융 활성화, AI 자동화는 모두 새로운 사이버 위협을 동반하며 이에 대한 기술적·제도적 보안 인프라 구축이 필수다. 보안 사고는 단순한 금전 손실을 넘어 소비자 신뢰와 금융 시장 안정성을 위협한다. 따라서 보안을 단순 비용이 아닌 핵심 인프라로 인식하고, 전사적 보안 거버넌스를 강화해야 한다.

> 👍 **정리**
>
> - 디지털 전환은 단순한 IT 개선이 아니라, 금융 시스템 전반의 재설계를 요구하는 구조적 과제다.
> - 레거시 시스템에서 클라우드, API 기반으로의 전환은 기술 인프라뿐 아니라 조직 문화, 리더십 변화가 병행돼야 한다.
> - 고객 중심 디지털 생태계를 위해 데이터 분석, 맞춤형 서비스, 옴니채널 전략이 필수적이며, 플랫폼 사고 전환이 요구된다.
> - 보안과 규제는 디지털 전환의 병행 과제로서, 정보 보호와 소비자 권리 보장을 위한 제도 설계와 투자 확대가 필요하다.

## 02
# 블록체인부터 CBDC까지, 금융의 판을 뒤흔들다

## 금융의 형태가 아니라 금융의 정의 자체가 바뀌고 있다

4차 산업혁명 시대의 핵심 기술 중 하나인 블록체인은 금융 산업의 근본적인 변화를 이끌고 있다. 단순한 분산원장 기술을 넘어 자산의 발행, 거래, 보관, 인증 등 금융의 전 과정을 디지털화하고 탈중앙화된 방식으로 수행할 수 있게 함으로써, 기존 금융 시스템의 패러다임을 송두리째 바꾸고 있다. 토큰증권(STO)과 중앙은행 디지털 화폐(CBDC)는 이러한 기술 진화의 최전선에 서 있다.

블록체인은 중개기관 없이도 거래의 신뢰를 보장할 수 있는 기술로, 금융서비스의 효율성과 투명성을 획기적으로 높인다. STO는 실물 자산이나 권리를 디지털 토큰으로 전환해 거래할 수 있도록 하여 자본시장 접근성과 자산 유동성을 크게 개선한다. CBDC는 중앙은행이 직접 발행하는 디지털 화폐로, 지급 결제의 효율화와 통화 정책의 집행력을 강화할 수 있는 국가적 도구다. 이 세 기술은 각각의 혁신을 넘어 서로 유기적으로 결합되며 금융

시장의 신뢰 회복과 구조 혁신을 동시에 촉진할 수 있다.

## 블록체인, 금융 신뢰를 재정의하다

블록체인의 본질은 '신뢰를 기술로 대체'하는 데 있다. 참여자 간 거래 정보를 분산원장에 기록하고, 이를 검증 가능한 방식으로 공유함으로써 중개기관 없이도 거래의 안전성과 정당성을 확보할 수 있다. 이는 은행, 증권사, 공중기관 등 기존 금융 인프라의 기능을 근본적으로 재구성하게 만든다.

예를 들어 해외 송금은 중개은행 없이 실시간으로 처리할 수 있어 비용과 시간이 절감되고, 보험업에서는 사고 발생과 보상 조건을 자동으로 이행하는 스마트 계약으로 청구와 지급 절차를 간소화할 수 있다. 블록체인은 자산 거래에서도 조건부 계약의 자동 실행을 가능하게 해 소액 투자자의 시장 참여 문턱을 낮춘다.

그러나 기술 확산은 법적·제도적 기반 없이 진행될 수 없다. 개인정보 보호, 책임 소재, 분쟁 해결 기준 등이 명확하지 않으면 오히려 신뢰를 해칠 수 있다. 기술과 규제의 균형 있는 조화가 필수다.

## 토큰증권(STO), 자본시장 혁신의 핵심

토큰증권은 실물 자산이나 권리를 디지털 토큰화하여 블록체인 상에서 거래할 수 있도록 한 새로운 증권 형태다. 이는 고액 투자자 중심의 전통 자본시장 구조를 탈피하고, 자산 유동화를 가속화하는 대안적 수단으로 주목받는다.

소액 단위 거래, 24시간 상시 거래, 글로벌 플랫폼에서의 국경 없는 거래가 가능해지면서 일반 개인 투자자나 중소기업, 지역 공동체까지 자본시장에 참여할 수 있는 길이 열렸다. 지역 재생 프로젝트 투자, 저작권 토큰화, 수익 공유형 주택 펀드 등 실물경제와의 연계도 강화되고 있다.

하지만 한국에서는 STO 관련 제도와 유통 인프라가 초기 단계에 머물러 있으며, 자본시장법과의 충돌 등 제도적 불확실성이 여전하다. STO의 활성화를 위해서는 전담 규제 샌드박스 도입, 전문 거래 플랫폼 허가제, 토큰 가치평가 기관의 육성 등이 필요하다.

## 중앙은행 디지털 화폐(CBDC), 통화 정책의 디지털 전환

CBDC는 중앙은행이 발행하는 디지털 형태의 법정통화로, 기존 현금이나 은행 예금과는 달리 디지털 환경에 최적화된 지급 수단이다. 개인 또는 기업이 중앙은행에 직접 계좌를 개설하는 모델도 검토되고 있으며, 이는 기존 금융기관 중심의 지급 결제 구조에 근본적인 변화를 가져올 수 있다.

CBDC는 지급 결제 효율 향상, 금융 포용성 제고, 그림자금융 축소, 통화 정책 전달력 강화 등 다양한 장점을 갖는다. 특히 복지 지원이나 재난지원금 지급 시 즉시성과 효율성을 갖춘 수단이 될 수 있다. 반면 은행 예금 이탈, 개인정보 침해, 사이버 보안 위험 등 부작용에 대한 우려도 존재한다.

한국은 현재 CBDC 모의실험을 통해 기술 검증과 제도 정비를 병행하고 있으며, 향후에는 소액 결제 전용 모델, 민관 협력형 모델, 블록체인 기반 지급 결제 통합 모델 등 다양한 방향으로 발전할 수 있다. 단순한 통화 디지털화가 아닌, 금융 시스템의 구조적 개편 수단으로서 전략적 접근이 필요하다.

> 👍 **정리**
> - 블록체인은 금융의 중개와 신뢰 구조를 기술로 대체하며, 효율성과 투명성을 동시에 강화하는 핵심 인프라이다.
> - 토큰증권(STO)은 자산 유동성과 접근성을 높이며, 자본시장 구조 개편의 촉진제가 될 수 있다.
> - 중앙은행 디지털 화폐(CBDC)는 지급 결제 시스템 혁신과 통화 정책의 새로운 도구로서 중요한 역할을 한다.
> - 세 가지 기술은 상호 연계되어 금융시장의 신뢰 회복과 구조 혁신을 이끄는 동력이며, 법·제도와 기술이 함께 발전해야 한다.

# 03
# 데이터가 곧 자산이다, 금융 빅데이터의 힘

## 금융은 더 이상 숫자를 관리하는 산업이 아니다

과거 금융은 숫자, 수익률, 위험 관리에 집중된 산업이었다. 그러나 데이터 경제 시대에 접어들면서 금융은 단순 계산을 넘어 인간의 행동을 예측하고 삶의 패턴을 이해하며, 맞춤형 가치를 제공하는 산업으로 변화하고 있다. 금융 빅데이터는 이제 수익 제고의 수단을 넘어서, 소비자와 금융기관, 사회 전반을 연결하는 핵심 인프라로 자리 잡고 있다.

금융기관은 고객의 거래 이력, 소비 성향, 자산 변동, 신용 점수, 사회적 관계 등 다양한 비정형 데이터를 수집·분석해 정교한 의사 결정을 내릴 수 있다. 이러한 데이터는 신용평가 고도화, 리스크 관리, 상품 설계, 사기 탐지 등 폭넓은 분야에 활용되며 고객 맞춤형 서비스의 기반이 된다. 그러나 빅데이터의 활용은 개인정보 보호, 데이터 독점, 알고리즘 편향성 등의 윤리적·법적 문제도 수반하며 이를 통제할 수 있는 제도적·기술적 안전망이 병행돼야 한다. 금융 빅데이터는 얼마나 모으느냐가 아니라, 어떻게 분석하고 어떤 기준과 절차로 활용하느냐에 따라 가치와 위험이 극명히 갈린다.

## 빅데이터가 바꾸는 금융의 구조

금융 빅데이터는 과거의 정형화된 리포트 중심 정보 흐름을 실시간 예측 기반 구조로 전환시키고 있다. 과거에는 고객이 상품을 선택하면 금융기관이 이에 대응했지만, 이제는 금융기관이 고객 데이터를 분석해 사전적으로 상품을 제안하고 리스크를 차단하는 능동적 금융이 가능해졌다.

이 변화는 금융상품 유통 방식에서 내부 의사결정까지 전 영역에 영향을 미친다. 예컨대 대출 심사에서는 기존의 소득·담보 중심 평가가 아닌 통신비 납부, 온라인 소비 패턴 등 생활 기반 데이터가 반영된 대체 신용평가가 활용되고 있다. 보험 부문에서는 실시간 건강 데이터를 기반으로 청구 없이 자동 지급이 이뤄지는 사례도 확산되고 있다.

그러나 금융기관 간 데이터 역량 격차는 새로운 불균형을 초래하고 있다. 대형 금융기관과 빅테크 기업은 방대한 데이터를 활용해 고도화된 서비스를 제공하는 반면, 중소 금융사는 인프라와 인력 부족으로 디지털 격차에 직면하고 있다.

## 규제와 윤리, 데이터 활용의 경계 설정

금융 빅데이터는 강력한 도구인 동시에 잘못 쓰이면 개인정보 침해, 차별적 신용평가, 정보 남용 등의 위험을 동반한다. 따라서 다음 세 가지 원칙에 기반한 제도 설계가 중요하다.

첫째, 정보 주체의 자기결정권 보장이다. 소비자는 자신의 정보가 언제, 누구에게, 어떻게 제공되는지를 명확히 알고 동의 및 철회할 권리를 가져야 한다.

둘째, 알고리즘의 공정성과 설명 가능성 확보다. 데이터 기반 금융서비스가 편향된 결과를 낳을 경우, 이에 대한 설명과 이의 제기 절차가 마련되어야 한다.

셋째, 데이터 독점 방지와 공공 데이터 활용의 균형이다. 대형 플랫폼 기업의 데이터 집중은 시장 불균형을 심화시킬 수 있으며, 일정 수준의 공공 데이터 개방과 데이터 공유 정책이 병행돼야 한다.


## 금융 빅데이터 인프라와 정책 과제

국가 차원에서 금융 빅데이터 활용을 확대하려면 세 가지 인프라 구축이 시급하다. 첫째, 금융 데이터 거래소를 통해 데이터 제공자와 수요자를 연결하고, 공정한 가격 산정과 품질 관리 체계를 구축해야 한다. 둘째, 금융 AI 테스트베드를 활성화하여 금융기관이 알고리즘을 실험하고 리스크를 사전 검증할 수 있는 환경을 조성해야 한다. 셋째, 금융 공공 데이터 통합 플랫폼을 마련해 세무, 건강, 교육, 복지 등과 연계된 통합 분석 기반을 제공해야 한다.

이와 함께 금융감독 체계도 혁신이 필요하다. 금융 당국은 문서 중심 감독에서 벗어나 알고리즘 감사, 데이터 활용 이력 모니터링, 실시간 리스크 개입이 가능한 체계로 전환해야 한다.

금융 빅데이터는 선택이 아닌 필수 인프라다. 신뢰 기반의 데이터 순환 생태계를 조성하고, 이를 통해 금융이 사회적 가치 창출에 기여하도록 정책적 뒷받침이 절실하다.

> 👍 **정리**
>
> - 금융 빅데이터는 고객 이해, 서비스 개인화, 리스크 관리 등에서 필수적 자산이며, 금융의 구조 자체를 바꾸는 핵심 인프라다.
> - 데이터 활용은 기술적 효율성뿐 아니라 법적·윤리적 기준과 공정성 원칙을 함께 확보해야 한다.
> - 금융 빅데이터 인프라로서 데이터 거래소, AI 테스트베드, 공공 데이터 플랫폼 등이 시급하며, 이에 대한 정책적 지원과 규제 혁신이 병행돼야 한다.
> - 데이터 기반 금융의 확산은 시장 격차를 키울 수도 있으므로, 중소 금융사와 소비자 보호 관점에서의 포용적 정책 설계가 필요하다.

# 04
# AI와 금융의 만남, 인간을 위한 기술이 되려면

## AI는 금융을 어떻게 바꾸고 있는가

인공지능(AI)은 이미 금융 산업의 전 영역에 깊숙이 들어와 있다. 과거 단순 자동화에 머물렀던 AI는 이제 대출 심사, 자산 운용, 사기 탐지, 고객 상담, 리스크 관리 등 금융의 핵심 기능을 스스로 판단하고 수행하는 수준에 도달했다. 금융기관의 경쟁력은 점차 '얼마나 많은 자산을 보유했는가'가 아니라 '얼마나 정교한 AI 시스템을 운용할 수 있는가'로 이동하고 있다.

AI는 방대한 데이터를 실시간 분석해 고객의 행동을 예측하고, 투자 전략을 수립하며, 의심 거래를 자동으로 탐지한다. 챗봇은 상담의 속도와 정확도를 높이고, 로보어드바이저는 투자자의 성향에 맞춰 자산 운용 계획을 수립한다. 또한 딥러닝 기반 모델은 기존의 룰 기반 리스크 평가 방식보다 민감하고 정교한 위험 감지 기능을 제공한다. 이러한 변화는 금융기관의 업무 효율성뿐 아니라 고객 경험을 근본적으로 바꾸고 있으며, AI가 금융의 핵심 인프라로 자리매김하고 있음을 보여준다.

## AI 금융의 실전 적용과 주요 사례

금융기관들은 이미 다양한 영역에 AI를 적용하고 있다. 은행은 대출 사전 심사, 고객 이탈 예측, 대포통장 탐지 등에 AI를 활용하고 있으며, 카드사는 이상 거래 탐지와 소비 분석 마케팅에 AI 알고리즘을 도입하고 있다. 보험업계는 질병 예측, 보험사기 탐지, 맞춤형 보험료 산정에 AI를 적극 활용하고 있다.

가장 빠르게 확산된 영역은 로보어드바이저다. 이는 투자자의 성향, 자산 구성, 시장 상황 등을 분석해 포트폴리오를 구성하고 리밸런싱까지 자동으로 수행하는 서비스다. 국내 주요 증권사와 핀테크 기업들은 로보어드바이저를 고도화하며 기존 고액 자산가 중심 자산관리 서비스를 대중화하고 있다.

또한 챗봇 기반 상담 서비스는 24시간 비대면 고객 응대의 핵심 채널로 자리 잡았다. 단순 질의응답을 넘어 상담 이력 분석을 통한 감정 인식과 맞춤 대응이 가능해지면서 고객 만족도가 크게 향상되고 있다. 이처럼 AI는 금융서비스의 접근성과 개인화 수준을 크게 끌어올리는 기반이 되고 있다.

## 신뢰 기반 AI: 편향성과 책임의 문제

AI의 확산은 금융의 효율성을 극대화하지만, 동시에 '신뢰의 조건'에 대한 새로운 질문을 던진다. 알고리즘이 결정하는 대출 거절, 보험료 책정, 투자 추천은 종종 기준이 불투명하거나 사회적 편향을 내포할 수 있다. 특히 학습 데이터 기반의 판단은 기존의 불평등 구조를 강화할 우려가 제기된다.

예를 들어 동일한 재정 상태를 가진 두 사람이 과거 직업군, 주거 지역, 학력 등의 간접 변수로 인해 AI 평가에서 서로 다른 결과를 받을 수 있다면 이는 데이터 기반 차별로 이어질 수 있다. 따라서 AI 금융 시스템은 설명 가능성(Explainability)과 편향 방지(Bias Prevention)를 갖춘 구조로 설계돼야 한다.

또한 책임 소재도 명확해야 한다. AI가 잘못된 판단을 내렸을 때 그 책임이 금융기관이나 알고리즘 개발자에게 있는지, 혹은 AI 시스템 자체에 있는지 불분명한 경우가 많다. 이에 따라 알고리즘 설계 원칙, 데이터 사용 규칙, 내부 감사 시스템 등을 제도화하여 투명성과 책임성을 확보해야 한다.

## 미래형 금융을 위한 AI 전략

AI를 단순한 효율화 도구가 아니라 미래 금융의 핵심 인프라로 자리매김시키기 위해서는 다음의 전략이 필요하다. 첫째, 금융 AI의 공공 기반을 확대해야 한다. 국가 주도의 금융 AI 연구 및 공유 플랫폼을 구축해 중소 금융기관도 AI 기술을 활용할 수 있도록 지원해야 한다.

둘째, 윤리적·규범적 가이드라인을 정립해야 한다. 금융소비자의 신뢰를 확보하기 위해 공정성, 투명성, 책임성을 원칙으로 한 규범 체계가 필요하다. 미국과 유럽이 추진 중인 'AI 윤리법'과 같은 제도 정비가 한국에서도 추진돼야 한다.

셋째, AI 전문 인재 양성과 내부 역량 강화가 필수다. 금융업계는 데이터 과학자, 알고리즘 전문가, AI 윤리 전문가 등 융합형 인재를 적극 확보하고 단순히 기술을 도입하는 것을 넘어 이를 내재화할 수 있는 조직 문화와 역량 체계를 갖춰야 한다.

---

### 👍 정리

- 인공지능은 금융의 전 영역에서 구조적 변화를 이끌며, 고객 맞춤 서비스와 업무 효율성 모두를 제고하고 있다.
- 로보어드바이저, 챗봇, 이상 거래 탐지 등은 AI 기반 금융서비스의 대표적 성과이며, 접근성과 정교화를 동시에 실현하고 있다.
- 알고리즘 편향, 설명 가능성 부족, 책임 불분명 등의 문제는 신뢰 기반 금융을 위해 반드시 해결되어야 할 과제다.
- 공공 인프라 구축, 윤리 가이드라인 수립, 전문 인재 양성은 AI 금융의 지속 가능한 성장을 위한 전략적 기반이다.

# 05
# 보안 없는 디지털 금융은 공허하다

## 디지털 시대의 금융 신뢰, 보안에서 출발한다

디지털 전환이 가속화되며 금융 산업은 과거보다 훨씬 더 빠르고 정교한 서비스를 제공하게 되었지만, 동시에 새로운 위협에도 직면하고 있다. 사이버 공격, 데이터 유출, 시스템 장애, 금융 사기 등은 단순한 기술적 문제를 넘어 금융 신뢰와 시장 안정성을 위협하는 핵심 리스크로 부상했다. 디지털 의존도가 높아질수록 사이버 보안은 금융 인프라의 중심 요소가 되고 있다.

금융기관은 막대한 민감 정보를 다루며, 시스템 침해나 해킹 사고는 단순한 손실을 넘어 소비자 신뢰와 국가 경제 전체의 안정에 영향을 미칠 수 있다. 이에 따라 보안은 기술적 방어를 넘어, 전사적 리스크 관리 체계와의 유기적 연계가 필수다. 더욱이 사이버 위협은 갈수록 지능화되고 국제화되고 있으며, 이에 대응하려면 개별 기관의 수준을 넘는 국가 차원의 정보 공유 및 공동 대응 체계가 절실하다. 클라우드, API, 오픈뱅킹 등의 확산은 보안 경계를 모호하게 만들어, 폐쇄형 보안 방식의 한계를 드러내고 있다. 이제는 새로운 보안 아키텍처로의 전환이 필요하다.

## 고도화되는 사이버 위협, 대응 체계는 충분한가

최근 사이버 공격은 단순한 해킹을 넘어, 금융기관의 핵심 시스템과 소비자 계정을 직접 노리는 정밀 타격 형태로 진화하고 있다. 랜섬웨어, AI 기반 침투, 피싱, 악성코드 유포는 일상이 되었고, 공급망 보안(Supply Chain Security) 역시 새로운 취약 지대로 부각되고 있다.

그러나 국내 금융기관의 대응 체계는 여전히 미비하다. 보안 인력 부족, 사고 대응 매뉴얼 부재, 기관 간 정보 공유 부족 등이 지적된다. 보안 사고가 발생해도 신속한 복구나 피해 차단이 어렵고, 중소 금융기관은 전문 인력을 갖추기 어려워 외부 보안 서비스에 과도하게 의존하는 실정이다.

따라서 보안을 '전사적 리스크 관리'의 핵심으로 인식하고, 최고 경영진이 보안 전략의 직접 책임을 지는 구조가 필요하다. 보안 조직의 독립성과 권한을 보장하고, 정기적인 침투 테스트와 훈련을 의무화해야 한다. 보안은 IT 부서의 업무가 아니라 금융기관 전체의 지속 가능성을 위한 핵심 전략임을 인식해야 한다.

## 디지털 기반 보안 아키텍처로의 전환

 기존 금융보안은 방화벽과 폐쇄형 네트워크 중심의 방어 전략에 의존해왔다. 하지만 클라우드, 모바일, API 기반 금융서비스의 확산으로 인해 이러한 모델은 더 이상 유효하지 않다. 모든 접근을 원칙적으로 신뢰하지 않고 지속적으로 검증하는 '제로트러스트(Zero Trust)' 모델이 새로운 표준이 되어야 한다.

 클라우드 환경에서는 암호화, 접근 통제, 로그 관리, 이중 백업 등 다층 보안이 필수이며 API 서비스의 경우 게이트웨이 보안, 인증 키 보호, 이상 트래픽 탐지 체계가 병행돼야 한다. 특히 개인정보 보호는 보안의 중심축으로, 최소 수집 원칙, 가명 처리, 민감 정보의 이중 암호화 등의 조치가 요구된다.

 보안에 대한 인식도 바뀌어야 한다. 보안 투자는 비용이 아닌 '신뢰 자산'이며, 예산 편성 시 고정비 항목으로 책정하고, 보안 성과를 경영평가지표(KPI)에 반영하는 체계가 정착되어야 한다. 이는 장기적으로 기업 가치와 고객 신뢰를 동시에 강화하는 기반이 된다.

## 국가 차원의 금융보안 컨트롤 타워 구축

 사이버 위협은 개별 금융기관이 감당할 수 있는 수준을 넘어서는 복합적 리스크다. 이에 따라 금융보안원, 금융위원회, 한국인터넷진흥원(KISA) 등 기존 기관의 역할을 조정하고, 금융 사이버 안보 전담 컨트롤 타워를 구축할 필요가 있다. 사고 발생 시 초동 대응, 정보 공유, 피해 확산 방지, 사후 복구까지 통합적으로 관리할 수 있는 체계를 갖춰야 한다.

민관 협력도 중요하다. 금융기관 간 정보 공유 포럼, 민관 공동 시뮬레이션 훈련, 보안 취약점 공동 리포트 체계 등은 사이버 위협에 대한 선제 대응 역량을 높일 수 있다. 국제 사이버 범죄 조직에 대비해 해외 정보 공유 네트워크와의 연계도 필수다.

보안 전문 인력 양성은 국가 전략 과제로 추진돼야 한다. 대학-산업-정부 간 협력으로 교육·양성 프로그램을 운영하고, 중소 금융기관도 공동 활용 가능한 보안 서비스 인프라를 갖춰야 한다.

---

👍 **정리**

- 디지털 금융은 고도화된 사이버 위협에 직면해 있으며, 보안은 생존 전략으로 인식돼야 한다.
- 전사적 보안 체계, 보안 조직 독립성, 침투 훈련 등 대응력을 구조적으로 강화해야 한다.
- 제로트러스트 보안 아키텍처와 개인정보 보호 중심 설계가 디지털 보안의 기본이 되어야 한다.
- 국가적 보안 컨트롤 타워, 민관 협력, 전문 인재 양성을 포함한 입체적 보안 전략이 요구된다.

# 06
# 금융 강국, 한국은 준비됐는가?

## '국내 중심'의 한계를 넘어, 금융의 외연을 확장할 때

한국 금융 산업은 세계 경제 10위권 국가에 걸맞은 안정성과 시스템을 갖추고 있지만, 글로벌 금융시장에서는 여전히 존재감이 미미하다. 외환시장, 자본시장, 투자은행, 핀테크 분야 모두 글로벌 톱티어와의 격차가 크며, 해외 진출 전략도 여전히 단편적이고 수세적이다. 이제는 내수 중심 금융 모델에서 벗어나, 글로벌 전략산업으로의 도약이 필요하다.

이를 위해선 해외 시장에 대한 전문성 강화, 현지화 전략 정교화, 글로벌 규제 대응 역량 확보가 요구된다. 국내 금융기관은 규모의 한계, 전문 인력 부족, 언어·문화 장벽, 네트워크 부재 등으로 인해 해외 시장 진입과 성장에서 충분한 경쟁력을 확보하지 못하고 있다. 지점 설치나 단순 영업 확대에서 벗어나, M&A, 전략적 제휴, 디지털 플랫폼 수출 등 다각적 방식의 접근이 필요하다. 특히 동남아, 중동, 아프리카 등 신흥국을 중심으로 한국 디지털 금융의 경쟁력을 활용한 전략적 진출이 요구된다.

## 한국 금융, 왜 글로벌 경쟁력이 약한가

한국 금융기관들은 건전성과 수익성 면에서는 국제적으로 높은 평가를 받고 있으나, 해외 시장에서는 낮은 점유율과 낮은 인지도에 머물러 있다. 가장 큰 이유는 해외 진출의 전략 부재다. 다수의 금융기관이 단순히 국내 거래처를 따라 해외로 나가는 '종속형 진출'에 그쳤으며, 현지 시장에 대한 전략적 분석이나 고객 확보 계획이 부재한 경우가 많았다.

또한 글로벌 금융 환경에 대한 이해도 부족도 문제다. 글로벌 투자은행들은 구조화 금융, 파생상품, 국제 M&A 등 고도화된 금융 기법에 특화돼 있으나, 국내 금융기관은 여전히 전통적 여신 중심 모델에 의존하고 있다. 여기에 더해, 영어 외 다국어 역량을 갖춘 글로벌 인재의 확보 부족, 현지 문화와 제도에 대한 감수성 부족 등도 지속적인 장벽으로 작용하고 있다.

## 디지털 금융으로 글로벌 전략을 리셋하라

한국은 세계 최고 수준의 디지털 인프라와 IT 기술력을 바탕으로, 금융 산업의 글로벌화 전략을 '디지털 중심'으로 재편할 수 있다. 물리적 점포와 인력 중심의 전통 전략보다, 현지화된 플랫폼 서비스를 기반으로 시장을 확장하는 방식이 더욱 효율적이다.

예컨대 동남아시아는 스마트폰 보급률이 높고 젊은 인구 비중이 크며, 금융 인프라가 미비해 디지털 금융 확산에 유리한 조건을 갖추고 있다. 이는 한국의 핀테크 기업, 인터넷전문은행이 진출하기에 매력적인 시장이다. 실제로 카카오페이, Toss 등의 기업이 동남아 진출을 모색 중이며 간편결제, 모바일 송금, 디지털 보험, 로보어드바이저 등 국내에서 검증된 모델을 현지에 이식하는 사례가 늘고 있다.

이러한 모델의 성공을 위해서는 현지 규제와 API 표준, 개인정보보호법과의 상호 승인 체계 등을 조기에 확보하는 것이 중요하다. 특히 마이데이터 서비스, 인증 기술, ESG 기반 디지털 상품 등은 향후 수출 가능한 '한국형 금융 솔루션'으로 성장할 수 있다.

## 정부의 지원과 글로벌 금융 거점 구축 필요

한국 금융의 글로벌 경쟁력 강화를 위해서는 민간 노력만으로는 한계가 있으며, 국가 차원의 전략적 지원이 병행되어야 한다. 싱가포르, 홍콩, 두바이 등은 모두 정부 주도의 장기 전략 아래 글로벌 금융 허브로 성장한 사례다. 이들 도시는 세제 혜택, 규제 유연성, 외국 인재 유치, 금융 산업 클러스터 조성 등 종합적인 패키지 정책을 시행해왔다.

한국 역시 서울, 부산, 인천 등 금융 중심지를 기능별로 특화된 글로벌 금융 도시로 육성할 필요가 있다. 서울은 투자은행·외환·보험 중심, 부산은 해양금융과 파생상품, 인천은 핀테크와 블록체인 허브로 역할을 분담하는 방식이 유효하다. 이를 위해 금융 산업 전담 부처의 권한 강화, 외국계 금융기관 유치 인센티브, 글로벌 인재 육성 및 정착 지원 체계 마련이 시급하다.

또한 아세안, 중동, 아프리카 등과의 금융 외교를 적극 추진하고, 한국형 디지털 금융 모델을 지역별로 맞춤형 설계한 'K-Finance' 브랜드를 구축해 금융 한류를 이끌어야 한다. 이는 단순한 수출이 아니라, 한국 금융의 지속 가능성과 글로벌 신뢰도 향상으로 이어질 것이다.

👍 정리

- 한국 금융 산업은 디지털 역량과 내실을 갖추었지만, 글로벌 금융시장에서는 여전히 낮은 존재감에 머물고 있다.
- 해외 진출은 단순 지점 확장이 아닌, 디지털 플랫폼 수출, 전략적 제휴, M&A 등을 병행하는 다각적 전략이 필요하다.
- 국가 차원의 금융 허브 정책과 외국계 금융기관 유치 지원, 글로벌 금융 인재 양성은 핵심 과제다.
- 'K-Finance' 브랜드화와 지역 맞춤형 금융 외교를 통해 글로벌 금융시장에서 한국의 위상을 실질적으로 높여야 한다.

# 07
# 국경을 넘는 금융, 어떻게 뒷받침할 것인가

## 한국 금융의 글로벌 진출, 민간의 도전을 후원하라

해외 시장 개척은 이제 선택이 아니라 생존 전략이다. 내수 시장의 한계, 고령화, 저성장 고착 등의 구조적 요인을 고려할 때, 금융 산업의 지속 가능한 성장을 위해서는 글로벌 진출이 필수적이다. 그러나 국내 금융사는 규제 장벽, 정보 부족, 언어·문화의 이질성, 경쟁 심화 등 복합적인 장애물에 직면해 있다. 정부의 전략적이고 체계적인 지원 없이는 실질적인 진출 확대가 쉽지 않다.

해외 진출 지원은 단순한 정보 제공을 넘어 현지 시장에 적합한 전략 수립, 규제 대응, 현지 파트너 발굴, 전문 인력 양성 등 전방위적 조력이 필요하다. 정부는 금융 외교를 적극 추진하여 현지 감독 당국과의 협력 체계를 구축하고, 금융 지원과 투자 진출을 연계한 통합 플랫폼을 마련해야 한다. 아울러 외국 금융 당국과의 양자 협정 체결, 해외 법인 설립 컨설팅, 현지 언어·문화 교육 등 다층적 지원 프로그램을 통해 국내 금융사의 안정적 안착을 도와야 한다.

## 현지 규제 대응과 금융 외교 강화

해외 진출 금융사가 가장 먼저 마주하는 장벽은 '현지 규제'다. 각국의 금융 산업에 대한 규제는 제도와 운영 방식에서 큰 차이를 보이며, 외국 금융사에 대한 진입 장벽도 높다. 은행업 허가, 지점 설치 요건, 외환 통제, 개인정보 보호 등은 국가별로 상이하고, 진입 전에 철저한 분석과 사전 대응이 필요하다.

정부는 주요 국가와의 양자 금융 협력을 확대하고, 금융감독기관 간 MOU 체결을 통해 국내 금융사의 라이선스 획득, 감독 이행, 소비자 보호 규정 준수를 지원해야 한다. 아울러 '해외 금융시장 대응 센터'를 설립하여 국가별 규제 환경 분석, 진입 전략 자문, 행정 절차 지원 등 통합 서비스를 제공해야 한다. 이러한 지원은 금융사의 진출 속도를 높이는 동시에, 한국 금융의 신뢰와 영향력을 해외에 정착시키는 기반이 될 수 있다.

## 시장 다변화와 전략적 지역 집중

그간 한국 금융의 해외 진출은 중국, 베트남 등 일부 국가에 편중되어 있어 특정 지역 리스크에 취약했다. 글로벌 경제의 불확실성이 높아지는 시점에서 시장 다변화는 절실하다. 동남아, 중동, 아프리카, 중앙아시아 등 고성장 지역에 대한 맞춤형 전략 수립이 필요하다.

예컨대 동남아는 스마트폰 기반 금융이 빠르게 확산되는 시장으로, 디지털 뱅킹과 핀테크 진출에 적합하다. 중동은 금융 허브 육성과 함께 투자은행, 자산 운용 분야의 수요가 확대되고 있으며, 아프리카는 금융 포용성과 마이크로 파이낸스의 성장 가능성이 크다.

정부는 이들 지역을 '글로벌 금융 전략 지대'로 지정하고, 진출 금융사에 대해 조세 감면, 신용보증, 사무 공간 제공, 초기 손실 보전 등 실질적인 인센티브를 제공해야 한다. 이를 통해 금융사의 리스크를 낮추고, 보다 과감하게 진출할 수 있는 여건을 조성할 수 있다.

### 인력, 네트워크, 브랜드의 삼박자 지원 체계 필요

금융사의 해외 진출은 단순한 자본 투입이나 기술 이전으로 이루어지지 않는다. 핵심은 현지 적응력이며, 이를 위한 인력·네트워크·브랜드의 삼박자가 갖춰져야 한다.

우선, 다국어 능력과 현지 법규·문화에 대한 이해를 갖춘 금융 전문 인력 양성이 중요하다. '해외 금융 전문가 양성 프로그램'을 통해 실무형 인재를 체계적으로 배출하고, 이들을 해외 금융기관에 파견하는 금융 ODA 성격의 프로그램도 운영할 수 있다.

다음으로, 정부 주도의 네트워크 구축도 병행돼야 한다. 해외 투자설명회, 한-○○국 금융 포럼, 공동 벤처 펀드 출범 등 공공 외교 채널을 통해 민관 협력을 강화하고, 현지 투자자 및 기관과의 접점을 확대할 수 있다.

마지막으로, 'K-Finance' 브랜드를 전략적으로 구축·홍보할 필요가 있다. 해외 금융 박람회 참가, 현지 광고, 소비자 보호 사례 전파 등을 통해 한국 금융의 신뢰와 차별성을 강조해야 한다. 브랜드 신뢰도는 장기적인 금융 산업 수출의 핵심 자산이 될 수 있다.

👍 정리

- 해외 진출은 금융 산업의 구조적 성장 전략이며, 정부는 규제 대응, 인력 양성, 문화 장벽 극복 등에서 종합적 지원 체계를 마련해야 한다.
- 양자 금융 협력 확대, '해외 금융시장 대응 센터' 설치 등 제도적 기반이 마련돼야 한다.
- 동남아, 중동, 아프리카 등 전략 지역에 대한 맞춤형 진출과 시장 다변화가 필요하다.
- 인력, 네트워크, 브랜드의 삼박자 지원 체계는 해외 진출 금융사의 생존력과 글로벌 경쟁력을 좌우할 핵심 요소다.

## 08
# 한국판 '골드만삭스', 왜 필요한가

## 기업 금융의 첨병, 한국형 투자은행이 필요하다

선진 금융시장에서는 투자은행(Investment Bank)이 자본시장 활성화, 기업 성장 지원, 해외 진출 촉진 등 다방면에서 핵심 역할을 수행한다. 반면 한국은 여전히 은행 중심의 금융 구조에 머물러 있으며, 국내 증권사들도 대체로 브로커리지(Brokerage) 중심에 머물러 있다. 이제는 한국형 글로벌 투자은행을 육성해 실물경제와 금융의 연결 고리를 확장하고, 국가 경제의 역동성을 높여야 할 시점이다.

글로벌 투자은행은 기업의 인수합병 자문, 자산 유동화, 구조화 금융, 대체투자 등 다양한 금융공학 기법을 활용해 수익을 창출하며, 자본시장 전체의 유동성과 효율성을 제고하는 중추 역할을 한다. 한국은 산업화에는 성공했지만 금융 고도화에는 상대적으로 뒤처져 있으며, 이는 중소·중견기업의 성장 자금 조달과 스타트업의 스케일업에도 제약이 된다. 국내 금융기관이 투자은행 기능을 강화하려면 자기자본 확충, 국제 회계 기준 수용, 리스크 관리 체계 구축, 전문 인재 확보 등 전방위적 개혁이 필요하다. 또한 정부 차원의 인허가 제도 마련, 규제 완화, 공공자금 투자 등 정책적 뒷받침이 병행돼야 한다.

## 투자은행의 기능과 한국 금융의 공백

투자은행은 단순히 주식과 채권을 중개하는 것이 아니라, 기업의 생애주기 전반에 걸쳐 맞춤형 금융 솔루션을 제공하는 종합 금융 파트너다. 창업 단계에서는 벤처 자본을 공급하고, 성장기에는 기업공개(IPO), 성숙기에는 M&A 및 구조조정을 주도한다. 선진국의 글로벌 IB들은 이러한 기능을 통해 고부가가치 수익을 창출하며, 국가 자본시장의 깊이와 폭을 동시에 확장하는 데 기여해왔다.

그러나 한국 자본시장에서 이와 같은 역할은 아직 미약하다. 대형 증권사조차 위탁매매 수수료 수익에 주로 의존하고 있으며, IB 부문은 기업공개 및 회사채 발행 대행에 머물러 있다. 구조화 금융, 해외 자산 투자, 대체투자 자문, 국제 자금 조달 등 투자은행의 본질적 기능은 아직 걸음마 수준이다. 이로 인해 기업의 다양하고 창의적인 자금 수요를 충분히 충족시키지 못하고 있으며, 이는 금융 산업 전체의 생산성과 경쟁력을 제약하는 구조적 한계로 작용한다.

## 글로벌 IB 도약의 핵심 조건: 자본, 인재, 규제

한국형 투자은행의 글로벌화를 위해서는 세 가지 핵심 인프라가 필요하다. 첫째는 자기자본의 대폭 확충이다. 대규모 리스크를 수용해야 하는 IB 비즈니스 특성상, 일정 규모 이상의 자기자본이 확보되어야 사업 영역을 확대할 수 있다. 국내 증권사 중 일부 대형사를 제외하면 자기자본이 5조 원 이하인 곳이 대부분이며, 이는 구조화 금융이나 해외 대체투자 등 고위험 고수익 분야로의 진출을 제약한다. 정부는 자기자본 확충을 위한 정책 인센티브를 마련하고, 수익 구조의 다각화를 유도해야 한다.

둘째는 고급 인재 양성이다. 투자은행 업무는 금융뿐 아니라 회계, 법률, 세무, 국제 거래에 대한 종합적 전문성이 요구되며, 특히 글로벌 투자은행으로 성장하기 위해서는 다국어 소통 능력과 글로벌 네트워크 감각이 필수다. 민관이 협력해 '투자은행 아카데미'와 같은 전문 교육 인프라를 마련하고, 관련 자격 제도와 실무 중심의 커리큘럼을 체계화할 필요가 있다.

셋째는 제도의 유연성이다. 현재 자본시장법과 금융투자업 규제는 IB의 수익 다변화와 글로벌 활동에 제약 요인이 많다. 예를 들어 자기자본 투자 한도, 구조화 상품 규제, 해외 자산 운용에 대한 규제 장벽은 글로벌 IB 업무 확대를 어렵게 만든다. 규제 샌드박스를 통한 시범 사업 허용, 인허가 요건의 유연한 조정, 사후 모니터링 중심 감독 체계 등 유연한 규제 전환이 절실하다.

## 한국형 글로벌 IB 모델의 설계 방향

한국은 미국식 메가 투자은행 모델을 그대로 이식하기보다는, 국내 산업구조와 자본시장 환경에 적합한 '한국형 글로벌 IB' 모델을 개발해야 한다. 첫째, 중소·중견기업의 자금 조달을 지원하는 '비상장 기반 IB 모델'을 강화해야 한다. 프라이빗 마켓과 메자닌 투자, 사모펀드 연계를 통한 성장 단계별 자금 중개 기능이 핵심이다.

둘째, 한국 기업의 해외 인프라 수출, 자원개발, 콘텐츠 산업 진출 등과 연계한 '통상금융형 투자은행' 모델이 필요하다. 예컨대 중동 인프라 수주 시 금융 패키지를 함께 제공하거나, K-콘텐츠 수출에 투자·보증을 함께 묶는 전략이 요구된다.

셋째, 디지털 기술을 활용한 '디지털 기반 IB'로의 전환도 병행돼야 한다. 로보딜링, AI 기반 리스크 평가, 글로벌 분산투자 플랫폼 등 신기술을 접목함으로써 자본시장의 효율성과 접근성을 높일 수 있다. 이는 장기적으로 투자은행 서비스를 '플랫폼화'하는 전략으로도 연결될 수 있다.

## 👍 정리

- 투자은행은 단순 중개를 넘어 자본시장 활성화와 기업 성장의 핵심 인프라이며, 한국형 글로벌 IB 육성이 시급하다.
- 국내 IB는 수수료 중심의 비즈니스 모델을 탈피하고, 자기자본 확충, 인재 양성, 규제 유연화를 통해 체질을 바꿔야 한다.
- 한국형 IB는 중소기업 중심, 통상금융 연계, 디지털 기반이라는 3대 방향을 중심으로 설계되어야 한다.
- 정부는 규제 샌드박스, 교육 인프라, 글로벌 허브 전략을 병행해 국내 투자은행의 글로벌화 기반을 마련해야 한다.

# 09
# 기후위기 시대, 금융은 무엇을 해야 하는가

## 기후위기 시대, 금융은 지속 가능성의 투자자여야 한다

기후변화와 탄소중립은 더 이상 환경부만의 과제가 아니다. 산업, 에너지, 교통, 건설 등 전 분야의 구조 개혁이 불가피한 시대에, 금융은 '자본의 흐름'을 통해 변화를 촉진할 수 있는 가장 강력한 수단으로 부상하고 있다. 녹색금융은 단순한 친환경 투자를 넘어, 자본시장의 지속 가능성을 제고하고 경제 생태계를 재편하는 전략적 도구가 되어야 한다.

기후금융은 재생에너지, 에너지 효율 향상, 탄소 포집·저장(CCS), 친환경 인프라 등 다양한 분야에 대한 자금 지원을 포함하며, 이에 따라 금융기관의 투자 포트폴리오 구성과 리스크 평가 체계 전반의 전환이 요구된다. 파리협정, EU 녹색 분류 체계(Taxonomy), ESG 공시 의무화 등 국제사회는 기후 대응 관련 기준을 빠르게 강화하고 있으며, 한국도 이에 발맞춰 체계적 대응에 나서야 한다. 녹색 채권, 지속 가능 채권, 전환 채권 등 다양한 금융 수단의 발행과 유통을 확대하고, 공공과 민간이 공동으로 자본을 유입시키는 구조적 기반을 마련해야 한다.

기후 리스크는 물리적 피해뿐 아니라 정책 변화, 기술 전환, 소비자 인식 변화에 따른 전이 리스크까지 동반하므로 금융기관은 이를 정량화하고 자산 운용 전략에 반영할 수 있는 역량을 갖춰야 한다.

## 금융 시스템 안에 기후 리스크를 내재화하라

기후위기의 경제·금융적 파급력은 갈수록 커지고 있다. 홍수, 폭염, 가뭄 등 물리적 리스크뿐 아니라 탄소세 도입, 탄소국경조정제(CBAM), 친환경 인증 기준 강화 등으로 인한 정책 및 시장 리스크가 복합적으로 작용하고 있다. 이는 기업의 생산 비용 구조와 재무 건전성에 영향을 주고, 금융기관의 자산 건전성과 수익성에도 직결된다.

그러나 국내 금융권의 기후 리스크 인식과 분석 능력은 아직 초기 단계에 머물러 있다. 탄소배출 데이터 수집과 분석 역량, 기후 시나리오 기반 스트레스 테스트 수행, 환경 성과를 반영한 신용평가 체계 등이 전반적으로 미흡하다. 금융감독원과 한국은행 등 주요 기관이 기후 리스크 통합 평가 체계를 구축 중이지만, 실제 운용에는 시간이 더 소요될 것으로 보인다.

이에 따라 금융기관은 독자적인 기후 리스크 분석 모델을 개발하고 이를 내부 리스크 관리 체계에 반영해야 한다. 특히 자산운용사와 보험사 등은 전체 포트폴리오의 기후 리스크 노출도를 평가하고, 고탄소 자산에 대한 투자 축소 및 저탄소·친환경 자산 비중 확대를 전략적으로 추진해야 한다.

## 녹색 채권과 지속 가능 채권, 자금 흐름의 전환점

녹색 채권(Green Bond)은 기후변화 대응 및 환경개선 프로젝트에 자금을 조달하기 위한 금융 수단이다. 지속 가능 채권(Sustainability Bond), 전환 채권(Transition Bond) 등과 함께 녹색금융의 핵심 수단으로 자리매김하고 있다. 세계은행, 유럽투자은행(EIB), 미국 재무부 등은 발행을 확대하고 있으며, 민간기업들도 ESG 경영의 일환으로 적극적인 채권 발행에 나서고 있다.

국내에서도 녹색 채권 시장이 점차 확대되고 있지만 아직까지 공공 부문 중심의 시장 구조에서 벗어나지 못하고 있으며, 민간의 참여는 제한적이다. 이는 신용도 부족, 높은 인증 비용, 까다로운 발행 절차, 낮은 투자자 수요 등 복합적 요인에서 비롯된다.

이를 개선하기 위해 정부는 녹색 채권 인증 비용 지원, 세제 인센티브, 신용 보강 장치 제공, 정책금융기관의 모범 발행 등 제도적 기반을 강화해야 한다. 아울러 연기금, 보험사, 공제회 등 주요

기관 투자가가 녹색자산에 일정 비율 이상을 투자하도록 유도하고, 녹색 프로젝트의 정의·검증·보고 기준을 표준화하여 시장의 신뢰 기반을 확립해야 한다. 해외 투자자와의 연계를 통해 한국 녹색 채권의 국제 경쟁력 또한 제고할 수 있다.

## 민간 녹색금융 생태계와 정책 인프라 정비

기후금융의 지속 가능성을 위해서는 민간의 적극적 참여가 필수적이다. 정부는 정책금융을 통해 마중물 역할을 수행하고, 민간은 리스크를 분산하면서 수익을 확보하는 구조를 만들어야 한다.

첫째, 녹색금융 분류 체계의 국내화를 서둘러야 한다. EU, 중국 등은 자국 경제의 특성에 맞는 분류 체계를 이미 운영하고 있으며, 한국도 K-택소노미를 통해 기준 정립을 진행 중이다. 이를 조속히 법제화하고, 민간 금융기관의 ESG 공시 및 자산 분류에 실질적으로 활용할 수 있도록 제도 연계를 강화해야 한다.

둘째, 기후 정보 공시 의무화를 단계적으로 확대해야 한다. 현재 일부 대기업을 중심으로 시행 중인 ESG 공시는 중견기업, 금융기관, 기관 투자가로 확대돼야 하며 기후위험 정보가 실제 투자 의사 결정에 반영될 수 있도록 신뢰성 있는 공시 체계를 마련해야 한다.

셋째, 녹색 프로젝트에 대한 정책 보증과 손실 보전 장치를 정비해야 한다. 신재생에너지, 전기차 충전소, 스마트그리드 등 초기 자본 비용이 높고 리스크가 큰 사업에 대해서는 정부가 일정 부분 위험을 분담함으로써 민간의 투자 유인을 제고해야 한다.

> 👍 **정리**
> - 기후금융은 단순한 친환경 투자를 넘어, 금융 시스템 전반의 평가 기준과 투자 구조를 재편하는 핵심 전략이다.
> - 녹색 채권, 지속 가능 채권 등 금융 수단의 다양화와 투자자 기반 확대를 통해 녹색 자금 흐름을 주류화해야 한다.
> - 기후 리스크 내재화, K-택소노미 정립, 공시 의무화 확대 등 제도 인프라를 체계화하여 민간 녹색금융 생태계를 조성해야 한다.
> - 금융은 탄소중립 사회로의 전환을 이끄는 핵심 수단이며, 한국 금융이 기후 리더십을 확보할 수 있도록 정책적 지원이 병행돼야 한다.

# 10
# 미래 금융은 사람에게 달렸다

## 금융의 혁신은 결국 사람에서 시작된다

디지털 전환, ESG, 기후금융, 글로벌화 등 금융 산업의 대격변 속에서 가장 근본적인 경쟁력은 '사람'이다. 아무리 정교한 시스템과 혁신 기술이 갖춰져도, 이를 설계하고 운용할 수 있는 전문 인재 없이는 지속 가능한 금융 생태계를 유지하기 어렵다. 금융 인재는 단순한 숫자의 문제가 아니라, 융합형 역량과 윤리적 소양, 전략적 사고를 갖춘 사람 중심 혁신의 핵심 자산이다.

미래 금융을 이끌 인재는 단순한 금융 지식에 머무르지 않고, 데이터 분석 능력, 디지털 리터러시, ESG 통합 사고, 국제 금융 규제에 대한 이해 등을 두루 갖춰야 한다. 그러나 현재 금융권의 인력 구조는 여전히 과거 제도 중심, 단일 기능 중심에 머물러 있으며 인재 양성 또한 공급자 중심 교육에 머무르고 있다. 대학-기업-정부의 공동 파이프라인 설계, 현장 중심 교육 커리큘럼, 맞춤형 리스킬링 프로그램 확대가 시급하다. 또한 핀테크, 데이터 과학, 윤리 경영, 글로벌 시장 등 특화 분야별로 전문 교육 플랫폼을 구축하고 지역 균형 인재 육성도 함께 고려돼야 한다.

## 융합형 인재 양성을 위한 교육 혁신

미래 금융 환경에서 요구되는 인재는 단순한 금융 전문가가 아니다. 금융과 기술, 사회와 환경, 윤리와 리더십을 아우를 수 있는 융합형 사고가 필요하다. 이를 위해 기존 대학 중심의 금융 교육을 대대적으로 혁신해야 한다.

우선, 대학의 금융 관련 학과에서는 디지털 금융, 블록체인, 인공지능(AI), ESG, 글로벌 금융 규제 등을 정규 교과과정에 포함시켜야 하며 이론 중심을 탈피한 현장 실습, 인턴십, 캡스톤 프로젝트 등의 실무 교육이 병행돼야 한다. 금융기관과 핀테크 기업, 기술기업이 참여하는 산학협력 모델도 적극 확대되어야 한다. 예컨대, 증권사와 IT 기업이 공동 운영하는 데이터 금융 아카데미, 보험사와 대학이 공동 개발하는 리스크 시뮬레이션 플랫폼 등이 대표적이다.

또한 기존 재직자 대상 리스킬링 및 업스킬링 교육도 강화되어야 한다. 급변하는 금융 환경에 적응하지 못하면 실무자 역량 저하가 조직 전체의 혁신 정체로 이어질 수 있다. 온라인 기반 맞춤형 교육, 분야별 인증제, 사내 전문가 육성 프로그램 등 다양한 방식으로 교육의 유연성과 지속성을 확보해야 한다.

## 정부 주도 금융 인재 전략화

금융 인재 양성은 단순한 산업 인력 공급 차원이 아니라, 국가 전략과 연계된 공공 정책 과제다. 현재는 금융위원회, 금융감독원, 금융보안원 등 각 기관이 개별 교육 사업을 수행하고 있으나, 통합 전략이 부재하다. '금융 인재 전략 컨트롤 타워'를 구축해 교육 콘텐츠 표준화, 인증 체계 정비, 교육기관 간 협업 유도 등을 총괄할 필요가 있다.

또한 대규모 산업 전환기에는 구조조정과 인력 재배치가 수반되는 경우가 많기 때문에 이직자, 은퇴자, 청년 등을 위한 전환 교육과 재취업 지원도 병행되어야 한다. 특히 지역 기반 금융기관과 연계한 '지역 금융 캠퍼스' 또는 '금융 특성화 대학' 설립은 수도권 편중을 해소하고, 지역 균형 발전을 유도하는 방안이 될 수 있다.

## 금융 윤리와 공공성 교육의 병행

금융은 단순한 이익 창출을 넘어 국민의 재산과 경제의 안정에 직결되는 공공적 산업이다. 따라서 금융 교육에는 윤리성과 공공성 함양이 반드시 포함되어야 한다. 2008년 글로벌 금융위기, 국내 사모펀드 사태 등은 금융인의 도덕성과 책임 의식 부재가 시스템 리스크로 이어질 수 있음을 여실히 보여줬다.

이에 따라 모든 금융 교육과정에는 윤리 커리큘럼을 의무화하고, 실제 사례를 통한 윤리 판단 훈련이 포함돼야 한다. 금융기관 내부적으로도 윤리 리더십 교육, 내부 통제 강화 훈련 등을 통해 건전한 조직 문화가 정착돼야 한다. ESG와 사회적 가치에 대한 이해도 교육의 중요한 축으로 자리 잡아야 하며, 이를 통해 금융인이 단기 수익보다 장기적 책임을 우선하는 가치관을 형성할 수 있도록 유도해야 한다.

👍 **정리**

- 금융 혁신의 출발점은 사람이며, 융합형 역량과 전략적 사고, 윤리성을 갖춘 인재 양성이 필수다.
- 대학-기업-정부의 협력하에 실무 중심 교육과 리스킬링 체계를 구축하고, 지역 기반 교육 거점도 마련해야 한다.
- 금융 인재 양성은 국가 전략 과제로 통합 관리돼야 하며, 금융 윤리와 공공성 함양 교육이 병행돼야 한다.
- 사람에 대한 투자는 금융의 지속 가능성과 산업 혁신을 이끄는 가장 강력한 촉매다.

한국 금융,
새판 짜기

# 제6부

# 감독과 규제,
# 혁신을 설계하는 도구로

> 금융시장의 질서는 자율에만 맡길 수 없다. 제6부에서는 감독 체계의 재편, 내부 통제 강화, 금융 범죄 대응력 제고, 규제 샌드박스의 실질화 등을 통해 규제와 혁신의 조화를 꾀한다. 감시보다 예방, 규제보다 유도, 형식보다 실질로 나아가는 것이 진정한 금융감독 혁신이다. 건전한 시장은 똑똑한 규칙에서 시작된다.

# 01
# 감독 체계, 쪼갤 것인가 통합할 것인가

## 복잡해진 금융, 감독 체계도 재설계가 필요하다

금융 산업의 디지털화, 융복합화, 글로벌화가 가속되면서 기존의 감독 체계는 곳곳에서 한계를 드러내고 있다. 은행, 보험, 증권 등 업권별로 분리된 감독 체계는 기능 중복과 사각지대를 만들고 있으며, 사모펀드 사태와 같은 복합적 금융위기에는 효과적으로 대응하지 못했다. 이제는 금융감독 체계 전반에 대한 재검토가 필요한 시점이다.

현재 한국의 금융감독은 금융위원회와 금융감독원이 역할을 나누고 있으나, 기능적 중복과 책임 소재의 모호성이 꾸준히 지적되어왔다. 특히 금융감독원이 사실상 정책 집행과 감독 행정을 모두 수행하면서도 법적 권한은 제한되어 있어, 정책과 감독의 유기적 연계가 어렵다. 반면, 영국과 호주는 기능별 감독 체계를 채택하여 은행, 보험, 자본시장 등 기능 단위로 감독 기능을 통합하고 있다. 한국도 업권 중심의 수직적 감독에서 벗어나 기능 중심의 수평적 감독 체계, 또는 통합감독청 설립 등 대안적 모델을 본격적으로 논의할 시점이다.

## 업권 분리 감독 체계의 한계

현재 한국의 금융감독은 대체로 업권별 감독 체계를 따르고 있다. 은행은 은행법과 예금자보호법, 보험은 보험업법, 증권은 자본시장법에 따라 감독되며 감독 기구와 인력도 업권별로 구분되어 있다. 이는 업권별 특수성을 반영하고 전문성을 유지할 수 있다는 장점이 있지만, 업권 간 경계가 무너진 오늘날의 금융 환경에서는 비효율성과 사각지대를 초래한다.

대표적인 예가 사모펀드 사태다. 자산운용사, 판매사, 수탁사 등 다양한 기관이 연계된 구조에서 감독기관들은 각자 자기 영역만 감독하다 보니 전체 시스템 리스크를 파악하지 못했고, 대응도 지체되었다. 업권별 칸막이는 정보 공유의 단절, 감독 연계성 부족, 문제 발생 시 책임 회피로 이어진다.

또한 동일한 금융 행위를 하더라도 업권에 따라 적용되는 규제가 다르며, 유사한 상품에 대한 감독 기준도 일관되지 않아 규제의 형평성 문제가 발생한다. 특히 핀테크, 빅테크 기반의 융합형 서비스가 등장하면서 전통적 업권 구분은 점차 현실과 괴리를 보이고 있다.

## 통합감독 체계의 가능성과 과제

이러한 문제를 해결하기 위한 대안으로 '기능 중심 통합감독 체계' 또는 '통합감독청' 설립이 논의되고 있다. 기능별 감독이란 상품, 서비스, 리스크 유형 등에 따라 감독을 수행하는 방식으로, 업권 구분이 아닌 금융 기능의 유사성에 기반하여 감독을 수행하는 체계다. 예를 들어, 소비자 보호, 자산 운용, 지급 결제 등 기능별로 감독 부서를 구성하고, 모든 업권에 동일한 기준을 적용하는 방식이다.

통합감독청은 이를 제도적으로 뒷받침하는 조직 모델이다. 금융위원회의 정책 기능과 금융감독원의 집행 기능을 통합하거나, 별도의 독립 기구를 설치해 감독 권한과 책임을 명확히 분리하는 방안이 포함된다. 이는 행정적 중복을 줄이고, 위기 대응의 일원화를 가능케 하며, 감독 일관성을 확보하는 데 유리하다.

다만, 통합감독 체계로의 전환은 단기간 내 성과를 내기 어렵고 여러 과제를 동반한다. 첫째, 기존 감독 조직 간의 이해 충돌과 조직 재편에 따른 저항이다. 둘째, 새로운 기능 중심 감독 체계를 설계하기 위한 전문성 확보와 법제 정비의 필요성이다. 셋째, 통합감독 기구의 독립성과 정치적 중립성 보장도 중요한 과제다. 특히 금융감독이 정치 논리에 휘둘리지 않도록 법적 지위와 예산 구조를 정비할 필요가 있다.

## 한국형 감독 체계 개편의 방향

한국의 금융 산업 특성과 행정 체계를 고려할 때 단계적 접근이 바람직하다. 단일한 통합감독청 설립보다는 우선적으로 '기능별 협업 강화'와 '중복 기능 조정'부터 시작하는 것이 현실적이다. 예를 들어, 소비자 보호 부문은 업권을 가리지 않고 단일 부서에서 통합하여 감독하거나, 금융 리스크 분석 기능은 업권별로 흩어진 데이터를 통합 분석하는 전담 기구를 신설하는 식이다.

또한 금융감독원 내부에도 기능 중심의 조직 개편이 필요하다. 현재는 업권 중심의 본부 체계로 운영되고 있으나, 이를 기능별 본부 체계로 재편하면 상품 혁신, 위험 관리, 디지털 금융감독 등을 보다 효율적으로 수행할 수 있다. 동시에 금융위원회와 금융감독원 간의 역할 조정도 병행되어야 한다. 정책과 집행의 경계를 명확히 하되, 유기적 협업이 가능한 구조로 조정하는 것이 바람직하다.

마지막으로, 국민적 공감대를 확보하기 위한 공론화 과정이 요구된다. 금융소비자, 업계, 학계, 시민단체 등이 참여하는 공청회, 국민 보고서, 온라인 의견 수렴 등을 통해 감독 체계 개편의 정당성과 필요성을 공유하고 사회적 신뢰를 바탕으로 추진해야 한다.

> 👍 **정리**
>
> - 기존의 업권별 감독 체계는 디지털·융합 금융 환경에서 한계를 보이며, 사모펀드 사태 등 시스템 리스크에 취약하다.
> - 통합감독 체계는 정보 단절과 기능 중복을 해소하고, 일관된 기준과 효과적 대응을 가능하게 하는 대안이다.
> - 기능 중심 감독 체계와 통합감독청 설립은 법제 정비, 조직 개편, 인력 재배치 등 단계적 전환 전략이 필요하다.
> - 감독 체계 개편은 국민적 공감대와 정치적 중립성을 바탕으로 추진돼야 하며, 금융 신뢰 회복과 시장 안정성 강화를 위한 핵심 과제다.

# 02
# 금감원, 이제는 똑똑한 조정자가 되어야 한다

## 정책 집행 기관인가, 시장 감시자인가

금융감독원은 한국 금융시장에서 정책과 감독을 연결하는 핵심 기구다. 그러나 그 역할과 위상은 오랜 시간 혼란을 겪어왔다. 금융위원회의 지시를 받는 준정부기관으로서의 감독원은 정책의 집행 도구인가, 시장 감시자인가 하는 질문 앞에서 늘 양면성을 안고 운영되어왔다. 이제는 금융감독원의 정체성과 책임, 권한을 명확히 재정립할 시점이다.

현재 금융감독원은 금융위원회 산하에 있으면서도 실질적인 감독 권한과 제재 권한을 행사하는 구조이다. 이는 정책 수립과 집행의 분리라는 원칙과 충돌하며, 감독원의 독립성과 책임성에 대한 논란을 야기해왔다. 감독원이 금융 정책을 무비판적으로 집행하는 하청 기구가 되어서는 안 되며, 동시에 감독 남용의 위험을 줄이기 위해 민주적 통제와 법적 책임도 명확히 해야 한다. 해외 주요국은 대부분 금융감독기관을 중앙은행 산하 또는 독립 기구로 두어 정책과 감독의 균형을 꾀하고 있으며, 한국도 그에 준하는 제도 개선이 요구된다.

## 감독 독립성과 책임성의 균형

감독기관의 독립성은 정치적 영향력이나 이해관계로부터 자유롭게 작동할 수 있도록 하는 기반이다. 이는 감독의 객관성과 신뢰성을 확보하기 위해 반드시 필요하다. 그러나 무제한의 자율성은 오히려 권한 남용이나 비민주적 운영으로 이어질 수 있다. 따라서 독립성과 함께 '책임성(accountability)'이 병행되어야 한다.

금융감독원이 독립적으로 판단하고 조치할 수 있으려면 감독 기준의 명확성과 절차적 정당성이 전제되어야 한다. 예컨대 검사 착수, 제재 판단, 기관 평가 등 주요 결정에 대한 기준과 이의 절차를 제도화함으로써 권한 남용을 방지할 수 있다. 또한 국회나 감사원에 대한 정기 보고, 내부 감찰 시스템 정비, 외부 전문가 평가단 구성 등 민주적 통제 장치를 병행하는 것이 바람직하다.

한편, 독립성 강화를 위해 금융위원회의 직속 기관이 아닌 별도 독립 기구로 감독원을 전환하는 방안도 검토해볼 수 있다. 이 경우 정치권이나 행정부의 영향력에서 벗어난 중립적인 운영이 가능하지만, 예산과 법적 권한, 조직 구조에 대한 전면적인 재설계가 필요하다.

## 정책-감독 연계의 선순환 구조 마련

 감독 기구는 단지 정책을 집행하는 수동적 존재가 아니라, 시장에서 발생하는 정보를 수집하고 분석하여 정책 수립에 반영하는 능동적 시스템이어야 한다. 그러나 현재 금융감독원은 금융위원회의 지시 이행에 치우쳐, 정책 개발이나 제도 개선에 대한 주도적 역할은 제한적이다.

 이를 개선하려면 감독원이 시장의 문제를 선제적으로 인식하고, 정책 당국과 대등한 파트너로서 기능할 수 있어야 한다. 예컨대 감독 과정에서 발견된 규제 공백, 상품 구조 문제, 소비자 피해 사례 등을 정례적으로 금융위에 보고하고, 정책 설계에 반영할 수 있는 제도적 채널을 확보해야 한다. 이른바 '감독-정책 피드백 루프'를 제도화하는 것이다.

 또한 금융감독원의 정책 분석 및 연구 기능을 강화해 감독과 정책의 연계를 뒷받침해야 한다. 지금처럼 금융위는 정책 기획, 감독원은 정책 집행이라는 이분법적 구조를 넘어, 공동 기획-공동 실행 구조로 전환하는 것이 이상적이다.


## 조직 운영의 투명성과 전문성 확보

 금융감독원의 역할이 커질수록 운영의 투명성과 전문성 확보는 더욱 중요해진다. 조직 내부의 이해 충돌 방지, 평가의 객관성, 인사와 예산의 독립성 등이 보장되어야 공정한 감독이 가능하다. 이를 위해 몇 가지 방안을 제시할 수 있다.

첫째, 인사 시스템의 외부 감시 강화다. 현재는 금융위원회가 국장을 파견하는 구조로 인해 감독의 중립성을 해친다는 비판이 많다. 고위직 인사에 대해서는 외부 위원회 심사를 의무화하고, 이력 공개와 평가 시스템의 투명성을 확보해야 한다.

둘째, 감독원 내 자율성과 책임의 균형이다. 특정 부서나 국의 권한 집중을 방지하고, 내부 견제와 협업 구조를 강화해야 하며, 조직 전반에 ESG 및 디지털 전환에 대응하는 기능 재편이 필요하다.

셋째, 금융감독원의 예산과 업무 평가는 독립 기구에서 수행하도록 하여 행정부 의존도를 낮추고, 공공기관으로서의 책무성을 높이는 구조가 필요하다. 이를 통해 금융감독원은 보다 중립적이고 전문적인 감시자로서 자리매김할 수 있다.

> 👍 **정리**
>
> - 금융감독원은 정책 집행 기구인지 시장 감시자인지 불분명한 정체성으로 인해 책임성과 신뢰성에 한계를 드러내고 있다.
> - 감독원의 독립성 강화와 민주적 통제 장치 병행을 통해 권한 남용을 방지하고 공정성을 확보해야 한다.
> - 감독은 정책의 단순 집행이 아니라 시장 정보의 선제적 제공자로서 정책과의 상호작용 구조를 갖춰야 한다.
> - 조직의 전문성과 투명성을 확보하고, 감독원의 법적 위상과 운영 구조에 대한 전면적 개편 논의가 필요하다.

# 03
# 통제에서 책임으로, 규제의 방향을 바꾸자

## 규제의 무게중심을 바꿔야 금융이 숨 쉰다

금융 산업의 혁신을 가로막는 가장 큰 장애물 중 하나는 과도한 사전 규제다. 상품 출시 전부터 세세한 조건을 규정하고, 영업 행위 하나하나에 허가와 심사를 요구하는 구조에서는 새로운 금융 모델이 탄생하기 어렵다. 이제는 규제의 무게중심을 '사전 통제'에서 '사후 책임'으로 옮겨가는 체계 전환이 필요하다. 감독 당국의 신뢰, 시장의 자율, 소비자의 권리를 균형 있게 조화시키는 새로운 규제 철학이 요구된다.

현재의 사전 규제는 혁신 속도를 따라가지 못하는 경직된 틀로, 핀테크 기업이나 중소 금융업체는 신규 서비스를 내놓기 어려운 구조에 놓여 있다. 반면 사후 책임 체계는 시장의 자율성을 인정하되, 문제가 발생했을 때 명확한 책임과 배상을 요구함으로써 혁신과 소비자 보호를 동시에 충족할 수 있다. 이를 실현하기 위해서는 분쟁 조정 시스템 강화, 징벌적 손해배상제 도입, 금융소비자 집단소송제 등 제도적 뒷받침이 필요하다. 감독 당국은 모든 위험을 사전에 통제하려 하기보다는, 시장 감시와 정보 공개, 사후 제재를 통해 신뢰 기반의 감독 체계를 확립해야 한다.

## 사전 규제의 한계, 금융 혁신을 막는다

현행 금융 규제는 '허가-심사-보고' 중심으로 구성되어 있다. 금융상품을 출시하거나 새로운 서비스를 시작하기 위해서는 각종 사전 심사를 거쳐야 하고, 운영 중에도 지속적인 규제 준수 의무를 이행해야 한다. 이는 안정성과 예측 가능성 측면에서는 장점이 있으나, 혁신의 속도와 유연성을 크게 저해한다.

특히 핀테크 기업이나 신생 벤처 금융사들은 사업 개시 자체가 어렵다. 금융업 진입 장벽이 높고, 새로운 형태의 서비스에 대한 법적 근거가 없을 경우 '허용되지 않는 것 = 금지' 원칙이 적용된다. 이로 인해 금융 생태계 내 창의적 실험이 억제되고, 기존 대형 금융사의 독점 구조가 강화되는 결과로 이어진다.

또한 복잡하고 상세한 사전 규제는 감독 당국과 시장 참여자 간의 정보 비대칭을 심화시킨다. 감독기관은 모든 세부 리스크를 예측할 수 없고, 민간기업은 빠르게 변화하는 기술 환경에서 규정 해석에 어려움을 겪는다. 결국 사전 규제는 효율적 통제보다는 절차적 부담과 제도적 경직성을 야기한다.

## 사후 책임 체계로의 전환, 핵심은 소비자 보호와 신뢰

사후 책임 체계는 모든 것을 미리 통제하기보다, 시장 참여자에게 자율성을 부여하고 문제 발생 시 강력한 책임을 묻는 방식이다. 이 체계의 핵심은 책임의 명확성과 신속한 구제 메커니즘이다. 선진국에서는 이미 이와 같은 철학이 금융감독의 주류로 자리 잡고 있다.

예컨대 영국은 '원칙 기반 규제(Principle-based Regulation)'를 통해 금융사가 자체적으로 고객 중심, 리스크 관리, 공정성 등의 원칙을 지키도록 유도하고 위반 시 사후 제재를 가하는 방식이다. 이는 기업의 자율적 판단을 존중하되, 시장의 공정성과 투명성은 국가가 책임진다는 철학에 기반한다.

한국도 이러한 방향으로의 전환이 절실하다. 소비자 피해가 발생했을 때 신속하고 실효적인 구제가 가능해야 하며, 분쟁 조정, 징벌적 배상, 집단소송 제도가 뒷받침돼야 한다. 또한 금융사의 책임이 불분명하거나 소비자 정보 접근권이 제한되는 경우, 사후 책임 체계는 오히려 신뢰를 저하시킬 수 있으므로 정보 공개와 사전 고지 의무도 함께 강화돼야 한다.

## 전환을 위한 제도 인프라와 문화의 정비

사전 규제에서 사후 책임 중심으로의 전환은 단순한 규제 기술의 문제가 아니라, 규제 철학과 조직 문화의 변화다. 이를 위해 다음과 같은 조건이 요구된다.

첫째, 감독 당국의 역할 변화다. 감독기관은 규정 위반 여부만 따지는 검사관이 아니라, 금융시장 전반의 건강성을 모니터링하고 소비자 피해를 사전 감지하며 필요한 정보를 선제적으로 공개하는 투명한 중재자 역할을 수행해야 한다.

둘째, 금융사의 리스크 관리 책임 강화다. 사후 책임 체계에서는 금융사가 상품 설계 단계부터 소비자 보호와 리스크 평가를 자체적으로 수행하고, 내부 통제 시스템과 윤리적 판단 체계를 강화해야 한다.

셋째, 금융소비자의 권한 강화다. 사후 책임 체제에서는 소비자가 더 많은 정보에 접근하고, 피해 발생 시 실질적인 권리를 행사할 수 있어야 한다. 이를 위해 금융소비자보호법의 실효성 확보, 정보공개청구권, 금융상품 비교 플랫폼 고도화 등이 병행돼야 한다.

넷째, 금융 분쟁 조정 제도의 정비다. 소비자 피해가 발생했을 때 신속하게 분쟁을 해결할 수 있도록 금융감독원 내 독립적 분쟁조정위원회의 권한과 인력, 전문성을 강화하고 조정 결과의 구속력을 높여야 한다.

### 👍 정리

- 과도한 사전 규제는 혁신의 속도를 따라가지 못하며, 금융 생태계 내 창의성과 진입 다양성을 제약한다.
- 사후 책임 체계는 자율성과 책임을 조화시키는 방식으로, 소비자 보호와 시장 자율을 동시에 실현할 수 있다.
- 감독 당국은 정보 공개와 신뢰 기반 감독으로 전환하고, 금융사는 자체 리스크 관리와 책임 이행 체계를 강화해야 한다.
- 분쟁 조정, 집단소송, 징벌적 배상 등 사후 구제 수단의 제도화가 병행되어야 규제 체계 전환이 성공할 수 있다.

# 04
# 불신의 뿌리,
# 거버넌스를 바꿔야 한다

## 금융회사의 신뢰는 지배구조에서 시작된다

금융은 정보의 비대칭성과 이해 상충이 본질적으로 내재된 산업이다. 이러한 특성 때문에 금융회사의 지배구조는 단순한 내부 경영의 문제가 아니라, 소비자 보호와 금융시장 안정, 나아가 국가 경제의 신뢰 기반과 직결된다. 한국 금융 산업에 대한 불신은 상당 부분 불투명한 거버넌스와 취약한 내부 통제에서 비롯되며, 이를 바로잡기 위한 제도 혁신이 절실하다.

많은 한국 금융회사에서 소유와 경영의 분리 원칙이 제대로 작동하지 않고, 대주주나 총수 일가의 영향력이 내부 의사결정에 과도하게 작용하는 경우가 적지 않다. 그 결과 이사회가 경영진에 대한 실질적인 감시 기능을 수행하지 못하고, 형식적인 내부 통제로 인해 대규모 부실이나 불완전판매 등의 문제가 반복된다. 내부 감사와 리스크 관리 조직의 독립성도 부족하여 경영진의 의사결정을 견제하기 어렵다. 이와 같은 문제를 해결하려면 이사회의 독립성과 전문성 강화, 감사위원회의 실질적 권한 확보, 내부 통제 시스템의 통합적 정비가 필요하다.

## 이사회, 명목이 아닌 실질적 감독 기구로

이사회는 금융회사의 전략 결정과 경영진 감시를 수행하는 핵심 거버넌스 기구다. 그러나 많은 경우 형식적으로만 존재하고, 실질적인 권한과 전문성이 부족한 것이 현실이다. 사외이사의 독립성이 미약하고, 사내이사 중심의 회의 운영은 견제 기능을 약화시킨다.

이를 개선하려면 먼저 사외이사의 선임 방식을 바꿔야 한다. 주주총회의 형식적 절차가 아닌, 독립적인 사외이사 후보 추천위원회를 통해 외부 시각이 반영될 수 있어야 한다. 이사회 구성은 법적 요건을 충족하는 수준을 넘어, 경영·금융·법률·감사 등 전문성을 갖춘 인물로 다양화돼야 한다.

또한 이사회 내 감사위원회, 리스크관리위원회, 소비자보호위원회 등의 기능별 위원회를 실질적으로 운영하고, 이들의 정보 접근 권한과 경영진 견제 권한을 제도적으로 보장해야 한다. 회의자료 사전 공유, 회의록 공개, 이사회 활동 평가 등의 제도화를 통해 투명성을 높이는 것도 중요하다.

## 내부 통제 시스템, 조직 전반에 내재화하라

금융회사의 내부 통제는 단순한 감시 기능이 아니라, 조직 전반의 건전성과 윤리성을 확보하기 위한 핵심 장치다. 그러나 현재 대부분의 금융회사에서 내부 통제는 특정 부서에 국한되고, 실질적인 실행력은 부족하다. 감사부서가 경영진의 영향력 아래 있고, 내부 고발 시스템이 제대로 작동하지 않는 경우도 적지 않다.

실질적인 내부 통제를 위해서는 첫째, 내부 통제 조직의 독립성을 확보해야 한다. 감사, 리스크 관리, 준법 감시 부서는 CEO로부터 독립된 보고 체계를 갖추고, 이사회 산하 위원회에 직접 보고할 수 있어야 한다. 둘째, 내부 통제 문화를 조직 전반으로 확산시켜야 한다. 모든 직원이 '통제는 불신이 아니라 신뢰의 장치'라는 인식을 공유할 수 있도록 교육과 시스템이 병행돼야 한다. 셋째, 정보통신기술 기반의 통제 시스템을 도입해 이상 거래 탐지, 데이터 흐름 모니터링, 자동화된 리스크 점검이 가능하도록 해야 한다. 넷째, 내부 고발자 보호 제도를 실효성 있게 운영해 조직 내 감시 기능이 실제로 작동하도록 해야 한다.

## 공시와 투명성, 신뢰 형성의 첫걸음

지배구조와 내부 통제의 핵심은 외부에 얼마나 명확히 정보를 공개하고, 시장의 감시를 수용하느냐에 달려 있다. 금융회사의 모든 활동은 사적인 영역을 넘어서 공공성과 밀접하게 연관돼 있으며, 따라서 공시 제도는 신뢰 형성의 출발점이다.

현재 금융회사들은 경영 실적, 주주 구성, 이사회 활동, 감사 보고서 등을 공시하고 있지만 공시 범위와 수준은 여전히 제한적이다. 많은 정보가 이해하기 어려운 형식으로 제공되거나, 요식적인 수준에 머무르면서 소비자나 투자자가 실질적인 정보를 얻기 어렵다.

공시 제도를 강화해 이사회 회의록, 사외이사 출석률과 발언 요지, 감사 활동 내역, 내부 통제 점검 결과 등을 적극적으로 공개해야 한다. 또한 ESG 공시 기준과 연계하여 비재무 정보에 대한 공시를 확대하고, 이를 비교 가능하고 일관된 양식으로 제공해 투명성과 신뢰도를 높여야 한다.

> 👍 **정리**
>
> - 금융회사의 신뢰는 이사회 구성, 내부 통제, 공시 투명성 등 지배구조의 질에 달려 있다.
> - 이사회의 실질화, 사외이사의 독립성 확보, 위원회 기능 강화는 경영 견제의 핵심 수단이다.
> - 내부 통제 조직의 독립성과 기술 기반 통제 시스템, 내부 고발자 보호가 통제 실행력을 좌우한다.
> - 공시 제도의 질적·양적 강화는 금융소비자와 투자자 신뢰 회복의 출발점이다.

# 05
# 지능형 금융 범죄, 시스템으로 잡아야 한다

## 진화하는 금융 범죄, 정교한 대응 체계가 시급하다

디지털화와 금융상품의 복잡화가 급속히 진행되면서 금융 범죄 역시 지능화, 국제화, 다양화되는 양상을 보이고 있다. 불완전판매, 사기성 자산 운용, 내부자 거래, 자금세탁, 가상자산 기반 범죄 등은 기존의 전통적 금융 사기와는 차원이 다른 정교한 분석력과 신속한 대응을 요구한다. 이러한 변화에 대응하기 위해서는 감독당국, 수사기관, 금융회사 간 협력과 정보 공유를 기반으로 한 종합적 대응 역량이 시급하다.

최근 가상자산을 이용한 자금세탁, 다단계 금융 사기, 알고리즘을 통한 시장 조작 등이 급증하고 있으나 기존의 법과 제도만으로는 이를 효과적으로 차단하기 어렵다. 금융감독기관은 AI 기반 이상 거래 탐지 시스템을 고도화하고, 금융회사 내부 고발 및 감시 체계를 강화해야 한다. 또한 경찰청, 검찰, 국세청 등 수사기관과의 유기적 협력 체계를 구축하여 금융 정보 분석과 실시간 대응이 가능한 시스템을 마련해야 하며, 국제 공조도 확대하여 글로벌 금융 범죄에도 대응할 수 있는 역량을 갖춰야 한다.

## 금융 범죄의 유형은 계속 진화한다

오늘날 금융 범죄는 단순한 횡령이나 배임 수준을 넘어 고도화된 시스템 악용과 글로벌 네트워크를 통해 이뤄진다. 무인가 투자자문, 미등록 펀드 운용, 위장 기업을 통한 자금세탁, 블록체인 악용 사기 등 그 수법은 나날이 교묘해지고 있다. 특히 고수익을 미끼로 한 미등록 투자상품이나 불완전판매는 대규모 피해로 이어지고 있으나, 피해자 보호는 여전히 미흡하다.

이러한 범죄는 단지 개별 금융사의 문제가 아니라 금융시장 전체의 신뢰를 훼손하는 구조적 위협이다. 특히 금융시장에 대한 신뢰가 자산가치 유지에 직결되는 만큼, 금융 범죄에 대한 미흡한 대응은 외국인 투자자 이탈과 금융 시스템 불안정을 초래할 수 있다.

## 디지털 시대, 기술 기반 감시 체계 강화

디지털 금융 환경에서는 금융 범죄가 전산 시스템과 알고리즘을 악용해 빠르게 전파된다. 실시간 거래 시스템을 이용한 조작, 내부 정보 유출, 데이터 위조 등은 전통적 인력 중심의 감시로는 차단하기 어렵다. 이에 따라 AI 및 머신러닝을 활용한 정교한 이상 거래 탐지 시스템 구축이 필요하다.

현재 일부 금융기관은 AI 기반 시스템을 운영 중이나, 대부분은 여전히 초기 수준의 패턴 인식에 머물고 있다. 시스템의 정밀도를 높이기 위해서는 대규모 학습 데이터를 활용한 고도화가 필요하며, 금융감독원과 금융회사 간 시스템 연계도 강화돼야 한다. 내부자 거래와 이해 상충 방지를 위한 정기 진단 시스템, 윤리 점검, 내부 고발 체계 정비도 병행돼야 한다.

## 협업과 공조, 통합 대응 시스템 구축

금융 범죄는 단일 기관의 대응만으로는 효과를 거두기 어렵다. 현재 금융감독원, 경찰청, 검찰, 국세청, 관세청, 금융 정보 분석원(FIU) 등이 각각 정보를 수집하고 있으나 기관 간 실시간 정보 공유는 부족하다. 이에 따라 '금융 범죄 대응 컨트롤 타워'를 설치해 정보 공유, 수사 협력, 법적 조치를 통합 관리할 수 있는 구조로 개편해야 한다.

각 기관의 데이터베이스와 분석 결과를 연계하고, 실시간 경보 체계를 통해 이상 거래 발생 시 자동 대응이 가능하도록 해야 한다. 나아가 글로벌 금융 범죄 대응을 위해 국제자금세탁방지기구

(FATF) 기준에 부합하는 AML 체계 정비, 가상자산사업자 등록제 강화, 해외 감독 당국과의 공조 체계 마련도 필요하다.

> 👍 **정리**
>
> - 금융 범죄는 디지털화와 국제화로 복잡·지능화되어 기존 단편적 단속 체계로는 대응에 한계가 있다.
> - AI 기반 이상 거래 탐지, 내부자 감시, 가상자산 규제 등 기술 중심의 예방 시스템 구축이 시급하다.
> - 감독·수사·조세 등 관계 기관 간 통합 협력 체계는 금융 범죄 대응의 핵심 인프라다.
> - 글로벌 공조 및 국제 기준 부합형 AML 체계 구축은 국제 신뢰 확보와 리스크 차단의 필수 조건이다.

# 06
# 공공성 없는 수익,
# 수익 없는 공공성은 실패다

## 이윤만 좇는 금융, 지속 가능하지 않다

  금융은 단순한 수익 창출 산업이 아니다. 자본의 흐름을 조절하고, 사회적 약자를 보호하며, 경제의 균형과 지속 가능성을 유지하는 공공 기능을 수행한다. 그러나 금융회사가 수익 극대화에만 집중하면 공공성은 훼손되고, 시장은 왜곡되며, 금융소비자는 피해자가 된다. 공공성과 수익성의 균형은 단순한 윤리 문제가 아닌, 금융 시스템의 안정성과 사회적 신뢰를 위한 핵심 과제다.

  최근 금융기관들은 성과주의와 시장 점유율 확대에 치우치며 사회적 책임과 포용적 금융이라는 본래 역할은 후순위로 밀려나고 있다. 고령자나 저신용자에 대한 대출 회피, 저소득층의 보험 가입 제한, 영세 사업자 대상 자금 지원 축소 등은 수익성 논리에 따른 구조적 배제 현상이다. 공공성과 수익성은 대립 개념이 아니라, 전략적 균형을 통해 함께 추구할 수 있는 목표다. 이를 위해 금융기관은 내부 지표와 경영 철학에 공공성을 명시적으로 반영하고, 정부는 이를 뒷받침하는 평가지표와 제도적 유인을 제시해야 한다.

## 금융기관의 공공 책무, 왜 다시 강조되는가

과거 금융은 산업 육성과 내수 진작, 서민 보호의 중추로 기능하며 '국가 경제의 혈맥' 역할을 해왔다. 하지만 민영화와 시장 자율화 흐름 속에서 공공 기능은 약화됐고, 금융기관은 점차 수익 중심 기업으로만 인식되기 시작했다. 이는 고위험 고수익 상품 위주의 영업, 대기업 중심 자금 배분으로 이어졌고 금융의 공공성에 대한 기대와 괴리를 낳았다.

하지만 고령화, 디지털 격차, 지역 소멸, 양극화 등 사회 구조적 문제들이 심화되면서 금융의 공공적 역할이 다시 주목받고 있다. 이는 단순한 도덕적 당위가 아니라, 금융이 사회 통합과 경제 안정의 인프라로서 작동해야 한다는 실질적 요구다. 사회는 금융기관이 영리 기업이면서도 일정 수준의 공공 책무를 수행하는 '이중 역할'을 해주기를 기대하고 있다.

## 포용 금융과 사회책임 투자, 실천의 시스템화

공공성과 수익성의 균형을 실현하기 위한 방안으로는 다음과 같은 제도적 실천이 필요하다.

첫째, 포용 금융의 제도화다. 이는 청년, 고령자, 장애인, 지역 주민 등 금융 취약 계층을 위한 맞춤형 접근 전략이다. 예를 들어, 디지털 접근이 어려운 고령층을 위한 대면 서비스 확대, 금융 문맹 해소를 위한 교육 강화, 중금리 대출 활성화 등이 포함된다.

둘째, 사회책임 투자(SRI)의 전면화다. ESG 기반의 자산 운용 원칙을 도입해, 금융기관이 환경적·사회적·지배구조 측면에서 긍정적 영향을 미치는 기업과 프로젝트에 우선 투자하도록 유도해야 한다. 이를 위해 공공기관은 ESG 평가 기준을 제도화하고, 금융기관의 투자 활동에 대한 투명한 공시를 요구해야 한다.

셋째, 공공성 평가지표 도입이다. 금융기관의 경영성과를 수익률 중심에서 벗어나 금융 접근성, 소비자 만족도, 사회적 기여도 등을 반영하는 다층적 지표로 평가해야 한다. 이는 공공성과 수익성을 병렬적으로 추구하도록 유도하는 실효적 수단이 될 수 있다.

## 감독 당국의 역할과 유인 설계

공공성과 수익성의 균형을 실현하려면, 감독 당국의 정책 유도와 인센티브 설계가 필수다. 단순한 규제가 아니라 공공적 기여에 대한 실질적인 보상이 있어야 한다. 예를 들어 서민 금융상품을 일정 비율 이상 공급한 금융기관에 대해 자금 조달 금리 인하, 세제 혜택, 규제 완화 등의 인센티브를 제공할 수 있다.

또한 경영진 평가 항목에 공공성 지표를 포함하고, 이를 보상과 연계하는 제도화도 필요하다. 금융 당국은 '공공성 우수 기관 인증 제도'를 도입해 우수 사례를 공개하고, 사회적 책임 수행에 대한 시장의 평가 기반을 마련할 수 있다.

특히 국책은행이나 공적 금융기관은 민간은행과 구분되는 명확한 사회적 미션을 갖고, 공공성 중심의 평가 체계를 적용해야 한다. 이들 기관이 수익 중심으로 운영되면 존재 이유가 희석되고, 정책금융의 실효성도 떨어질 수 있다.

---

### 👍 정리

- 금융기관은 자본의 분배, 사회적 약자 보호 등 공공적 기능을 함께 수행해야 하며, 이는 수익성과 병립 가능한 전략적 목표다.
- 포용 금융 제도화, ESG 기반 사회책임 투자, 공공성 평가지표 도입은 균형을 실현하는 핵심 수단이다.
- 감독 당국은 규제보다는 유인 중심 정책을 통해 금융기관의 공공 역할을 확대하고, 인센티브 기반의 경영평가 체계를 강화해야 한다.
- 국책금융기관은 수익성보다 공공성을 중심으로 한 별도 평가·감독 체계를 적용해야 한다.

# 07
# 실패를 허하라, 그것이 혁신이다

## 실패를 두려워하면 혁신은 없다

금융 혁신은 본질적으로 '실험'이다. 새로운 기술과 비즈니스 모델은 기존 규제의 틀 밖에서 출발하며, 예측 불가능한 위험과 가능성을 동시에 내포한다. 그러나 한국의 규제 환경은 여전히 '안전한 성공'만을 허용하고, '도전하는 실패'에는 지나치게 가혹하다. 이제는 규제 샌드박스를 진정한 실험실로 만들고, 실패를 존중하는 금융 혁신 문화를 제도적으로 정착시켜야 한다.

현재 금융 규제 샌드박스는 신청 절차가 까다롭고 승인 이후에도 제한이 많아 혁신기업들이 실질적인 성과를 내기 어렵다는 지적이 많다. 특히 테스트 기간이 짧고, 사후 상용화로의 연계가 불분명하여 '실험'이 끝난 뒤 오히려 제도화에 실패하는 경우도 적지 않다. 진정한 의미의 샌드박스를 만들기 위해서는 테스트 이후에도 지속 가능한 비즈니스 모델로 발전할 수 있도록 제도적 브릿지를 설계하고, 실패한 사례에 대해서도 정책적 보호와 재도전 기회를 보장해야 한다.

## 샌드박스, 형식이 아닌 실험의 장으로

2019년 도입된 규제 샌드박스 제도는 '한시적 규제 유예'를 통해 혁신적 아이디어의 실험을 지원하겠다는 목적에서 출발했지만, 실제 운영은 '신청 → 심사 → 임시 허가 → 사후 관리'라는 고정된 프로세스에 갇혀 있다. 유예의 폭과 기간도 협소해 많은 스타트업과 핀테크 기업들은 "충분한 실험이 어렵다"라고 토로한다.

더욱이 샌드박스 내에서 시행된 서비스가 종료된 후 정식 인허가로 전환되지 못하고 좌초되는 사례도 빈번하다. 이는 규제 유예가 시간 벌기에 그치고, 제도 전환과 연계되지 않는 구조이기 때문이다. 실험 이후 '제도화'와 '시장 진입'까지 이르는 사다리를 제도적으로 마련해야 한다. 실패하더라도 기업이 재도전할 수 있도록 리스크 완충 장치와 정책적 보호 장치를 설계해야 한다.

## 실패 허용의 문화와 제도, 왜 중요한가

혁신에는 본질적으로 실패가 수반된다. 하지만 한국 사회는 실패에 대한 낙인이 강하고, 이는 창업 생태계와 금융 혁신 환경에 큰 제약 요인으로 작용한다. 규제 샌드박스 내 실험에 실패한 기업은 이후 인허가나 투자 유치에서 불이익을 받는 경우가 많다. 이처럼 실패가 제도적 낙인이 되는 구조에서는 도전 자체가 위축된다.

감독 당국은 실패에 대해 책임만 묻는 구조에서 벗어나, 실험 과정에서 얻은 데이터와 교훈을 정책 개선과 제도 설계에 반영하는 '학습 기반 감독' 철학을 확립해야 한다. 아울러, 실패한 기업에 대한 정책금융의 유연한 재지원, 파산과 재도전을 허용하는 창업 보호 제도, 중립적 평판 관리 기준 마련 등이 병행돼야 한다.

## 샌드박스의 전략적 고도화가 필요하다

규제 샌드박스를 금융 산업 전략 도구로 고도화하기 위해서는 다음과 같은 조건이 필요하다. 첫째, 테스트 범위의 확대다. 현재는 신용평가, 간편결제 등 일부 영역에 집중돼 있으나 기후금융, ESG 상품, 블록체인 자산, AI 기반 자문 서비스 등으로 확대해야 한다.

둘째, 신청 절차와 심사 기준의 간소화 및 명확화다. 서류 중심 심사와 불명확한 거절 사유는 예측 가능성을 떨어뜨린다. 명확한 가이드라인 제공과 간소화된 절차는 기업의 진입 문턱을 낮춘다.

셋째, 실험 이후 제도 전환 체계의 설계다. 성공적인 테스트가 인허가로 이어질 수 있도록 법·제도 개선 절차를 동반하는 동적 샌드박스 체계가 필요하다.

넷째, 피드백 순환 구조 강화다. 실험에 대한 결과를 감독 당국, 산업계, 연구기관이 공동 분석하고 이를 바탕으로 정책 보고서를 도출함으로써 '성공 또는 실패'에 대한 객관적 평가와 제도 반영 가능성을 높여야 한다.

> 👍 **정리**
> - 규제 샌드박스는 실험적 금융 혁신을 위한 제도적 공간으로 기능해야 하며, 단순한 유예 수단으로는 한계가 있다.
> - 실패를 허용하고 이를 학습의 기회로 전환하는 문화와 제도적 장치가 있어야 지속 가능한 혁신이 가능하다.
> - 샌드박스 제도의 범위 확대, 신청 절차 간소화, 제도화 연계, 피드백 구조 구축 등 전략적 고도화가 필요하다.
> - 감독 당국은 실패한 실험도 정책적 자산으로 수용하며, 데이터 기반의 동적 감독과 제도 학습 체계를 운영해야 한다.

# 08
# 규제와 경쟁, 적이 아니라 파트너다

## 규제는 안전망, 경쟁은 활력이다

금융 산업은 건전성과 안정성이 핵심이다. 하지만 과도한 규제는 시장 진입을 가로막고, 혁신과 다양성을 억제하는 결과를 낳는다. 반대로 경쟁만을 강조하면 리스크 관리가 소홀해지고 시장의 신뢰를 해칠 수 있다. 따라서 금융 규제와 경쟁 촉진은 이분법적 선택이 아니라 균형의 기술로 접근해야 한다. 규제는 안전망으로서의 역할을 수행하고, 경쟁은 금융 산업에 활력을 불어넣는 수단이다.

현재 한국 금융시장은 대형 금융기관 중심의 구조로, 중소 금융사나 핀테크 기업의 시장 진입과 성장이 제한적이다. 이로 인해 금융 소비자의 선택권이 축소되고, 금융서비스의 질적 개선도 저해받고 있다. 경쟁 촉진 정책은 새로운 사업자의 진입 문턱을 낮추고, 기존 금융사의 독과점을 완화하며, 상품과 서비스의 다양화를 유도하는 방향으로 설계돼야 한다. 반면 규제는 소비자 보호와 시스템 리스크 예방, 공정한 시장 질서 유지라는 본질적 목적을 지켜야 한다.

## 진입 장벽 완화, 경쟁 환경의 기본 전제

경쟁 촉진의 출발점은 금융 산업의 과도한 진입 장벽을 낮추는 데 있다. 현재는 인가 제도, 자본 요건, 경영진 적격성 심사 등 다층적 조건이 혁신기업의 진입을 어렵게 만든다. 특히 핀테크, 인터넷전문은행, 중금리 대출 사업자 등에게는 제도권 진입 자체가 높은 벽이다.

이를 해결하기 위해 인가 제도를 유연하게 개편하고, 시범 사업을 통해 일정 기간 운영 후 정식 인가로 전환하는 방식의 규제 유예 제도를 강화해야 한다. 사업의 성격과 리스크 수준에 따라 자본 요건을 차등화하고, 기능별로 인가를 부여하는 '스몰 라이선스' 제도를 도입하여 점진적 진입을 허용하는 방안도 검토할 수 있다.

## 금융소비자 보호와 경쟁, 함께 가는 길

경쟁은 금융소비자에게 다양한 선택지를 제공하지만, 무분별한 경쟁은 소비자 피해를 초래할 수 있다. 신규 사업자가 과도한 가격 경쟁에 몰두하거나, 리스크 관리 없이 상품을 남발할 경우 불완전판매 등 부작용이 발생할 수 있다. 따라서 경쟁 촉진 정책은 소비자 보호와 함께 추진돼야 한다.

동일 기능에 동일 규제를 적용하는 원칙 아래, 신규 사업자에게도 공정한 경쟁 환경을 제공하되 정보 공개, 책임보험 가입, 내부 통제 장치 등 필수 요건을 갖추도록 해야 한다. 소비자에게는 상품 비교 정보, 리스크 수준, 수수료 구조, 해지 조건 등을 명확히 제공하는 체계도 필요하다. 감독 당국은 경쟁 촉진을 '책임 있는 금융'이라는 원칙 아래 설계해야 한다.

## 대형 금융사 견제와 시장 다양성 확보

현재 금융시장은 '대형사 집중과 소형사 불안정'이라는 양극화 구조 속에 놓여 있다. 이는 금융시장 복원력을 저하시킬 뿐만 아니라 혁신을 제한한다. 따라서 시장 구조의 재조정이 필요하다. 지역은행 활성화, 특화은행 육성, 공모시장의 다층화, 핀테크와의 협업 확대 등은 시장 다양성을 높이는 방안이다.

자산 운용, 보험, 증권 업권에서도 독립계 운용사와 사회적 금융기관이 성장할 수 있도록 진입 및 성장 인센티브를 제공하고, 공정 경쟁 환경을 조성해야 한다. 다양한 금융 주체의 공존은 위기 시 전이 위험을 줄이고, 평상시에는 혁신을 촉진하는 구조적 이점을 제공한다.

## 규제와 경쟁의 균형, 전략적 감독 철학 수립

규제와 경쟁은 양립할 수 없는 개념이 아니다. 감독 당국은 두 축을 균형 있게 조율하는 전략적 판단을 해야 하며, 기능별·위험별 차등 규제, 규모별 책임 이행 기준 조정, 시장 기반 감시 확장 등 다층적 접근을 통해 이를 실현할 수 있다.

규제의 목적이 리스크 관리, 시장 질서 유지, 소비자 보호 중 무엇인지 명확히 설정하고, 이에 따라 수단을 조정해야 한다. 대형사와 중소사에 동일한 규제를 일괄 적용하는 것은 오히려 진입 장벽을 강화할 수 있다. 반면 느슨한 규제는 시장의 혼란을 야기한다.

규제와 경쟁이 선순환 구조를 형성하려면, 감독 당국은 시장 자율성을 존중하는 동시에 투명하고 유연한 감독 원칙을 수립해야 한다. 정책 수립 과정에서 이해관계자와의 소통을 강화하고, 규제 효과를 지속적으로 점검하는 메커니즘도 필요하다.

👍 정리
- 금융 산업의 지속 가능한 성장을 위해 진입 장벽 완화와 경쟁 촉진이 필요하며, 이는 소비자 편익과 산업 혁신으로 이어진다.
- 경쟁 촉진은 소비자 보호와 함께 추진돼야 하며, 정보 공개와 내부 통제 시스템이 전제돼야 한다.
- 대형 금융사 중심 구조를 개선하고, 다양한 금융 주체의 공존을 위한 인센티브와 정책적 지원이 요구된다.
- 규제와 경쟁은 전략적으로 균형 잡힌 조율이 필요하며, 유연하고 명확한 감독 철학이 이를 뒷받침해야 한다.

# 09
# 한국형 규제 모델, 이제는 수출하자

## 세계는 규제를 통해 금융을 다시 짠다

금융은 국경 없는 산업이다. 글로벌 자본 이동이 급증하고 가상자산, 핀테크, AI 금융 같은 신기술이 확산되면서 세계 각국은 금융시장의 안정성과 혁신을 동시에 달성하기 위한 새로운 규제 패러다임을 모색 중이다. 이제 한국도 글로벌 트렌드에 발맞춰, 우리 금융 환경에 맞는 '한국형 금융 규제 모델'을 재정립할 시점이다. 국제 기준을 수용하되, 일방적 추종이 아닌 전략적 해석과 적용이 중요하다.

미국과 유럽은 2008년 금융위기 이후 대형 금융기관의 투기적 행태를 억제하기 위해 거버넌스 강화, 레버리지 제한, 유동성 규제, 스트레스 테스트 등을 주요한 규제 프레임으로 채택해왔다. 한편 싱가포르와 영국 등은 핀테크 기업의 혁신을 장려하기 위해 규제 샌드박스 도입과 함께 데이터 공유 체계를 구축하고, 고객 중심 규제 모델로의 전환을 시도하고 있다. 한국은 이들 국가의 경험을 참고하되, 자국 금융 산업의 특성과 제도적 맥락을 반영한 '선택적 수용 전략'이 필요하다. 지나친 모방은 국내 시장의 왜곡을 초래할 수 있으며, 반대로 폐쇄적 태도는 글로벌 신뢰와 협력을 저해한다.

## 주요국 규제 패러다임의 변화

세계 주요국은 최근 몇 년간 금융 규제에 있어 뚜렷한 패러다임 전환을 경험하고 있다. 미국은 '도드-프랭크법' 이후, 시스템적으로 중요한 금융기관(SIFI)에 대한 감독을 강화하고, 자산 건전성과 유동성 비율에 대한 규제를 정례화하고 있다. 또한 연준은 금융사의 위기 대응 역량을 평가하기 위한 스트레스 테스트를 시행하고 있으며, 소비자 금융 보호국(CFPB)을 통해 금융소비자 보호도 병행하고 있다.

유럽연합(EU)은 ESG 정보 공시 의무화, 지속 가능 금융 분류 체계(택소노미), 역내 데이터 공유 규칙 마련 등을 통해 비재무적 요소에 대한 규제를 강화하고 있으며 금융이 환경·사회·지배구조를 반영한 방향으로 자본을 유도하도록 하고 있다. 영국은 브렉시트 이후 독자적인 금융감독 체계를 구축하며 기술 친화적 규제를 추진하고, 규제 혁신 허브와 테스트베드를 통해 신산업에 우호적인 환경을 조성하고 있다.

아시아권에서는 싱가포르가 핀테크 중심지로 부상하기 위해 규제 샌드박스를 도입하고 오픈뱅킹 및 API 표준화 등을 기반으로

한 데이터 중심 규제를 강화하고 있다. 일본은 고령사회에 대응하고 지역경제를 살리기 위한 지역은행 구조조정과 디지털 금융 확대를 병행 추진 중이다.

## 한국형 금융 규제 모델, 왜 필요한가

국제 규제 기준이 점차 통일되고 있음에도 불구하고 각국의 금융시장 구조와 문화적 배경, 발전 단계는 상이하다. 동일한 규제를 획일적으로 적용할 경우, 오히려 국내 금융 산업의 특성과 충돌하거나 효율성을 저해할 수 있다.

예컨대 자산 운용 중심의 미국과 달리 대출 중심의 한국 금융 시스템에서 바젤Ⅲ의 자본 규제를 동일하게 적용하면 신용 공급 위축이라는 부작용이 발생할 수 있다. ESG 공시 의무화도 대기업 중심의 유럽에서는 자연스럽지만, 중소기업 비중이 높은 한국 경제에서는 실행 가능성에 한계가 있다.

따라서 한국은 국제 규범을 준수하되 자국의 금융 구조, 기업 생태계, 금융소비자 수준 등을 고려한 '한국형 금융 규제 프레임'을 개발해야 한다. 이는 글로벌 정합성과 국내 실효성을 동시에 추구하는 실용적 전략이다.

## 규제 수입에서 규제 수출로: 한국의 과제

이제 한국은 규제 수입국에서 벗어나 규제 수출국으로 도약할 준비를 해야 한다. 이는 국격의 문제를 넘어 국내 금융사의 해외 진출과 국제 거래에서 한국 규제의 신뢰도가 경쟁력으로 작용하기 때문이다.

이를 위한 과제로는 첫째, 국제 기준과의 정합성 확보가 있다. 바젤Ⅲ, IFRS, FATF 등 국제 규범에 대응하기 위한 법·제도 정비와 함께 상시적 이행 점검 체계가 필요하다.

둘째, 글로벌 규제 논의 참여 확대. 국제기구, 아시아 금융 협의체, 다자 포럼 등에 적극적으로 참여해 한국의 금융 철학과 제도적 경험을 반영하고, 아시아권의 시각을 대변해야 한다.

셋째, 규제 데이터와 통계 기반 정비다. 국제 비교가 가능한 표준화된 데이터 체계를 구축하고, 금융감독 시스템을 국제 시스템과 연계해 투명성과 신뢰성을 확보해야 한다.

넷째, 시장 참여자 교육이다. 금융회사, 감독 당국, 소비자, 언론 등 전 구성원이 글로벌 금융 규제 흐름을 이해하고 대응할 수 있도록 종합적인 교육 시스템이 필요하다.

## 👍 정리

- 글로벌 금융 규제는 유동성, 투명성, ESG 등 다원적 가치 기반으로 진화하고 있으며 전략적 수용이 중요하다.
- 한국은 획일적 모방이 아닌, 선택적 수용과 차별화된 해석을 통해 '한국형 금융 규제 모델'을 수립해야 한다.
- 국제 기준 정합성 확보, 국내 실정 반영, 규제 실효성 제고가 병행되는 제도 설계가 필요하다.
- 장기적으로는 한국 규제를 글로벌 시장에 수출할 수 있도록 제도, 인재, 데이터 인프라를 종합적으로 강화해야 한다.

# 10
## 감독도 혁신할 수 있다

### 금융의 미래, 통제와 창의의 균형에서 결정된다

금융감독과 규제는 금융 시스템의 안정성과 공정한 질서 유지를 위한 필수 안전장치다. 그러나 과도한 규제는 시장의 창의성과 역동성을 저해하고, 경직된 구조는 오히려 금융 산업의 경쟁력을 약화시킨다. 이제는 감독과 규제를 '혁신의 대척점'이 아닌 '혁신을 설계하는 인프라'로 바라보는 시각 전환이 필요하다. 규율과 창의가 공존하는 금융 생태계를 어떻게 구현할 것인가가 금융 정책의 핵심 과제가 되어야 한다.

금융의 디지털 전환과 기술 융합이 가속화되면서 혁신과 규제가 충돌하는 지점이 많아지고 있다. 감독 당국은 새로운 서비스가 시장에 미치는 영향을 분석하고, 위험 요인을 예측할 수 있는 데이터 기반 분석 체계를 강화해야 한다. 금융기업 또한 규제를 수동적으로 따르는 데 그치지 않고, 이를 전략적 자산으로 삼아 선제적으로 위험을 설계하고 대응하는 역량을 키워야 한다. 감독기관과 시장 참여자 간의 긴밀한 소통 구조, 실험 기반의 규제 테스트베드,

실패를 용인하는 리스크 감수 문화 등이 함께 구축되어야 한다.

## 감독은 혁신을 억누르는가, 유도하는가

많은 기업이 감독의 엄격함으로 인해 실험조차 어렵다고 호소한다. 금융감독은 규범 위반을 처벌하는 감시자라는 인식이 여전히 강하게 작용하고 있다. 그러나 금융 혁신은 본질적으로 불확실성을 동반하며, 감독 당국이 모든 변화를 예측하거나 사전 통제하기는 어렵다. 규제가 혁신을 억제하는 장벽이 아니라, 방향을 제시하고 안전한 실험을 지원하는 플랫폼이 되어야 한다.

이를 위해 감독기관은 정책적 의도를 명확히 전달하고, 사후 제재보다 사전 가이드라인 제공, 실시간 피드백, 공동 모니터링 등 유연한 감독 방식을 채택해야 한다. 규제가 경직되고 불확실할수록 시장은 위축되며, 신기술은 법의 사각지대에 머무르게 된다. 감독이 기술과 혁신의 동반자로 작동할 수 있는 구조가 바로 진정한 규제 혁신의 출발점이다.

## 혁신은 위험을 포함하고, 위험은 설계 가능하다

혁신은 본질적으로 위험을 수반한다. 새로운 기술이나 비즈니스 모델은 기존 규제 프레임과 충돌하거나, 사회적·금융적으로 예기치 못한 영향을 초래할 수 있다. 하지만 모든 위험을 제거하는 접근은 현실적이지 않다. 오히려 위험을 예측 가능하고 통제 가능한 방식으로 구조화하는 것이 핵심이다.

감독기관은 이를 위해 '위험 중심 규제(Risk-Based Regulation)'로의 전환이 필요하다. 서비스의 위험 성격, 발생 확률, 파급력을 기준으로 차등화된 규제와 감독을 설계함으로써 효율성과 유연성을 동시에 확보해야 한다. 대규모 시스템 리스크나 소비자 피해 가능성이 큰 사업에 대해서는 강화된 감독이 필요하겠지만, 실험 단계의 서비스에는 보다 유연하고 관용적인 접근이 가능하다.

금융회사 역시 내부 통제, 리스크 평가, 외부 감사 등을 통해 자율적인 위험 관리 체계를 구축하고, 이를 감독 당국과의 '공동 위험 관리 플랫폼'으로 연계할 수 있어야 한다. 감독은 위험을 제거하는 것이 아니라, 시장과 함께 위험을 설계하고 관리하는 공동의 체계를 만들어야 한다.

## 규제 혁신을 위한 공감과 실험의 생태계 조성

감독과 혁신의 조화를 이루기 위해서는 제도적 변화뿐 아니라 문화적 전환이 병행돼야 한다. 첫째, 감독기관과 산업계 간 신뢰 기반 소통이 필수다. 현장의 목소리를 반영한 규제 설계, 정책안에 대한 사전 협의, 규제 효과의 사후 평가 체계를 마련해 규제 품질을 높여야 한다.

둘째, 감독기관은 신기술 변화에 대응할 수 있는 전문성을 갖춰야 한다. 블록체인, AI, 데이터 분석 등 기술을 이해하고 판단할 수 있는 전문 인력을 확보하고, 정책 분석 및 리스크 평가 기능을 강화해야 한다. 이를 위해 기술 혁신 전담팀 설치, 외부 전문가 활용 등이 필요하다.

셋째, 규제 테스트베드와 샌드박스 제도를 전략적으로 확대해야 한다. 실패를 허용하고, 실험에서 얻은 데이터를 기반으로 제도를 개선하는 '정책 실험실'로서의 기능을 강화해야 한다. 이는 규제를 느슨하게 하기 위한 것이 아니라, 보다 정교하고 실증적인 방식으로 규제를 설계하기 위한 접근이다.

### 👍 정리

- 금융감독은 규율과 창의가 조화를 이루는 균형 지점에서 작동해야 하며, 혁신을 촉진하는 기반 인프라로 재정립되어야 한다.
- 혁신은 위험을 내포하며, 감독은 그 위험을 통제 가능한 형태로 구조화하고 관리하는 역할을 해야 한다.
- 감독 당국은 현장과의 신뢰 기반 소통, 기술 전문성 강화, 실험 기반의 피드백 구조 정착 등을 통해 혁신 친화적 감독 문화를 조성해야 한다.
- 규제는 억제보다 유도, 감독은 통제보다 설계라는 시각 전환이 금융 혁신 생태계 조성의 출발점이다.

# 제7부

# 자본의 물꼬를 트면, 한국 경제가 다시 흐른다

금융이 다시 경제를 움직이려면 자본이 가야 할 곳으로 흘러야 한다. 제7부는 가계 부채 조정, 창업·벤처 자금 복원, 지역 금융 활성화, 연금과 자산관리 시스템 혁신을 아우른다. 금융은 곧 정책이며, 경제를 되살리는 엔진이다. 선순환의 시스템은 금융의 '용처'를 바꾸는 데서 시작된다. 지금, 금융을 다시 설계할 때다.

# 01
## 가계 부채 덜어내야 소비가 숨 쉰다

### 가계 부채, 소비와 금융을 옥죄는 사슬

한국 경제의 가장 큰 뇌관 중 하나는 단연 '가계 부채'다. 총부채 규모가 2천조 원을 넘어서는 가운데, 이자 부담과 원리금 상환 압박은 가계의 소비 여력을 크게 위축시키고 있다. 고금리와 물가 상승이 맞물리면서 취약 계층의 부실 위험도 높아지고 있으며, 이는 금융기관의 건전성 문제로까지 번질 수 있는 구조적 위협이다. 가계 부채 문제의 해결 없이는 소비 회복도, 금융 안정도, 경제성장도 모두 불가능하다.

특히 소득 대비 부채비율이 높은 계층일수록 소비 지출을 줄일 수밖에 없으며, 이는 내수 위축과 경제 전반의 성장 둔화로 이어진다. 금융기관 입장에서도 대출 부실화 위험이 높아지면 신규 대출을 기피하거나 대출금리를 높일 수밖에 없어, 이는 다시 가계의 부담을 가중시키는 악순환을 초래한다. 따라서 가계 부채 문제는 단순히 개인의 재정 문제가 아니라, 금융과 실물경제를 동시에 압박하는 복합적 구조의 문제로 접근해야 한다. 정부는 채무 조정 제도 개선, 신용회복 지원 확대, 다중채무자 관리 강화, 사회적 금융 도입 등을 통해 구조적 해법을 마련해야 하며, 중장기적으로는 소득 기반 금융 모델 전환과 금융소비자 보호 강화가 병행돼야 한다.

## 구조조정은 선택이 아닌 필수다

가계 부채의 구조조정은 위기를 막기 위한 사전적 조치이자, 소비를 회복하기 위한 전제 조건이다. 지금까지 정부는 대출 규제, 금리 조정, 금융기관 관리 등 간접적 방법에 집중해왔지만 이제는 채무자 중심의 직접적 구조조정이 불가피한 시점이다.

우선, 채무자별 맞춤형 채무 조정 제도를 확대해야 한다. 생계형 연체자, 실직자, 고령자 등에 대해서는 원금 감면이나 상환 유예 등 실질적 지원이 이뤄져야 하며, 현행 워크아웃·개인회생 제도의 접근성을 높여야 한다. 둘째, 다중채무자에 대한 통합 관리 시스템을 구축하고, 대부업·저축은행·신용카드사 등 고금리 영역에서의 부채를 통합적 관점에서 정비해야 한다.

셋째, 민간 금융회사의 부실채권 관리를 활성화해 채권 매각 이후에도 채무자 보호가 가능하도록 법적 장치를 정비해야 한다. 마지막으로, 고위험 대출의 축소와 더불어 LTV·DSR 등 규제의 탄력적 운영으로 '불가피한 대출자'의 숨통을 틔워줄 필요도 있다.

## 소비 회복을 위한 소득 기반 금융 설계

가계 부채 구조조정의 궁극적 목표는 소비 회복이다. 그러나 단순히 채무를 줄인다고 소비가 회복되는 것은 아니다. 근본적으로는 가계의 가처분 소득을 늘리고, 소득에 기반한 금융 생태계를 구축하는 것이 병행돼야 한다.

첫째, 소득이 불안정한 자영업자, 플랫폼 노동자, 프리랜서 등에 대한 금융 접근성을 높여야 한다. 이를 위해 소득 추적이 가능한 금융 데이터 시스템을 확산하고, 소득 변동성을 반영한 신용평가 모델을 개발할 필요가 있다.

둘째, 금융기관은 담보 중심이 아닌 소득 기반 대출 모델을 확대해야 한다. 고정급 중심의 대출 심사 모델에서 벗어나 일용 소득, 거래 이력, 전자지급 기록 등 비정형 데이터를 활용한 신용 공급 체계가 요구된다.

셋째, 소비 진작을 위한 포용 금융이 필요하다. 저신용자나 금융 이력 부족자(Thin Filer)에게는 사회적 금융, 지역 기반 금융 등의 우회적 방식으로 자금 접근을 가능하게 해야 한다. 또한 공공기관 중심의 구매력 보전 프로그램(예: 긴급 생활비 대출, 소비 바우처 확대 등)도 소비 회복의 지렛대가 될 수 있다.

## 가계 부채 해법, 금융 안정과 동행해야

가계 부채 구조조정은 금융기관의 자산 건전성과도 직결된다. 구조조정은 일정한 부실을 전제하기 때문에 단기적으로는 금융사의 재무 건전성에 부담이 될 수 있지만, 장기적으로는 리스크 노출을 줄이고 금융시장 전반의 신뢰를 회복하는 효과가 있다.

이 과정에서 금융 당국은 은행권의 건전성 지표를 면밀히 점검하고, 부실 리스크가 큰 금융사에 대한 선제적 관리에 나서야 한다. 또한 가계 대출의 상당 부분이 주택담보대출에 편중돼 있다는 점을 감안하면 부동산 금융 안정화 정책과 병행되는 통합적 접근이 필요하다. 주택시장 과열 억제, 대출 총량 관리, 보유세 조정 등의 부동산 정책과 금융 정책이 따로 움직여서는 안 된다.

금융기관 내부적으로도 '부실 사전 관리 시스템'을 강화하고, 리스크 기반 가격 책정, 채권 회수 모형 개선 등을 통해 손실 흡수 능력을 확보해야 한다. 동시에 채무자 권리를 보장하고, 회생 가능성이 있는 계층에게는 기회를 주는 균형감 있는 구조조정 방식을 제도화해야 한다.

> 👍 **정리**
> 
> - 가계 부채는 한국 경제의 가장 구조적이고 긴급한 문제이며, 소비 위축과 금융 불안정을 동시에 유발하고 있다.
> - 채무자 맞춤형 구조조정 확대, 다중채무 통합 관리, 신용회복 프로그램 개선 등이 시급하다.
> - 소득 기반 금융 모델 정착과 소비 진작을 위한 포용 금융이 함께 추진돼야 소비 회복의 기반이 마련된다.
> - 가계 부채 문제는 금융 안정성과 직결되며, 부동산 금융 정책과 연계된 통합적 대응 전략이 요구된다.

## 02
# 생산적 금융이 혁신의 엔진이다

## 금융의 본령은 생산적 자본 배분에 있다

금융은 자본을 효율적으로 배분해 실물경제의 혁신을 촉진하는 기능을 수행해야 한다. 그러나 한국 금융은 그동안 부동산 담보대출 중심의 비생산적 신용 창출에 치중해왔고, 기술 혁신과 고용 창출을 이끄는 기업에는 충분한 자금이 흘러가지 못했다. 생산적 금융의 회복 없이는 한국 경제의 지속 가능한 성장도, 산업의 경쟁력 강화도 기대할 수 없다.

특히 중소기업, 벤처기업, 스타트업 등은 기술력과 시장 잠재력에도 불구하고 담보 부족, 신용등급 한계 등의 이유로 자금 조달에 어려움을 겪고 있다. 대출 위주의 전통적 금융은 미래 수익을 반영한 금융 중개를 어렵게 하며, 자본시장을 통한 직접금융 활성화도 여전히 미흡한 상황이다. 생산적 금융을 위해서는 기업의 성장 가능성, 기술성, ESG 가치 등을 반영한 신용평가 체계를 새로이 구축해야 하며, 정책금융과 민간 금융의 역할 분담도 보다 정교하게 설계되어야 한다. 금융 당국은 혁신기업에 대한 금융 지원 인센티브를 확대하고, 금융회사는 장기 투자와 모험자본 공급을 위한 내부 유인을 강화함으로써 금융의 질적 전환을 도모해야 한다.

## 담보 중심 금융에서 성장 중심 금융으로

지금까지 한국 금융은 '담보가 있는 기업에 돈이 간다'라는 원칙에 익숙해져 있었다. 부동산 담보와 안정적인 현금 흐름이 자금 지원의 우선 기준이 되면서, 기술력과 아이디어는 자금 흐름의 고려 대상에서 배제되기 일쑤였다. 이로 인해 많은 성장 잠재력이 높은 기업들이 '금융의 문턱' 앞에서 좌절했고, 이는 한국 산업의 동력 약화로 이어졌다.

이제는 담보가 아닌 성장 가능성과 기술 가치 중심의 금융 모델로 전환해야 한다. 이를 위해서는 첫째, 기업의 재무제표 외에 비재무 정보, 즉 기술 인증, 특허 보유, 인력 구성, 시장 전략 등을 평가할 수 있는 통합 신용평가 시스템이 필요하다. 둘째, 이러한 정보를 기반으로 미래 수익을 예측하고 리스크를 감내할 수 있는 투자 기반을 금융회사가 갖춰야 한다.

셋째, 은행만이 아닌 증권사, 벤처캐피털, 보험사 등 다양한 금융기관이 기술 기반 기업의 성장에 자금을 배분할 수 있도록 제도와 인센티브를 정비해야 한다. 금융의 질적 전환은 이처럼 시스템, 문화, 인프라의 동시 전환 속에서 이루어진다.

## 정책금융과 민간 금융의 역할 분담 정교화

생산적 금융을 뒷받침하기 위해서는 정책금융과 민간 금융의 역할 분담이 명확하고 정교해야 한다. 정책금융은 시장 실패를 보완하고, 민간 금융이 꺼리는 고위험 영역에 마중물 역할을 해야 하며, 민간 금융은 이를 이어받아 본격적인 자본 공급자로서 기능해야 한다.

현재는 정책금융이 민간 금융을 지나치게 대체하는 구조로 운영되면서, 민간의 모험자본 유인이 약화되는 부작용도 있다. 예컨대, 기술보증기금이나 신용보증기금이 거의 전액을 보증하면서도 은행은 리스크 부담 없이 대출을 집행하는 구조가 반복되다 보니, 금융회사는 리스크 관리 역량을 키우지 못하고 정부 의존만 높아졌다.

앞으로는 정부 보증 비율을 일정 부분 낮추는 대신, 민간 금융이 스스로 리스크를 분담하면서 정보 수집과 기업 분석 역량을 키우도록 유도해야 한다. 또한 정책금융기관은 단순한 자금 제공이 아니라 기업 맞춤형 컨설팅, 성장 단계별 지원 체계, 후속 투자 연계 등 종합 서비스를 제공하는 '생산적 금융 플랫폼'으로 진화해야 한다.

## 자본시장과 모험자본, 생태계 복원 필요

생산적 금융은 단지 대출 확대에 머물러선 안 된다. 주식, 채권,

벤처캐피털, 크라우드펀딩 등 자본시장 중심의 직접금융 활성화가 병행돼야 한다. 특히 초기 기업의 창의성과 위험을 감내할 수 있는 모험자본 생태계는 아직 한국 금융의 취약 지대다.

모험자본 공급을 위해서는 첫째, 사모펀드 제도의 신뢰 회복과 공모시장 활성화를 통해 장기 투자자 유입을 유도해야 한다. 둘째, 벤처투자 세제 혜택과 출자 인센티브를 강화해 민간 자본의 참여를 확대해야 하며, 셋째, 상장 요건을 완화한 기술특례 상장, 코넥스 시장 등 중소·벤처 기업 전용 시장의 실질적 기능을 회복해야 한다.

또한 기업공개(IPO) 이후에도 후속 투자와 재무 안정성을 확보할 수 있도록 펀드 연결, 기업 분석 정보 제공, 투자자 보호 장치 마련 등 전 생애주기 기반 지원이 필요하다. 나아가 '산업-금융-기술'을 잇는 삼각 협력 체계를 구축하여, 단순 자금 조달을 넘어 기술 혁신-자금 연결-시장 확대로 이어지는 선순환 고리를 복원해야 한다.

👍 정리

- 금융은 부동산 담보 중심에서 기술과 성장 중심으로의 패러다임 전환이 필요하다.
- 정책금융은 마중물 역할, 민간 금융은 리스크 감수와 자본 배분자로서의 기능을 분명히 해야 한다.
- 자본시장 활성화와 모험자본 생태계 복원을 통해 혁신기업의 성장 기반을 마련해야 한다.
- 금융은 혁신과 실물경제를 연결하는 자본의 순환 구조를 통해, 생산성과 경쟁력 제고에 기여하는 방향으로 구조 재설계가 필요하다.

# 03
# 죽은 창업금융, 다시 뛰게 하라

## 창업은 국가의 미래, 자금은 그 생명선이다

혁신 경제의 시작은 창업에서 출발한다. 새로운 기술, 신산업, 일자리 창출, 경제 역동성의 근간은 결국 '누가 도전하고, 그 도전에 얼마나 자본이 흘러가는가'에 달려 있다. 그러나 현재 한국의 창업·벤처 자금 생태계는 위험 회피적 금융, 단기 성과 중심 투자, 공공자금 의존에 편중돼 있다. 창업이 지속될 수 있는 구조, 실패해도 다시 도전할 수 있는 자금 환경이 절실하다.

벤처캐피털과 엔젤투자 등 민간 모험자본은 양적으로 성장했지만, 특정 분야에 집중되거나 단기 수익 중심의 투자가 많아 창업 초기 기업의 다양성과 지속성을 충분히 뒷받침하지 못하고 있다. 기술력과 아이디어는 있지만 담보나 실적이 부족한 예비 창업자들은 여전히 자금 조달이 쉽지 않다. 공공 부문이 초기 창업 자금의 상당 부분을 담당하고 있는 현실은 민간 참여의 활력을 저해하고 있다. 자금 공급 구조의 다양화, 투자 회수 시장 개선, 민간 중심의 투자 생태계 조성, 지역 기반 창업 지원 등이 병행돼야 하며, 정책

자금은 마중물로서 혁신 창업이 자생할 수 있도록 유도하는 방향으로 재설계되어야 한다.

## 창업 초기 자본, 공공이 아닌 민간이 주도해야

창업 초기 자금은 아이디어와 가능성에 투자하는 '모험자본'이다. 그러나 현재 한국에서는 초기 투자 단계조차 대부분 정부 보조금, 창업 지원금, 정책 펀드에 의존하고 있다. 민간 자본은 시장성과 실적이 확인된 이후에야 비로소 본격 투자에 나서는 경향이 강하다. 이런 구조는 창업 생태계를 취약하게 만들고, 자생적 성장을 저해한다.

따라서 창업 초기 자본의 조달 구조를 민간 주도로 전환해야 한다. 엔젤투자자에 대한 세제 혜택을 확대하고, 크라우드펀딩 플랫폼의 접근성을 높이며, 대기업이나 금융기관이 조성하는 CVC(Corporate Venture Capital)에 대한 규제도 합리적으로 완화해야 한다. 민간의 투자 리스크를 줄일 수 있도록, 정부는 공동투자 방식이나 손실 보전 장치를 통해 민간 자본의 참여를 유도할 필요가 있다.

공공은 정책 자금을 직접 투입하는 방식에서 벗어나, 민간 투자 생태계의 기반을 조성하고, 초기 기업 발굴과 평가 역량을 지원하는 역할로 전환해야 한다.

## 투자와 회수의 선순환 구조 만들어야

창업 자금 생태계가 지속 가능하려면, '투자 → 성장 → 회수 → 재투자'로 이어지는 선순환 구조가 필요하다. 그러나 현재 한국의 벤처·스타트업 생태계는 투자 이후 회수 수단이 제한적이며, IPO(기업공개)나 M&A(인수합병)를 통한 투자금 회수도 쉽지 않아 재투자 여력이 줄어드는 악순환에 빠져 있다.

이를 해결하기 위해서는 회수 시장의 다양화가 시급하다. 기술특례 상장, 코넥스 시장 활성화, 비상장 주식 거래 플랫폼 확대 등을 통해 IPO 외에도 다양한 회수 루트를 확보해야 한다. M&A 시장의 투명성과 공정성을 높여 벤처기업이 대기업 또는 글로벌 기업에 인수되는 경로도 제도적으로 보장해야 한다.

또한 벤처 펀드의 유한 구조 한계를 보완할 수 있는 장기형 펀드 도입과 성장주 중심의 벤치마크 설정도 회수 시장 안정을 위한 핵심 과제다. 회수가 안정적으로 이뤄질 때, 자본은 다시 창업으로 유입되는 자생 구조를 형성할 수 있다.

## 지역과 산업을 아우르는 생태계 확장 전략

창업 자금은 수도권에 집중되어 있고, 특정 기술·산업에 편중되는 경향이 강하다. 그러나 지역 기반의 혁신과 다양한 산업 기반의 창업이 병행되지 않으면, 국가 전체의 균형 발전과 산업 다양성 확보는 어렵다.

이를 위해 지역 대학, 창조경제혁신센터, 지자체 출자 펀드 등을 활용해 지역 기반 창업금융 허브를 조성하고 지역 신용보증재단과 연계한 맞춤형 투자·보증 프로그램을 설계해야 한다. 또한 농업, 문화, 관광, 환경 등 비IT 산업에서도 창업이 가능하도록 산업 맞춤형 투자 기준과 평가 체계를 마련해야 한다.

산학연 협력을 통해 기술 인큐베이팅과 자금 연결을 촉진하고, 지방 국립대와 연계한 실험실 창업 활성화, 지역 특화형 펀드 조성, 지역 기술거래소 구축도 병행되어야 한다. 창업이 수도권 중심의 엘리트 전유물이 아니라, 전국적으로 확산되는 자립적 생태계로 자리 잡을 수 있도록 정책적 뒷받침이 요구된다.

## 지속 가능한 도전 환경과 실패 친화적 금융

창업 자금의 공급은 단순히 자금을 제공하는 차원을 넘어, 실패해도 다시 도전할 수 있는 환경을 조성하는 것이 핵심이다. 하지만 한국은 창업 실패에 따른 낙인과 신용불량, 재기 불가 등 구조적 제약이 많다. 이는 창업자에게 과도한 리스크를 전가하고, 실패 회피적인 생태계를 고착화시킨다.

따라서 재창업자에 대한 금융 지원 확대, 개인 신용회복 절차 간소화, 파산자의 재도전 보장 등 '실패 친화적 금융' 체계를 강화해야 한다. 신용회복위원회, 중소기업진흥공단 등 관련 기관은 도전과 실패, 회복을 하나의 순환 과정으로 인식하고 이에 맞는 제도를 설계해야 한다.

아울러 창업 교육과 투자자 교육을 병행해 '실패한 창업자도 자산'이라는 인식을 확산시키고, 언론과 사회 전반의 실패 담론을 긍정적으로 변화시키는 노력이 필요하다. 혁신은 실패 위에서 자란다. 금융은 이를 가능하게 해야 한다.

### 👍 정리

- 창업 초기 자금의 공공 의존을 줄이고, 민간 중심의 자생적 생태계로 전환해야 한다.
- 투자 회수 시장을 다변화해 재투자 기반을 마련하고, 벤처·스타트업 자금 선순환 구조를 구축해야 한다.
- 지역과 산업의 다양성을 반영한 맞춤형 창업 자금 전략이 필요하며, 지방 기반 창업 지원 체계를 강화해야 한다.
- 실패 친화적 금융 시스템과 창업자의 재도전 환경을 마련함으로써 지속 가능한 창업 국가로 나아가야 한다.

## 04
# 서울만 보는 금융, 지방을 외면한다

## 금융의 중심축을 수도권에서 지역으로

대한민국 경제의 공간 불균형은 심화되고 있다. 수도권에 인구와 자본, 기업이 집중되고 지방은 인구 감소와 산업 공동화, 청년 유출로 위기에 처해 있다. 이러한 불균형을 해소하기 위한 핵심 해법 중 하나가 바로 '지역 금융의 활성화'다. 자금이 지역에 머무르고, 지역 안에서 순환하며, 지역의 기업과 주민을 지원할 수 있어야 지방경제가 자립하고, 균형 성장이 가능해진다.

현재 지역 금융 구조는 시중은행 지점 중심으로 운영되며, 수도권 본점의 의사결정에 종속되어 있다. 이로 인해 지역 특성과 무관한 대출 심사와 신용평가가 이루어지고 있고, 지역 소상공인과 중소기업, 사회적 경제 주체들은 자금 접근성에서 차별을 받고 있다. 지역 자금이 다시 지역에 투자되지 못하고 외부로 빠져나가는 현상도 심화되고 있다.

지역 금융 활성화를 위해서는 지역은행의 역할 강화, 지역 신협·새마을금고 등 협동조합 금융의 기능 고도화, 지방정부와 금융기관 간 전략적 협력 체계 구축이 필요하다. 또한 지역 데이터 기반 신용평가 시스템, 지역 밀착형 금융상품 개발, 지역 투자 펀드 조성 등을 통해 지역 자금의 선순환 구조를 제도화해야 한다.

## 지역은행, 자금의 지역 순환 구조 복원

한국의 지역은행은 과거보다 크게 위축되어 있다. 부산은행, 광주은행 정도만이 명맥을 유지하고 있고 이들조차 전국화 전략 속에서 지역 밀착 기능은 약화되고 있다. 많은 지역에서는 아예 지역은행이 존재하지 않거나, 실질적 자금 결정권이 본사에 집중되어 지역 맞춤형 금융이 어려운 상황이다.

지역은행은 단순한 물리적 지점 운영을 넘어서, 지역 기반 정보에 기반한 금융 판단, 지역 기업과의 장기적 파트너십, 지방정부와의 협력을 수행하는 주체로 재정립돼야 한다. 이를 위해 지역은행에 대한 공공 출자 확대, 지방정부-지방은행 연계 대출 모델 개발, 지역 공공자금 우선 예치 등의 방안을 검토할 수 있다.

특히 지방자치단체가 지역은행과 협약을 체결해 청년 창업, 사회적 기업, 중소기업에 대한 특별 대출 프로그램을 운영한다면 실질적인 지역경제 활성화로 이어질 수 있다.

## 협동조합 금융, 서민과 지역의 금융 방파제

신용협동조합, 새마을금고, 농협 등 지역 기반 협동조합 금융기관은 지역경제의 중요한 축이다. 이들은 대형 시중은행이 외면한 지역 주민과 영세 사업자에게 금융서비스를 제공해왔고, 지역사회의 금융 포용성과 연대성을 높이는 데 기여해왔다.

그러나 최근 일부 협동조합에서 부실 운영, 내부 통제 미흡, 고위험 상품 취급 등의 문제가 발생하면서 신뢰도가 저하되고 있다. 협동조합 금융을 지속 가능한 공공 금융기관으로 발전시키기 위해서는 내부 감시 시스템을 강화하고, 금융소비자 보호 장치를 도입하며, 지역 특화 상품 개발을 유도해야 한다.

정부는 협동조합 금융기관에 대해 무조건적인 규제가 아닌, 기능별 차등 규제, 자율성과 책임의 균형, 역할에 따른 공공 인센티브 제공 등을 통해 이들의 본래 역할을 복원할 수 있도록 해야 한다.

## 지방정부와 지역 금융의 전략적 파트너십

지방정부는 지역경제의 책임 주체로서, 금융이 지역경제 활성화에 기여할 수 있도록 다양한 전략을 수립해야 한다. 지금까지는 지역 산업 정책과 금융 정책이 분절적으로 운영되어왔으나, 이제는 지방정부와 금융기관 간 전략적 파트너십을 제도화할 필요가 있다.

예컨대 지역 개발 사업에 필요한 금융 지원을 지방정부가 주도하고, 금융기관은 정책 목적에 맞는 자금 공급 모델을 설계할 수 있다. 또한 지역 신산업 클러스터 조성 시 금융기관이 사전부터 참여해, 금융-산업-정책이 일체화된 구조를 만들 수 있다.

아울러 지방정부는 지역 금융 활성화를 위한 재정 지원, 보증제도, 데이터 공유 등을 통해 금융기관의 리스크를 분담하고 실질적인 지역 금융 생태계를 조성해야 한다. 이는 지방정부의 행정 역량을 금융 인프라로 확장하는 계기가 될 수 있다.

## 지역 기반 금융 데이터와 신용평가 시스템의 도입

금융은 결국 정보에 기반한다. 그러나 현재의 금융 정보 체계는 전국 단위 표준 모형에 집중돼 있어 지역의 산업 특성, 소비 패턴, 기업 생애주기 등을 반영하지 못하고 있다. 이로 인해 지역 중소기업이나 창업 기업의 금융 접근성은 현저히 떨어지고 있다.

이를 해결하려면 지역 단위 금융 데이터 기반의 신용평가 시스템이 필요하다. 지역 상권, 고용, 유동 인구, 상거래 이력 등 비정형 데이터를 수집·분석해 중앙 집중적 모델과는 차별화된 평가 체계를 구축해야 한다. 이 데이터는 협동조합, 지역은행, 지방정부 등이 공동으로 구축하고, 이를 바탕으로 '지역 신용 지도'를 만들어야 한다.

지역 금융이 실효성을 갖기 위해서는 금융기관의 판단에 지역 현실을 제대로 반영해야 하며, 이를 위한 데이터 인프라와 기술적 지원이 필수적이다.

> 👍 **정리**
> 
> - 지역 금융은 지역 내 자금의 순환을 가능케 하는 경제 자립의 기반이며, 수도권 집중 구조를 완화하는 핵심 수단이다.
> - 지역은행의 역할 강화, 협동조합 금융의 고도화, 지방정부와 금융기관의 협력 체계 구축이 필요하다.
> - 지역별 신용평가 체계, 금융 데이터 플랫폼, 지역 기반 펀드 등을 통해 자금의 지역 밀착성과 선순환 구조를 제도화해야 한다.
> - 금융의 지방 분산은 단지 지역 문제 해결을 넘어서, 국가 전체의 지속 가능 성장 전략과 연결돼야 한다.

# 05
# 부동산 쏠림, 금융을 좀먹는다

## 부동산 금융, 자산 불균형과 금융 리스크의 진앙지

한국 금융은 오랫동안 부동산에 과도하게 의존해왔다. 가계 대출의 상당 부분이 주택담보 중심으로 구성되고, 금융기관은 안정적 담보 확보를 이유로 부동산 프로젝트에 집중적으로 자금을 공급해왔다. 이로 인해 실물경제보다 부동산 자산이 시장 가치를 주도하는 왜곡된 구조가 고착되었으며, 자산 불균형과 금융 시스템 리스크를 심화시키는 결과로 이어졌다.

부동산 가격 상승기에는 자산 보유 계층과 비보유 계층 간의 격차가 확대되며, 이는 사회적 불평등을 심화시키는 요인으로 작용했다. 또한 부동산 프로젝트파이낸싱(PF)과 같은 개발 금융은 경기 변동에 민감하게 반응하며, 사업 실패 시 금융기관이 직접적인 충격을 받는 구조적 취약성을 드러내고 있다. 최근 고금리 상황에서 PF 부실과 대출 연체율 상승은 금융기관의 건전성 우려를 더욱 키우고 있으며, 이에 대한 선제적 대응이 필요하다.

## PF 부실과 금융기관의 구조적 취약성

2023년 이후 PF 부실이 본격적으로 수면 위로 떠오르며, 금융기관의 리스크 관리 능력에 대한 비판이 커졌다. 특히 제2금융권과 저축은행 중심의 PF 대출 집중은 자산 건전성에 심대한 부담을 주고 있으며, 부실이 지역 중소형 건설사 연쇄 부도로 이어질 수 있다는 경고도 제기된다.

PF 구조는 사업 성공 여부에 따라 대출 상환이 가능하다는 특성상, 사업 실패 시 금융기관이 전면적인 손실을 떠안는 구조다. 과도하게 낙관적인 수요 예측, 담보 가치 검토 미비, 중복 보증과 연쇄 담보 설정 등은 PF 시장 전반의 취약성을 키우는 원인이 됐다. 감독 당국은 사업 초기 단계부터 PF 구조에 대한 타당성 평가를 강화하고, 금융기관과 시행사 간의 리스크 분담 체계를 제도화해야 한다. 또한 PF 시장 정보의 투명성 제고와 조기 경보 시스템의 고도화가 병행되어야 한다.

## 주택담보대출 규제, 정교하고 유연하게

주택담보대출은 가계 부채의 핵심이며, 주택시장 안정성과 직접적으로 연결된다. 그러나 전국 일률적 규제는 지역별 수요와 시장 여건을 반영하지 못하고, 실수요자에게 과도한 금융 제약을 초래하는 경우가 많다. 동시에 일부 지역에서는 과잉 대출을 유발해 주택 가격 거품을 부추기는 부작용도 나타난다.

따라서 LTV(담보인정비율), DSR(총부채원리금상환비율) 등 핵심 지표의 운영은 지역별·계층별 특성을 반영하는 방향으로 전환되어야 한다. 예를 들어 비수도권의 저소득 실수요자에게는 규제를 완화하고, 고가 주택에 대한 투자 목적 대출에는 보다 엄격한 규제를 적용하는 방식이다. 또한 주택담보대출의 구조는 변동금리 위주에서 장기 고정금리 중심으로 전환해야 하며, 정책모기지 확대, 중도상환수수료 감면 등의 조치도 병행되어야 한다.

### 거품 방지를 위한 선제적 통화·금융 정책 연계

부동산 거품은 형성 그 자체보다 거품이 꺼질 때 초래되는 금융 충격이 더 큰 문제다. 이를 방지하기 위해서는 통화 정책과 금융 정책, 부동산 정책 간의 정합성을 높이고 시장과의 소통을 강화한 정책 조율이 필요하다.

중앙은행은 기준금리 조정 시 부동산 시장의 과열 신호를 면밀히 분석하고, 금융 당국은 이에 맞춰 대출 구조와 금융기관 리스크를 조정하는 선제적 대응 체계를 갖춰야 한다. 또한 국민의 과도한 부동산 기대 심리를 완화하기 위한 정책 일관성과 투명한 대국민 커뮤니케이션 전략도 중요하다.

부동산 세제, 공급 정책, 금융 규제가 서로 유기적으로 연동되어야만 자산 거품을 구조적으로 억제할 수 있다. 각각의 정책이 따로 움직이면 오히려 시장 불확실성을 키우고, 부동산 가격과 금융 안정성 모두를 위협하게 된다.

> 👍 **정리**
>
> - 부동산 금융은 자산 편중과 금융 리스크를 유발하는 구조적 문제를 안고 있으며, 전면적 정상화가 필요하다.
> - PF 대출의 구조 개선, 정보 투명성 제고, 조기 경보 시스템 도입으로 리스크를 관리해야 한다.
> - 주택담보대출 규제는 실수요자 보호와 투기 억제의 균형 속에서 지역 맞춤형으로 정교하게 운영돼야 한다.
> - 통화, 금융, 부동산 정책의 정합적 연계를 통해 거품 방지와 금융 안정의 이중 목표를 달성해야 한다.

## 06
# 돈과 공장이 연결될 때 산업이 산다

## 금융 없는 산업 혁신은 없다

산업이 도약하려면 그 밑바탕에는 튼튼한 금융이 있어야 한다. 기술 혁신, 생산성 향상, 글로벌 경쟁력 확보 등 모든 산업 발전의 중심에는 자금의 효율적 조달과 배분이 존재한다. 그러나 한국의 금융은 오랫동안 산업과 단절된 채 부동산이나 비생산적 자산에 집중돼 있었고, 실물경제의 변화에 유기적으로 대응하지 못했다. 이제는 산업구조 전환과 금융의 전략적 연계를 재설계해야 한다.

특히 제조업의 스마트화, 탄소중립 전환, 반도체·AI·바이오 등 미래 유망 산업의 성장은 초기 R&D 자금과 장기 투자 자본의 결합 없이는 불가능하다. 그러나 민간 금융은 단기 수익성에 집중되어 혁신 산업에 대한 적극적 자금 공급을 꺼려왔고, 정책금융도 산업 전환 속도에 비해 대응력이 부족했다. 산업과 금융을 연결하기 위해서는 업종별 특화 금융 지원 체계 구축, 금융기관의 산업 전문성 강화, 공급망 기반 자금 연계 전략 등 새로운 접근이 필요하다. 아울러 금융기관은 단순한 자금 제공자를 넘어 기업의 혁신 전략을 지원하고, 성장 단계별 맞춤형 자금 공급과 위험 분산 체계를 함께 설계하는 '전략 파트너'로 기능해야 한다.

## 산업 전략 기반 금융 체계로 전환

지금까지의 금융 정책은 산업구조의 변화보다는 자금의 총량 관리와 대출 건전성 유지에 초점을 맞춰왔다. 그러나 4차 산업혁명, 디지털 전환, 탄소중립 등의 산업 패러다임 변화 속에서는 산업 전략을 중심에 둔 금융 체계로의 전환이 필요하다.

우선, 정부의 산업 정책 방향과 연계된 금융 프로그램을 신설하거나 확대해야 한다. 예를 들어 반도체, 이차전지 등 국가 전략산업에 대해서는 전용 금융 지원 체계를 구축하고, R&D → 시제품 제작 → 시장 확장 등 단계별 자금이 적시에 공급되도록 설계해야 한다.

또한 산업통상자원부 등 주무 부처와 금융위원회·정책금융기관 간 협력 체계를 상시화하고, 산업 트렌드 변화에 따라 금융 정책이 유기적으로 조정될 수 있도록 해야 한다. 금융이 산업의 수요를 단순히 추종하는 것이 아니라, 산업 정책과 동시에 설계되는 방식으로 접근해야 한다.

## 공급망 중심 금융 연계 전략

최근의 글로벌 공급망 충격은 특정 핵심 부품이나 원자재 확보의 불안정성이 산업 전체의 리스크로 직결됨을 보여줬다. 이에 따라 공급망 기반의 금융 연계 전략이 요구된다.

핵심 소재·부품·장비 기업에 대한 우대 금융 지원, 전략 물자 확보를 위한 수입 금융 및 보증 확대, 글로벌 공급망 재편에 대응한 해외 투자 자금 지원 등이 핵심 과제다. 금융기관은 단순한 자금 조달 창구를 넘어, 기업의 밸류체인 전반을 이해하고 공급망 안정성 확보라는 산업 전략에 기여해야 한다.

예컨대, 글로벌 반도체 경쟁 속에서 한국의 소재·부품 기업이 안정적인 조달 능력을 유지하려면 기술력뿐 아니라 장기 계약 기반 금융 지원이 필요하다. 이를 위해 산업 정책, 통상 정책, 금융 정책이 긴밀히 연계돼야 한다.

## 금융기관의 산업 전문성 제고

금융기관이 산업과 실질적으로 연계되기 위해서는 산업에 대한 이해와 전문성이 필수적이다. 현재 대부분의 금융기관은 재무제표 중심의 심사 모델에 의존하고 있으며, 산업 특성이나 기술 트렌드에 대한 분석 역량은 부족한 것이 현실이다.

이를 개선하기 위해 금융기관 내부에 산업별 전문 심사팀을 두고, 기술 평가 역량을 강화해야 한다. 민간 및 공공 기술 평가기관, 산업연구기관, 대학·연구소와의 협업 체계도 구축해 기업 분석의 정확도를 높여야 한다.

아울러 산업 기반 자산 운용 상품, 공급망 펀드, 산업 리츠(REITs) 등 금융상품 혁신도 병행돼야 한다. 금융은 산업의 현실을 뒤따라가기보다 한발 앞서 자본 배분을 설계하는 주체가 되어야 한다.

### 산업-금융 연계 위한 국가 전략 플랫폼 구축

산업과 금융의 연계는 개별 기업과 금융기관의 자율성에만 의존할 수 없는 국가적 과제다. 정부는 이를 위해 '산업 금융 전략 플랫폼'을 제도적으로 구축할 필요가 있다.

산업별 금융 연계 전략 수립, 투자 인센티브와 정책금융 우대조건 마련, 기업군 단위 펀드 조성, 산업 클러스터 내 금융 지원 거점 설치, 산업 전환기 금융 위험 예측 시스템 개발 등이 병행돼야 한다.

장기적으로는 '산업 금융 전략위원회'와 같은 민·관 합동 거버넌스를 통해 산업 정책과 금융 정책의 방향성을 공유하고 실행력을 높여야 한다. 산업 없는 금융은 허약하고, 금융 없는 산업은 뿌리를 내릴 수 없다. 둘의 유기적 연계는 국가 경쟁력의 핵심 동력이다.

> 👍 **정리**
> - 산업 혁신과 전환을 위한 금융의 전략적 연계가 시급하며, 산업 전략 중심의 금융 체계 재편이 필요하다.
> - 공급망 기반 금융 지원, 산업별 전용 금융상품, 장기 자금 공급 체계 구축 등을 통해 실질적 연계를 강화해야 한다.
> - 금융기관은 산업 전문성 강화와 밸류체인 기반 자금 운용 전략을 수립해야 한다.
> - 산업과 금융을 연결하는 국가 전략 플랫폼 구축은 지속 가능한 경제와 글로벌 경쟁력의 핵심이다.

# 07
# 연금 개혁 없이는 노후도 없다

## 연금 개혁, 자산시장 혁신의 시금석

한국 사회는 초고령화와 저성장의 이중 위기 속에 놓여 있다. 국민연금의 지속 가능성에 대한 우려는 커지고 있으나, 개인의 노후 준비는 여전히 미흡하다. 한편 자산관리 시장은 고액 자산가 중심으로 불균형하게 발전해왔고, 중산층과 서민층은 체계적인 금융 조언과 자산 축적 기회를 충분히 누리지 못하고 있다. 연금 개혁과 자산관리 혁신은 더 이상 미룰 수 없는 국가적 과제다.

국민연금의 적립금은 증가했지만, 고령화로 인한 지출 급증은 시간문제다. 수급 연령 조정, 급여 수준 합리화, 보험료율 현실화 등 제도 전반의 구조 개편이 시급하다. 또한 퇴직연금과 개인연금은 낮은 수익률과 운용 비효율로 인해 실질적인 노후 소득 보장 역할을 제대로 수행하지 못하고 있다. 자산관리 시장 역시 판매 중심 관행이 고착화되어, 금융소비자들은 복잡한 상품 구조에 비해 낮은 이해 수준으로 불완전판매의 위험에 노출돼 있다.

이 문제를 해결하려면 연금의 공적·사적 체계를 재정립하고, 디폴트옵션 도입, 기금 운용 혁신, 수익률 제고와 함께 공공-민간이 공동으로 종합적 자산관리 서비스를 제공하는 플랫폼 모델이 필요하다.

## 국민연금의 지속 가능성과 구조 개편

국민연금은 한국의 대표적인 공적 노후 소득 보장 체계이지만, 현재 구조로는 지속 가능성이 위협받고 있다. 세계에서 가장 빠른 속도로 고령화가 진행되는 상황에서, 낮은 보험료율과 상대적으로 높은 급여 수준의 조합은 적립 기금의 조기 고갈로 이어질 수 있다.

이를 방지하기 위해 다음과 같은 구조 개편이 요구된다. 첫째, 보험료율을 점진적으로 인상하고 수급 연령도 현실화해야 한다. 둘째, 수익비의 형평성을 고려해 급여 산정 방식을 조정하고, 일정 부분 기여 기반 급여 체계를 도입하는 방안을 검토해야 한다. 셋째, 기금 운용의 글로벌 분산, 대체투자 확대 등을 통해 수익률을 높이고, 동시에 위험 관리 체계를 정교화하는 것이 필수적이다.

## 퇴직연금과 개인연금의 실질화

퇴직연금과 개인연금은 공적연금을 보완할 핵심 축이지만, 제도적 성과는 미미하다. 확정기여형(DC)과 개인형 퇴직연금(IRP)의 확대에도 불구하고 근로자의 참여율은 낮고, 기업 역시 실질적 관심을 보이지 않는다. 운용 수익률도 낮은 수준에 머물러 있으며, 가입자 대부분은 자산 운용에 대한 이해가 부족하다.

이 문제의 해결 방안으로 '디폴트옵션(Default Option)' 제도의 도입이 핵심이다. 이는 가입자가 별도의 운용 지시를 하지 않아도 사전에 설정된 포트폴리오에 자동 투자되도록 해, 장기적으로 안정적인 수익을 유도할 수 있다. 미국, 호주 등 주요국에서는 이미 시행 중이며 국내 도입도 더 이상 늦춰서는 안 된다.

개인연금은 납입 유인과 세제 혜택이 부족하고, 상품 구조는 지나치게 복잡하다. 이에 따라 연금계좌의 유연성 확대, 상품 비교 플랫폼 구축, 생애주기형 자산관리 체계 도입 등 포괄적인 제도 개편이 필요하다.

## 자산관리 시장의 포용성과 혁신

자산관리 시장은 지금까지 고액 자산가 위주의 프라이빗뱅킹(PB) 중심으로 운영되어왔다. 중산층 이하 국민은 체계적인 자산관리 서비스를 접하기 어려웠고, 이로 인해 자산 격차는 더욱 확대됐다. 특히 고령층, 청년층, 금융 문해도가 낮은 계층은 자산관리 사각지대에 놓여 있다.

이를 해결하기 위해서는 공공-민간 협력 기반의 자산관리 플랫폼 구축이 필요하다. 공공은 표준화된 상품 정보 제공, 금융 교육, 소비자 보호 제도 구축을 맡고, 민간은 맞춤형 상품과 자산관리 서비스를 제공하는 역할을 수행해야 한다. 금융기관은 판매 중심에서 벗어나 수요자 중심의 서비스를 제공하고, 수수료 체계도 성과 기반으로 개편해야 한다. 로보어드바이저, 모바일 기반 자산관리 플랫폼, ESG 투자 등 디지털 금융 혁신도 병행돼야 한다.

## 금융과 복지의 연결, 자산 형성 지원 시스템

연금과 자산관리 개혁은 금융 정책에만 국한되지 않으며, 복지 정책과의 긴밀한 연계가 필요하다. 특히 중저소득층과 청년층을 위한 '자산 형성 지원 제도'는 포용적 금융·복지국가로의 전환을 위한 핵심 전략이다.

청년희망적금, 내일채움공제, 근로자 자산 형성 프로그램 등은 보다 확대·재설계되어야 하며, 이와 같은 제도들이 개인연금, 장기 투자상품과 연계되어야 실질적인 자산 형성 기반이 마련될 수 있다. 또한 디지털 금융 인프라를 활용해 누구나 자신의 자산 흐름을 분석하고 투자 전략을 세울 수 있도록 지원해야 한다.

자산 형성은 시작에 불과하다. 자산의 유지, 전환, 활용까지 포함하는 전 생애주기적 자산관리 체계를 마련함으로써 고령층의 노후 빈곤을 예방하고, 중산층의 경제적 안정 기반을 확보해야 한다.

👍 정리

- 국민연금은 보험료율, 수급 연령, 급여 체계 등 전반에 걸친 구조 개편을 통해 지속 가능성과 형평성을 동시에 확보해야 한다.
- 퇴직연금과 개인연금의 실질화, 디폴트옵션 도입, 수익률 제고 전략이 병행돼야 한다.
- 자산관리 시장은 포용성과 공공성을 갖춘 플랫폼으로 전환하고, 중산층 이하 국민을 위한 맞춤형 지원이 필요하다.
- 금융과 복지를 연계한 자산 형성 지원 시스템 구축은 포용적 성장과 사회적 안정의 핵심 인프라다.

# 08
# 국민 자산 0에서 1로, 국가가 도와야 한다

## 국민 자산 양극화, 정책으로 답해야 할 때

한국 사회의 경제 불평등은 '소득'보다 '자산'에서 더 뚜렷하게 나타난다. 상위 계층은 자산을 통해 부를 증폭시키는 반면 하위 계층은 자산 축적의 기회를 갖기 어렵고, 이 격차는 세습되며 더욱 심화된다. 자산 양극화는 사회 통합을 저해할 뿐 아니라, 경제성장의 지속 가능성까지 위협한다. 개인의 노력만으로는 해결할 수 없는 이 문제는 이제 국가가 제도적으로 해결해야 할 과제가 되었다.

자산 형성의 기회를 공정하게 제공하려면 소득 기반 저축 유도, 세제 혜택 확대, 장기 투자 유인 등을 통합한 시스템적 접근이 필요하다. 현재 일부 계층을 대상으로 한 자산 형성 계좌, 근로장려저축, 공공 매칭 펀드 등 정책이 시행되고 있으나 효과와 지속성 면에서 한계가 분명하다. 이제는 생애주기별 자산 전략, 금융 교육 강화, 정보 접근성 제고, 디지털 자산관리 인프라 구축 등을 포괄하는 통합적 지원 체계로 나아가야 한다.

## 생애주기별 자산 형성 전략 구축

효과적인 자산 형성 정책은 일회성 저축 상품이나 단기 지원으로는 부족하다. 인생 단계별로 설계된 생애주기 전략이 필요하다. 청년기에는 종잣돈 마련을 위한 자산 형성 계좌, 사회초년생을 위한 근로 연계 적립형 계좌, 중장년층에게는 장기 투자 유도형 연금 저축, 노년층에게는 주택연금, 생활 안정 계좌 등 맞춤형 수단이 마련돼야 한다.

특히 국가가 소득에 비례한 매칭 지원금이나 이자 보조를 제공함으로써, 저소득층도 실질적으로 자산을 축적할 수 있도록 유인해야 한다. 이와 같은 생애주기 전략은 개인의 재무 계획을 체계화하고, 장기적인 재정 안정성에도 기여할 수 있다.

## 자산 형성 지원과 금융 교육의 연계

자산 축적은 단순히 저축과 투자만으로 이루어지지 않는다. 금융 지식, 계획 수립 능력, 정보 접근성이 동반돼야 한다. 그러나 많은 국민은 금융상품에 대한 이해 부족, 정보 격차, 신뢰 결여로 인해 자산 형성의 기회를 놓치고 있다.

이 문제를 해결하기 위해 자산 형성 프로그램과 금융 교육을 연계한 종합 시스템이 필요하다. 예컨대 청년층이 자산 형성 계좌에 가입할 때 기본 금융 교육을 이수하게 하거나, 취약 계층을 대상으로 모바일 기반 자산관리 훈련 과정을 제공하는 방식이 고려될 수 있다.

금융기관은 상품 판매자에서 자산관리 조언자로 기능을 전환해야 하며, 공공기관은 금융 정보를 비교·분석할 수 있는 중립적 플랫폼을 제공해야 한다. 또한 금융 이력 부족자(Thin Filer)를 위한 맞춤형 평가 체계 마련도 병행돼야 한다.

## 디지털 자산관리 인프라와 데이터 기반 설계

자산 형성 정책도 디지털 전환에 발맞춰야 한다. 앱 기반 자산관리, 자동화된 투자 플랫폼, 데이터 기반 재무 진단 등은 금융 접근성과 효율성을 크게 향상시킬 수 있는 수단이다.

정부는 금융 데이터를 통합 관리할 수 있는 공공 플랫폼을 구축하고, 자산 형성 계좌 납입 내역, 적립 현황, 금융 교육 이력 등을 통합해 개인 맞춤형 자산관리 서비스를 제공할 수 있도록 해야 한다. 이 데이터는 정책 설계의 핵심 근거로도 활용될 수 있다.

동시에 디지털 소외 계층을 위한 오프라인 보완 체계도 병행되어야 한다. 디지털 포용은 단순한 기기 활용 교육이 아니라, 실질적인 자산 축적 역량을 키우는 방향으로 전개돼야 한다.

## 재산 형성을 위한 사회적 계약

국민 재산 형성 시스템은 경제 정책에 그치지 않고, 사회적 공정성과 공동체 신뢰의 기반이 된다. 자산 격차는 세대·계층 간 불신을 심화시키는 구조적 요인이기 때문이다. '일하는 사람이 자산을 가질 수 있는 사회'는 복지국가를 넘은 '포용성장국가'의 핵심 명제다.

정책은 노동시장, 조세, 금융 정책이 연계되어야 하며 실효성 있는 실행 수단과 사회적 공감대를 함께 구축해야 한다. 모든 국민이 내 집 마련, 노후 준비, 자녀 교육이라는 기본 재산 목표를 향해 출발선에 설 수 있도록 제도적 기반이 조성돼야 한다.

이러한 사회적 계약은 장기적으로 구조적 불평등을 완화하고, 한국 경제의 지속 가능성과 통합성을 높이는 토대가 될 것이다.

> 👍 **정리**
> - 자산 불평등은 사회 통합을 위협하는 핵심 과제로, 정책 개입을 통한 공정한 재산 형성 기회 제공이 필요하다.
> - 생애주기별 자산 축적 전략, 금융 교육과의 연계, 데이터 기반 인프라 구축이 병행돼야 한다.
> - 디지털 기반 자산 형성 시스템은 중산·서민층의 자산 자립 기반이 되어야 하며, 포용적 구조로 설계돼야 한다.
> - 국민 재산 형성은 사회적 신뢰와 경제 정의를 위한 국가적 과제로, 재분배와 자립을 함께 추구하는 구조적 정책이 되어야 한다.

# 09
# 신뢰받는 금융, 사회책임에서 시작된다

## 금융, 시장의 중개자에서 사회의 신뢰자로

금융은 단순히 돈의 흐름을 중개하는 기술이 아니다. 그것은 신뢰를 매개로 작동하는 복합적 사회 시스템이다. 은행이 예금을 보관하고, 보험사가 위험을 보장하며, 투자회사가 자산을 관리할 수 있는 근본적인 이유는 바로 '신뢰'다. 그러나 최근 한국 금융은 불완전판매, 도덕적 해이, 불투명한 경영 등의 문제로 인해 그 신뢰 기반이 심각하게 훼손되고 있다. 금융의 본질을 회복하고 사회적 책임을 강화하는 일은 이제 선택이 아닌 절실한 과제다.

금융소비자는 수익률보다 정직한 절차와 투명한 정보에 신뢰를 둔다. 그럼에도 불구하고 일부 금융기관은 단기 실적에 몰두한 나머지 고위험 상품의 위험을 은폐하거나, 불완전한 정보 제공으로 소비자에게 책임을 전가하는 관행을 지속하고 있다. 금융기관이 이윤 추구에 치우치고 위기 발생 시 책임 회피에 급급하다면, 결국 금융 전반에 대한 사회적 신뢰는 무너진다. 이러한 불신은 금융 기피, 투자 위축, 자산 형성 기회의 축소로 이어져 금융의 선순환 구조 자체를 해체시킨다. 신뢰 회복은 금융사의 윤리 문화 확립, 내부 통제 강화, 책임 거버넌스 구현 없이는 불가능하다. 감독 당국 역시 사후 처벌 중심의 기조에서 벗어나 사전 예방과 소비자 보호에 중점을 둔 제도로 전환해야 한다.

## 불완전판매, 신뢰의 뿌리를 흔들다

최근 금융소비자 피해 사례 중 가장 빈번하게 발생하는 문제는 '불완전판매'다. 고위험 파생결합상품, 실손보험, 방카슈랑스, 변액보험 등에서 발생한 수많은 사례들은 금융상품에 대한 정보 비대칭이 소비자에게 어떤 위험을 안기는지를 적나라하게 보여준다. 소비자는 상품의 구조와 리스크를 제대로 인지하지 못한 채 가입했고, 손실이 발생하면 책임은 고스란히 소비자에게 돌아갔다.

이와 같은 관행은 수수료 중심의 수익 구조, 실적 위주의 영업 문화, 미흡한 내부 통제 등 복합적인 구조적 요인에서 비롯된다. 이를 개선하기 위해 금융사들은 자체 윤리 기준을 강화하고, 내부 감시 시스템을 고도화해야 한다. 또한 금융상품의 위험 등급을 보다 정교하게 분류하고, '적합성·적정성 원칙'의 실질적 이행을 위한 법·제도 개선도 병행돼야 한다.

무엇보다 중요한 것은 소비자의 이해와 자발적 동의다. 상품 설명 의무는 형식적 요건이 아니라 실질적 소비자 권리로 기능해야 하며, 이를 위해서는 판매 직원의 전문성 강화, 상품 설계 단계에서의 소비자 관점 반영, 설명 절차의 전자적 기록화 등도 고려돼야 한다.

## 책임 있는 거버넌스와 윤리 경영

금융기관의 신뢰는 그 조직의 구조와 문화에서 비롯된다. 이윤 극대화에만 매몰된 주주자본주의적 구조에서는 장기적 안목과 사회적 책임을 실현하기 어렵다. 따라서 금융사 이사회와 경영진은 윤리 경영, ESG, 소비자 보호 등 비재무적 성과에 대해 실질적인 책임을 져야 한다.

이를 위해 감독 당국은 금융사 거버넌스 감독을 강화하고, 감사 및 준법 감시 부문의 독립성과 전문성을 확보할 수 있도록 유도해야 한다. 이사회 구성의 다양성, 외부 감사 체계의 실효성도 제고돼야 하며, '고객보호 최고책임자(CCO)' 제도의 실질화는 내부 통제의 핵심 장치가 되어야 한다.

또한 경영진의 보상 체계를 단기 실적 중심에서 고객 만족도, 장기 성과, 사회적 기여도에 연동되는 방향으로 개편할 필요가 있다. 금융은 신뢰를 자산으로 삼는 산업이다. 이 자산을 지키지 못하면 금융기관의 존재 기반 자체가 위태로워진다.

## 소비자 중심의 제도 개혁

금융의 신뢰 회복은 금융사 내부의 자정 노력만으로는 부족하다. 제도 전반이 소비자 중심으로 재설계돼야 한다. 첫째, 금융상품 분쟁 조정 제도의 실효성을 높여야 한다. 금융분쟁조정위원회의 권한 확대, 집단소송제 도입, 판매 책임의 소급 적용 등 실질적 소비자 구제 수단이 마련돼야 한다.

둘째, 금융 교육과 정보 제공을 제도적으로 강화해야 한다. 현재의 금융 교육은 단편적이고 일회성에 머물러 있다. 이를 생애주기별 체계로 확장하고, 정규 교육과정 및 지역사회 프로그램과 연계하는 방안이 필요하다.

셋째, 공공 중심의 금융 정보 포털, 금융상품 비교 플랫폼을 확대 운영해 소비자가 스스로 판단하고 선택할 수 있는 여건을 조성해야 한다. 아울러 금융 취약 계층을 위한 상담 서비스 및 권익 보호 기관도 함께 확대되어야 한다.

## ESG와 금융의 사회적 책임 확대

오늘날의 금융은 단지 수익 창출 수단을 넘어, 사회적 가치 실현의 주체로서 거듭나야 한다. ESG(환경·사회·지배구조)는 투자 기준을 넘어, 금융기관의 경영 철학과 실천 원칙이 되어야 한다. 특히 'S(사회)'와 'G(지배구조)'는 금융의 핵심 기능과 직접적으로 맞닿아 있다.

금융기관은 단순히 친환경 상품을 공급하는 것을 넘어서, 사회적 약자에 대한 금융서비스 확대, 중소기업의 지속 가능 경영 지원, 내부 통제와 투명한 지배구조 실현 등 사회적 책무를 다해야 한다. 이를 위해 ESG 관련 정보 공시 체계와 평가지표의 표준화가 시급하며, 소비자와 투자자에게 신뢰 가능한 판단 근거를 제공해야 한다.

감독 당국은 ESG 금융 활성화를 위한 명확한 가이드라인과 인센티브 체계를 수립하고, 위장 마케팅(그린워싱)을 방지하기 위한 감독·모니터링 체계를 강화해야 한다. 사회적 책임을 다하는 금융만이 지속 가능성과 신뢰를 확보할 수 있다.

---

### 👍 정리

- 금융의 본질은 신뢰이며, 불완전판매와 도덕적 해이로부터 벗어나는 것이 신뢰 회복의 출발점이다.
- 금융사의 윤리 문화 정착, 내부 통제 강화, 책임 있는 거버넌스 체계 확립이 병행돼야 한다.
- 금융소비자 보호를 위한 제도 개혁, 금융 교육의 정착, 정보 접근성 확대가 중요하다.
- ESG 경영과 사회적 책임 이행을 통해 금융은 공공성과 지속 가능성을 함께 실현해야 한다.

# 10
# 지속 가능성은 결국 금융에 달려 있다

## 금융, 탄소중립과 사회적 전환의 주체로

지속 가능한 경제는 더 이상 선택이 아닌 필수다. 기후위기, 자원 고갈, 불평등 심화, 고령화 등 복합적 위기 속에서 경제는 전환을 요구받고 있다. 이런 시대에 금융은 단순한 이윤 추구 기능을 넘어, 환경·사회·지배구조(ESG)를 포괄하는 책임과 기회를 동시에 지닌 주체로 진화해야 한다. 금융은 지속 가능성의 도구가 아니라, 지속 가능성 자체의 기반이 되어야 한다.

지속 가능한 금융은 단순한 친환경 투자나 사회적 책임 활동에 머무르지 않는다. 자본의 흐름을 장기적 가치 창출과 연계하고, 경제 구조 전환을 실질적으로 뒷받침하는 체계적 전략이 되어야 한다. 특히 기후금융, 녹색 채권, 사회적 채권, 탄소 감축 관련 프로젝트 투자는 금융기관이 수익성과 사회적 가치 실현을 동시에 추구할 수 있는 대표적 사례다.

이를 위해 ESG 정보 공시 의무화, 금융상품의 지속 가능성 평가 체계 도입, ESG 투자 리스크 관리 체계 강화 등이 병행돼야 한다.

궁극적으로 금융기관은 고객, 주주, 사회와의 신뢰 기반을 공고히 하고, 자본의 흐름을 사회 전체의 지속 가능한 미래로 유도해야 하며, 이를 뒷받침하는 정책·제도·문화의 변화가 필요하다.

## 기후금융, 미래 생존 전략으로 전환

지구 평균기온 상승을 1.5도 이내로 제한하자는 국제사회의 목표는 막대한 자본 투입 없이는 달성할 수 없다. 신재생에너지, 에너지 효율화, 친환경 교통, 그린빌딩 등 기후 대응 인프라는 모두 자본이 필요한 분야이며, 여기서 금융의 역할은 핵심적이다.

기후금융은 공공 투자만으로는 한계가 있으며, 민간 금융기관의 적극적 참여가 필수다. 이를 위해 '녹색 분류 체계(Taxonomy)'를 정립해 진정한 녹색 투자 기준을 명확히 하고, 탄소 감축 효과를 계량화하여 금융상품 평가에 반영하는 시스템이 필요하다. 또한 중앙은행과 금융감독 당국은 기후 리스크를 시스템 리스크로 인식하고, 이에 따른 스트레스 테스트와 자본 건전성 규제 개편을 병행해야 한다.

한국 금융기관은 글로벌 기후금융시장에 대응하기 위해 ESG 전담 조직 확대, 기후 관련 정보 공시(TCFD 권고 이행), 국제 그린본드 기준 준수 등을 통해 경쟁력을 확보해야 하며, 정부는 세제 혜택, 보증, 리스크 분산 정책으로 이를 뒷받침해야 한다.

## 사회적 금융, 포용적 성장의 핵심 축

지속 가능성은 환경에 국한되지 않는다. 경제적 불평등, 고령화, 청년 실업, 지역 격차 같은 사회 문제 해결에도 금융은 핵심 수단이 될 수 있다. 사회적 금융은 복지 정책의 보완재이자, 사회 문제 해결의 전략적 파트너다.

사회적 금융에는 마이크로크레딧, 사회적 기업 금융, 임팩트 투자, 지역 투자 펀드 등이 포함된다. 이들은 수익률뿐 아니라 사회적 가치와 재무적 지속 가능성을 함께 고려한다. 특히 ESG의 'S' 항목을 구체화하고, 측정 가능한 기준으로 발전시켜야 한다.

사회적 금융 확산을 위해서는 사회적 가치 평가기관, 사회적 금융 플랫폼, 공공-민간 매칭 펀드 등 관련 인프라 구축이 필수적이며, 금융기관 내부의 평가·보상 체계도 이에 부합하도록 조정돼야 한다. 시민 참여형 펀드, 지역 주도형 금융상품 등은 사회적 금융의 저변을 넓히는 효과적 수단이다.

## ESG 통합 관리와 지속 가능 투자 생태계 조성

ESG는 더 이상 비재무적 고려 사항이 아니다. ESG는 투자, 리스크 관리, 상품 설계, 고객 상담 등 금융 전반에 영향을 미치는 핵심 기준으로 부상했다. 그러나 한국의 ESG 금융은 아직 표준화 부족, 정보 비대칭, 과잉 마케팅 등의 문제를 안고 있다.

이를 해결하기 위해 ESG 정보 공시 의무화와 국제 기준과의 정합성 확보, ESG 평가지표와 등급 체계의 투명성 제고, 투자 리스크에 대한 내부 통제 기준 명확화가 필요하다.

금융 당국은 ESG 기반 금융상품 개발을 촉진하고, 자산운용사와 보험사가 지속 가능 투자 원칙을 내재화하도록 유도해야 한다. 기업들도 ESG 활동이 투자자 관계(IR)에 직결되는 환경에 맞춰, 실질적 성과 중심의 경영 전략을 수립해야 한다.

지속 가능 금융은 단기적 유행이 아니라 자본주의의 새로운 작동 원리로 자리 잡아야 한다. 이 전환의 중심에는 금융기관의 전략적 결단과 정부의 시스템 설계가 함께 있어야 한다.

> 👍 **정리**
> - 금융은 기후위기, 사회 문제, 경제 전환에 대응하는 핵심 수단이자 책임 주체로 진화해야 한다.
> - 기후금융, 녹색 채권, 사회적 금융의 활성화를 위한 제도적·재정적 인프라 구축이 필수다.
> - ESG 정보 공시, 평가지표 표준화, 투자 리스크 관리 체계 정비를 통해 ESG 기반 금융 생태계를 조성해야 한다.
> - 지속 가능 경제로의 전환은 금융의 본질을 '이윤'에서 '미래 가치 창출'로 재정립하는 과정이며, 이에 걸맞은 정책과 거버넌스 정비가 시급하다.

## 맺는말

# 새판을 짜는 일은, 구조를 바꾸는 일이다

 금융은 단순히 돈의 흐름을 중개하는 산업이 아니다. 그것은 한 나라 경제의 혈관이자, 사회의 신뢰 구조를 지탱하는 시스템이며, 미래를 위한 자원을 어떻게 설계할 것인가를 보여주는 거울이다. 지금 한국의 금융은 길을 잃었다. 성장의 견인차에서 리스크의 전파자가 되었고, 혁신을 지원하기보다 기득권을 수호하는 체제로 굳어졌다. 그 안에서 시민은 외면당하고, 자본은 부동산과 부채 속에 갇혔다.

 『한국 금융, 새판 짜기』는 단지 문제를 지적하는 책이 아니다. 낡은 구조의 파열음 속에서, 우리는 묻는다. "금융은 누구를 위해 존재해야 하는가?" "경제는 어떤 방식으로 사람들의 삶을 지탱해야 하는가?" 이 책은 그 물음에 응답하기 위해 집필됐다.

 금융을 다시 경제의 본류로 되돌려야 한다. 은행은 더 이상 담보 있는 부자에게만 돈을 빌려주는 구조가 아니라, 기술과 아이디어, 가능성에 투자하는 구조로 바뀌어야 한다. 보험은 상품 장사의 수단이 아니라 삶의 안전망이어야 하며, 자본시장은 단기 투기의 도구가 아닌 장기적 혁신의 통로가 되어야 한다.

이 책에서 제안한 모든 개혁은 한 방향으로 수렴한다. 그것은 금융을 사회적 책임의 플랫폼으로 바꾸자는 것이다. 금융의 공공성, 투명성, 포용성은 시대적 요구이며 그 가치를 회복할 때 한국 경제는 새로운 도약의 길을 찾을 수 있다. 금융과 산업을 다시 연결하고, 자산의 양극화를 줄이며, 미래 세대를 위한 자금 흐름을 재설계해야 한다.

금융 개혁은 결코 쉬운 일이 아니다. 기득권은 변화를 거부하고, 익숙한 제도는 관성을 가지고 저항한다. 그러나 지금 우리가 하지 않으면, 내일의 경제는 더 무겁고 더 복잡한 문제로 돌아올 것이다. 그래서 우리는 다시 강조한다. "지금이 바로 새판을 짜야 할 때이다."

이 책이 제안하는 금융 개혁은 완결된 정답이 아니라, 변화의 출발점이다. 독자 여러분이 이 책을 통해 문제의 본질을 이해하고, 함께 질문을 던지고, 각자의 자리에서 그 새판의 한 조각이 되어주시길 바란다.

경제는 구조이다. 구조는 바뀔 수 있다. 그리고 구조를 바꾸는 일, 그것은 지금, 우리로부터 시작된다.